U0754569

2016

BLUE BOOK OF NINGXIA'S

SOCIETY

宁夏社会

蓝皮书

★ 宁夏社会科学院蓝皮书系列 ★

丛书主编 张 廉

BLUE BOOK OF NINGXIA'S

SOCIETY

2016

宁夏社会蓝皮书

主编 郭正礼 李保平

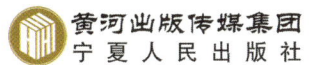
黄河出版传媒集团
宁夏人民出版社

图书在版编目(CIP)数据

2016宁夏社会蓝皮书 / 郭正礼主编. — 银川 : 宁夏人民出版社, 2015.12

(宁夏社会科学院蓝皮书系列 / 张廉主编)

ISBN 978-7-227-06267-7

Ⅰ. ①2… Ⅱ. ①郭… Ⅲ. ①社会发展—白皮书—宁夏—2016 Ⅳ. ①D674.3

中国版本图书馆CIP数据核字(2015)第318944号

宁夏社会科学院蓝皮书系列　　　　张 廉 主编
2016宁夏社会蓝皮书　　　　郭正礼 李保平 主编

责任编辑　陈 浪
封面设计　闫青华
责任印制　肖 艳

黄河出版传媒集团
宁夏人民出版社　出版发行

出 版 人　王杨宝
地　　址　银川市北京东路139号出版大厦(750001)
网　　址　http://www.yrpubm.com
网上书店　http://www.hh-book.com
电子信箱　renminshe@yrpubm.com
邮购电话　0951-5052104
经　　销　全国新华书店
印刷装订　宁夏精捷彩色印务有限公司
印刷委托书号　(宁)0000167

开　本　720mm×980mm　1/16
印　张　17.75
字　数　260千字
印　数　2500册
版　次　2015年12月第1版
印　次　2015年12月第1次印刷
书　号　ISBN 978-7-227-06267-7/D·432

定　价　40.00元

目 录

1

调 研 篇

2016年宁夏社会蓝皮书
BLUE BOOK OF NINGXIA'S SOCIETY

总 报 告

2016年宁夏社会蓝皮书
BLUE BOOK OF NINGXIA'S SOCIETY

总报告

2015—2016年宁夏社会形势分析总报告

陈通明　吴灵捷　朱庆武　杨永芳

2015年是"十二五"规划收官之年，面对经济新常态下错综复杂的国内外发展环境，自治区全力以赴稳增长、调结构、促改革、惠民生，积极应对发展中的困难和挑战，全区经济运行稳中有进，结构调整初现成效，社会事业持续健康发展，人民生活稳定改善。

一、2015年宁夏社会发展基本态势

（一）当代宁夏社会主要特征

在经过近四十年改革开放以来的较快速度发展以后，宁夏已经摆脱了1970—1980年代以传统农业为主、处于工业化初期的相对落后状态，凸显出现代社会的许多特征。

1. 工业化和城镇化成为社会变迁的主要路径和动力。宁夏的三次产业的地区生产总值比例由1978年的23.6:50.8:25.6调整为2014年7.9:48.7:43.4，第二产业成为主导产业。截至2014年，三次产业的从业人口分别为161.8万、68.6万和126.8万，其中大量的农业人口实际上已在从事二三产

作者简介　陈通明，宁夏社会科学院研究员，宁夏社会学学会会长；吴灵捷，宁夏回族自治区党委政策研究室社会发展处处长；朱庆武，宁夏统计局社会科技和文化产业处副处长，高级统计师；杨永芳，宁夏社会科学院社会学法学研究所副所长，副研究员。

业的劳动。宁夏 2012 年城镇人口首次超过 50%，达到 50.9%，而这一节点，也仅仅比全国晚了一年。说明宁夏城镇化的进程与全国基本是同步的。2015 年预计城镇化率达到 55%。自"十一五"规划开始的 2006 年至 2015 年的 10 年间，宁夏城镇人口增加了近四成，城镇化率增长了 12 个百分点，平均每年增长超过一个百分点，这个速度与全国城镇化率的平均速度是基本一致的。城镇化导致城市的规模和体量变大，银川市市辖区人口由 1978 年的 32.52 万人增加到 2014 年的 137.33 万人。按照现在的发展速度和趋势，在不远的将来，银川市市辖区就会与南北两县——永宁贺兰融为一体，发展成为二三百万人口的大城市。而社会结构的变动都是与城镇化紧密相连或者是伴随而来的。

2. 汽车和住房进入大众消费领域。宁夏城乡居民的收入虽然在全国处在较低水平，但增长幅度也很大。收入的增加使人们对生活质量的要求也不断提高。社会学家李培林指出，居民生活消费层级不断提升，以房、车、休闲、旅游、通讯、网购引领的新型大众消费此起彼伏，健康、食品安全、水和空气清洁、满意度、幸福感等都成为衡量生活质量新指标。在追求时尚新生活方面，宁夏与全国是同步的。

3. 互联网和移动通讯的普及和升级深刻地影响了人们的生活方式。1995 年，宁夏有移动电话用户 0.7 万户，20 年后的 2015 年 10 月，移动电话用户已达到 672.85 万户，人均超过一个移动电话号码，智能手机和 4G 网络的普及使手机成为便携式微型电脑，可以轻松便捷获得大量信息，实现许多消费娱乐功能，手机成为人们须臾不可缺少的工具。许多人对手机的依赖到了痴迷的程度，甚至使用手机代替了与人的直接交往，在街头，在公共场合，随处可见大量拿着手机的"低头族"。宁夏的互联网用户，在有统计数据的 2000 年是 3.4 万户，而到了 2015 年 10 月，已达到 84.46 万户，是 2000 年的 24.8 倍，比 2014 年增加了 8.0%。随着网速的不断升级，互联网对人们生活方式的影响也逐渐强化。网购的普及化程度越来越高，人们对网购的依赖性越来越强，许多人除了生鲜食品以外，日常消费品几乎全部通过网购获得。互联网与智能手机融为一体，更是强化了人们的这种依赖性，"剁手党"成为 2015 年度流行语。网购也改变了就业结构。由于价格远高于网购价，处于欠发达地区的宁夏消费品零售市场受网购的冲击远大于内地，零售业不景气，而从事快递业和电子商务的人员则在不断增加。

4. 城镇居民居住模式影响交往模式。城镇小区的普及使居民的居住环境和住房条件大为改善，但也使居民的交往疏离和隔膜化。当人们在经济生活和精神文化生活方面互相依存度较高时，四合院和一排排平房无疑为满足人们的这些需求提供了十分便利的场所，所以街坊邻居成为人们不可或缺的社会资源。而在现代社会生活环境下的小区单元楼内，室内生活和通信设施一应俱全，在互联网环境下更是如此，微信和网购使人们在便捷获得物资和信息的同时，大大减少了对周边人际关系的依赖。单元楼房内成了一个相对独立和封闭的生活空间，小区对很多居民来说除了家庭生活的功能外，再无其他可以更多地唤起其热情的内容。于是我们看到，两千多年前《老子》描述的"鸡犬之声相闻，民至老死不相往来"，在现代小区里有了非常普遍的现实版，人们是"守望而不相往来"。

5. 人口老龄化进入加速期。在人口向城镇集聚的同时，人口老龄化的特征也逐步显现。根据统计资料显示，宁夏老年人口于 2009 年达到了总人口的 10%，标志着进入老龄化社会，比全国进入老龄化社会晚了 10 年。但近年来宁夏的老龄化速度很快，截至 2014 年底，宁夏 60 周岁及以上人口 79.87 万人，占总人口的 12.25%，预计 2015 年宁夏的老龄化程度将达到 13% 左右，到 2030 年老龄化率将会超过 20%。前几年"老龄化"还只是被当作一种发展趋势，而现在则是全社会必须面对的现实。如果说我们国家是"未富先老"，那么这对宁夏来说就更是如此。

6. 各社会阶层正处于形成分化过程中。中国的中产阶层由国家社会管理者、私营企业主、经理人员、专业技术人员、办事人员和部分个体工商户构成，有研究者估计中产阶层占到从业者的 28% 左右。除了上述阶层外，还有服务人员、产业工人、农业劳动者和失业、半失业人员等。宁夏的各个阶层，相当一部分还处于变动状态。截至 2015 年 7 月，在公安户籍管理部门登记的宁夏流动人口为 26 万，但这仅是一部分，户籍管理部门估计流动人口总数大约在 80 万~100 万。流动人口结构处在不断变化之中，但主体是在城镇打工就业的农村转移人口。这些已在城镇就业生活的农民户籍还在农村，在农村还有承包地和房屋，在生活方式、观念上和身份上还不是完全意义上的城镇居民，这就是所谓"半城市化"现象。这也说明这部分劳动者的阶层归属尚未完全定型。中产阶层绝大部分集中在城市，随着工业化和城镇化的推进，中产阶层也在不断壮大。

7. 贫困人口占有较大比例。在大部分人口逐步提高生活水平的同时，还有部分人口因贫困尚不能获得满足基本生存发展需要的条件。社会分化导致的社会差别通常反映在收入差别、城乡差别和地区差别等方面，而在宁夏突出的表现则是中南部地区的贫困问题。宁夏 8 个国家级贫困县区，自然环境恶劣，社会发育程度比较低，贫困发生率高，程度深，脱贫难度大。经过几十年的努力，宁夏的贫困状况已经大大改善，贫困人口有了大幅度减少，目前还有 60 万温饱尚未安全解决的贫困人口，贫困人口在全自治区所占比例约为 9.1%。反贫困仍将是宁夏今后社会发展中必须高度重视的问题。

8. 回汉民族关系和睦。作为全国五个省级民族自治区之一，宁夏回族自治区是我国最大的回族聚居区，截至 2014 年底，236.1 万回族人口占自治区总人口的 35.7%。回族人民历来与汉族等兄弟民族比邻而居，相濡以沫，友好相处。在宁夏改革开发 30 多年的历程中，民族团结始终是回汉关系的基调，社会的发展为回汉两大族群的交往提供了更加充分的条件、便捷的环境，从而强化了彼此的了解和认同。回汉关系融洽、交往密切、和睦相处成为当代宁夏社会的特征之一。

(二)扶贫开发工程扎实推进

1. 生态移民工程有序推进。十二五"期间，自治区规划对中南部地区 7.88 万户 34.6 万人实施移民搬迁，涉及原州、西吉、隆德、泾源、彭阳、同心、盐池、海原、沙坡头 9 个县（区）91 个乡镇 684 个行政村 1655 个自然村。规划县内安置 2.84 万户 12.11 万人，占移民总规模的 35%，县外安置 5.04 万户 22.49 万人，占移民总规模的 65%。截至 2015 年 10 月，已完成搬迁安置移民 9434 户 40126 人，占年度目标任务 5 万人的 80.3%，计划年底前再搬迁 1 万人，完成 5 万人的搬迁目标。届时 5 年累计搬迁 32.79

万人，占 5 年总任务的 95.0%。五年累计完成移民建房 7.65 万套，占五年总任务的 97.0%；累计开展教育培训 12.55 万人次，实现务工就业 11.85 万人；迁出区生态恢复 216.1 万亩，占规划任务 300 万亩的 72.0%。生态环境恶化的趋势得到逆转。

2. "四到"扶贫工程扎实推进。一是基础设施到村。200 个定期脱贫考核销号村完成资金 31.6 亿元，占年度计划总投资的 121.1%，预计 2015 年底将如期完成 200 个重点贫困村脱贫销号和超额完成 10 万贫困人口的减贫任务。二是产业项目到户。以 "5·30" 养殖计划为抓手，基本实现了建档立卡贫困人口到户扶贫项目全覆盖。全区 "双到" 扶贫攻坚工程已完成项目资金 1.43 亿元，完成民生计划任务 95.3%。预计全年完成 1.5 亿元的民生计划任务。三是培训转移到人。截至 10 月底，举办扶贫业务培训 28 期 2277 人，闽宁创业致富带头人培训 3 期 74 人，创业技能试点培训 296 人，2014 年度贫困地区劳动力转移技能培训完成 6717 人，建档立卡贫困户机动车驾驶技能培训审核通过 957 人。四是责任帮扶到单位。选派 2251 名干部驻村帮扶，驻村工作队 1100 个贫困村全覆盖，在全区贫困村开展了 "先富带后富" 活动，充分发挥村级 "两委" 班子、党员能手和致富带头人的作用，建立 1 户富裕户帮带 1 户（1+1）或多个（1+X）贫困户的帮扶联合体，实行了结对帮扶全覆盖。

3. 金融扶贫工程顺利推进。新建项目村成立互助社、原有项目村增资扩量等工作已按期完成。截至 2015 年 9 月底，全区互助资金运行总量达 7.24 亿元，项目村 1132 个，累计发放借款 16.34 亿元，受益人口 11.9 万户 50.9 万人。自治区扶贫开发部门与各金融机构签订了金融扶贫合作协议，共同推进金融扶贫工程，加快建设金融扶贫示范区。推出了互助资金、千村信贷、国开惠民、金穗惠农、好借好还、种子资金六个金融扶贫产品。截至 2015 年 9 月底，累计贷款 128 亿元，预计年底达到 135 亿元，完成年初计划 120 亿元的 113%。

4. 社会扶贫深入推进。中央单位定点帮扶工作取得了新成效。各帮扶单位与定点帮扶县（区）开展了形式多样的互动交流活动，各类帮扶项目进展顺利。华润集团五年帮扶规划全面启动实施，"华润模式" 得到了汪洋副总理的批示肯定。成功争取到了国家烟草专卖局定点帮扶红寺堡区，实现了中央单位帮扶自治区 9 个重点贫困县（区）全覆盖。

（二）努力扩大城乡就业创业，增加居民收入

2015 年全区认真落实国家促进创业创新政策，就业创业政策体系进一步完善。在国内外经济形势比较严峻的情况下，通过各方面的共同努力，全区就业形势总体稳定。截至 2015 年 10 月份，全区城镇新增就业 7.51 万人，完成年度目标任务的 102.9%；城镇登记失业率 4.0%，较预期目标低0.49 个百分点。

1. 创业带动就业成效显著。强化创业孵化园区（基地）建设，认定自治区级大学生创业孵化园（基地）7 个，每个给予财政补贴 50 万元。加大创业资金扶持力度，将个人创业担保贷款额度统一调高到 10 万元，开展首届全区网络创业大赛，引导大众创业、万众创新。共发放创业担保贷款10.6 亿元，培养小老板 6846 个，培育小企业 3490 个，组织创业能力培训1.03 万人，创造新岗位 3.08 万个，带动了 5.93 万人就业。

2. 重点群体就业有效推进。大力实施大学生就业促进计划、创业引领计划和"共圆就业梦"主题活动，高校毕业生就业率达 90.7%。强化就业援助，购买 4506 个公益性岗位（自治区 3500 个，市县 1006 个），帮助就业困难人员实现就业 6899 人，分别完成目标任务的 128.7% 和 115.0%。农村劳动力转移就业 70.97 万人，实现工资收入 57.83 亿元。

3. 城乡居民收入稳步增长。据宁夏城乡一体化住户调查资料显示，2015 年 1—9 月份全区居民人均可支配收入为 12010 元，比去年同期增加1000 元，增长 9.1%，其中，城镇居民人均可支配收入 18062 元，比去年同期增加 1412 元，名义增长 8.5%；农村居民人均可支配收入 5841 元，比去年同期增加 500 元，名义增长 9.4%。扣除价格因素城乡居民人均收入实际增长 6.9% 和 8.1%，基本实现了居民收入与经济增长同步。

（三）完善社会保障体系

2015 年宁夏社会保险覆盖面进一步扩大，保障水平进一步提高。通过实施全民参保登记，启动机关事业单位养老保险制度改革，落实被征地农民养老保险政策，实行城乡居民基本医疗保险自治区级统筹。提高基本医

保财政补助标准，完善城乡居民大病保险制度，防止群众因病致贫、因病返贫。积极推进"五险合一"经办管理体制整合，提高经办服务质量。扩大了养老服务供给，发动全社会关心、关爱老年人。截至11月底，全区职工"五险"参保人数总规模达到了499.42万人，同比增长1.5%；城乡居民养老、医疗保险参保人数分别达到183.05万人、469.04万人，同比各增长1.4%。

1. 社保制度体系进一步完善。自治区先后制定出台了机关事业单位养老保险制度，职工基本医疗门诊统筹、完善大病保险制度，降低工伤、生育保险费率，建筑业工伤保险、医疗保险异地就医即时结算、基金安全监管等方面的政策文件和规范管理制度。机关事业单位养老保险制度改革已全面启动，年末参保率达到60%以上。实施被征地农民养老保险制度,全区已有18个市、县（区）均制定了落实方案，4.05万人参保缴费。其中3.53万人参加企业职工养老保险、0.52万人参加城乡居民基本养老保险，1.19万人享受待遇。

2. 全民参保登记试点扎实开展。实施整区推进全民参保登记计划试点工作落实。建立人社、公安、财政、民政等部门联动配合机制，采取"五个同步"力推，全区已累计登记入库44.6万人，完成目标任务的76%，新增参保7.8万人。

3. 保障水平进一步提高。继续提高养老保险待遇水平，为全区36.8万城乡居民调增基础养老金，月人均水平达到134元，同比增长12.6%。为全区44.2万企业退休人员月人均增加232元，月人均养老金水平达到2469元，人均提高10%。2015年城乡居民医疗保险住院报销比例、普通门诊统筹报销比例分别达到了65%；职工医疗保险住院报销比例达到76%。

4. 推进社会保障一卡通、信息系统"省集中"和"社保云"建设。全区医疗、工伤、生育保险信息系统切换和数据省集中工作完成，养老保险经办系统合并到"五险合一"信息系统的数据清理和经办规范工作加快。全区已发放社会保障卡618万张，社保卡综合应用工作稳步推进。全区已实现医保患者住院异地就医即时结算，与广州、海南、陕西、内蒙古等省签订了异地就医即时结算工作协议并逐步推进。

5. 社会救助发挥了不可或缺的托底保障功能。自 2015 年 4 月 1 日起，全区上调高龄低收入老年人基本生活津贴发放标准。截至 2015 年 11 月底，全区保障低保对象 36.3 万户 57.5 万人，其中城市低保对象 7.7 万户 15.6 万人，人均月补差 287 元（含补贴）；农村低保对象 28.6 万户 41.9 万人，人均月补差 192 元（含补贴）。提升农村五保供养能力。截至 9 月底，全区保障农村五保供养对象 13622 人，其中入院集中供养 4803 人，分散供养 8819 人，集中供养率为 35.3%。全区现有农村敬老院 60 所，设置供养床位 7423 张。2015 年集中供养水平达到 5663 元/人.年，年分散供养水平达到 3629 元/人·年。继续完善城乡医疗救助制度。提高困难群众参加基本医疗保险个人缴费资助标准，对低保对象、低收入家庭未成年、家庭困难大学生每人每年资助 50 元，对特困供养人员、贫困重度残疾人、高龄津贴人员、重点优抚对象每人每年资助 84 元。截至 9 月底，全区共支出医疗救助资金 1.8 亿元，实施医疗救助 70.5 万人次。2015 年自治区共投入各类救助资金 16.87 亿元（中央补助 13.33 亿元，自治区安排 3.54 亿元）。

（四）优先发展教育事业

2015 年全区教育工作突出质量建设，圆满完成了年度工作目标和"十二五"规划任务。经初步统计，学前三年毛入园率达到 70.6%，比 2010 年提高 20 个百分点；小学六年巩固率达到 90.1%，比 2010 年提高 7 个百分点；初中阶段三年巩固率达到 93.0%，比 2010 年提高 2 个百分点；高中阶段毛入学率达到 90.0%，比 2010 年提高 6 个百分点；高等教育毛入学率 32.2%，比 2010 年提高 7 个百分点。

1. 促进教育公平取得新成效。2015 年启动了第二期学前教育三年行动计划，实施政府购买学前教育服务试点和重点地区学前教育发展工程，"入园难"问题得到缓解。推进义务教育均衡发展，13 个县（市、区）通过了自治区政府评估验收；8 个县（市、区）通过国家评估认定，国检通过率全国排名第 10，走在西部前列。各级各类学校少数民族学生占全区在校生总数的 40.7%，高于全区少数民族人口自然比例。残疾儿童入学率达到 90.0%，进城务工人员随迁子女接受免费义务教育比例达到 99.0%。提高营养改善计划膳食标准，惠及 28 万农村学生和 1.1 万教师，保持了资金和食品"零事故",被教育部作为"宁夏模式"向全国推广。

2.教育内涵发展迈上新台阶。宁夏大学成立宁夏葡萄酒学院,初步建立了全区葡萄酒人才培养体系。宁陕、宁甘、宁蒙高等教育对口合作取得积极进展。基本建成现代物流、设施农业、清真食品、枸杞保鲜与加工等9个现代职业技能公共实训中心。

3.教育领域改革实现新突破。全区考试招生制度综合改革基础性工作全面完成。2015年宁夏高考录取率达81.1%,实现连续三年"零点招"、连续六年"零投诉"。出台了《宁夏回族自治区民办非学历教育机构设置管理办法》,开展民办非学历教育机构专项整治行动,取缔违规违法培训机构49所、民办幼儿园90所。

(五)加快发展卫生计生事业

宁夏紧紧围绕提高人民健康水平、促进人口均衡发展目标,不断深化医改,创新体制机制,健全服务体系,完善生育政策,提升服务能力,全区卫生计生事业取得显著成效,卫生计生民生计划全面完成。

1.基层医疗卫生服务能力不断增强。新建30所城市社区卫生站,完成118所乡镇卫生院周转房、供暖设施建设,为875个村卫生室配置健康一体机。创建25所"群众满意的乡镇卫生院"。有1000名大专村医落实到岗。农村孕产妇免费住院分娩、新生儿先天性疾病免费筛查、儿童麻腮风疫苗强化免疫、社区卫生服务站业务用房、宁南山区118所乡镇卫生院供暖设施改造等9项民生计划全部完成,全区近50万群众直接受益。

2.中回医药事业发展步伐加快。开展了第二批自治区名中医、基层名中医的评选和"全国基层中医药工作先进单位"创建活动,评选出自治区名中医14名。完成了20个国家级重点专科建设项目评估验收。成功举办第三届北京中医药专家宁夏行活动。培训回医骨干150余人,加强了回医药人人才队伍建设。

3.对外卫生交流合作取得重大成果。成功举办首届中阿卫生合作论坛,有14个国家、地区组织和国内代表共3000余人参加了活动。论坛形成多项成果,搭建了中阿卫生合作重要平台,夯实了中阿卫生深入合作基础,建立了省部协同对外卫生合作新模式,开创了举办国家级和国际化盛会先河。同时，深入推进与北京、上海、福建等省区卫生计生合作，派出 150 名业务骨干脱产学习。完成了支援贝宁"光明行"500 例白内障复明手术。

（六）创新开展社会综合治理

2015 年以来，全区各地创新立体化治安防控体系，不断强化系统治理、依法治理、综合治理、源头治理，扎实推进社会治安综合治理工作各项措施落实，有力维护了民族团结、宗教和顺、社会稳定的良好局面。

1. 创新立体化治安防控体系，社会管控能力明显增强。构建社会面巡逻防控网络，搭建区、市、县三级监控报警联网平台。全区运用视频监控直接破案数占刑事案件总数的 30% 以上，各地安装视频监控探头的公共区域"两抢"案件降幅均在 20% 左右。强化了城乡社区防范措施。全区建成社区警务室 205 个，配备专职社区民警 280 名；已建农村警务室 123 个，配备专职驻村民警 131 名。社区民警占派出所警力的比例达到 30% 以上。全区居民小区视频监控系统安装率达 55% 以上，新建居民小区技防建设全部纳入开发建设总体规划。全区 5000 万平方米规范化住宅小区全面推行物业公司治安责任追究机制。

2. 加强重点人群服务管理，齐抓共管合力不断增强。全区大部分县区都健全完善了流动人口服务管理制度，建成社区流动人口综合服务站 410 个，配备协管员 2300 名，在流动人口集中地区开设"流动人口之家""流动人口服务超市""流动人口廉租公寓"等便民服务网点。全区累积确诊严重精神障碍患者达到 20044 人，全区累计登记吸毒人员 26917 人。2015 年 1—10 月，查获吸毒人员 7444 人次，强制隔离戒毒 3110 人次，因毒品问题引发的案件大幅减少。

3. 完善矛盾纠纷多元化解机制，社会持续和谐稳定。全面推动落实"两代表一委员"联系基层群众、重大决策社会稳定风险评估、农民工工资银行支付、工资集体协商、法律服务信访、网上信访、损害群众利益责任追究等重点工作，完善相关制度机制，最大限度的把矛盾纠纷发现在基层、解决在基层。近年来，40% 多的仲裁案件通过调解方式结案。2015 年 1—10 月，全区共挂账未化解矛盾纠纷 354 件，已化解销号 317 件，化解成功率达到 89.5%。

4. 强化公共安全管理措施，人民群众安全感不断提高。宁夏部署开展社会治安重点地区排查整治行动，开展了"涉枪涉爆""两抢一盗"等专项整治行动，加强校园及周边环境综合治理，开展安全生产隐患排查整治，社会公共安全秩序继续保持平稳。截至 2015 年 10 月底，全区信访总量、进京非正常上访人次、八类主要刑事案件、安全生产事故等指标同比分别下降 20.9%、19.3%、12.6%、8.4%。

（七）社会养老服务体系不断完善

1. 养老服务政策体系逐年健全，养老设施建设大力推进。自治区政府先后印发了老龄事业发展和社会养老服务体系建设两个"十二五"规划，制定了一系列政策，有力地保障了养老服务业健康发展。几年来，自治区将养老服务业发展的重点工作、重点项目纳入民生计划，采取国家专项资金、各级政府预算资金、中央和地方福彩公益金等办法多渠道筹措资金，着力推进公办养老服务设施建设。截至 2015 年 11 月，全区建成各类养老服务机构 112 所，设置床位 17024 张，每千名老人拥有机构养老床位 21.9 张；依托城乡社区建成居家养老服务站 584 个，社区老年人日间照料中心 53 所。建设了宁夏智能化社区居家养老服务信息平台和 17 个县级平台，为 1.95 万名老年人安装了"一键式"呼叫器。采取签约、协议加盟等方式，提供 45 个平价收费服务项目惠及城镇老年人。2014 年，自治区争取的中央专项彩票公益金 12 亿元中有 10 亿元用于养老服务业发展。截至 2015 年 11 月，全区已建成投入使用的民办养老服务机构 32 家，设置床位 5089 张，正在建设的民办养老机构 5 所，设置床位 2508 张，全部建设成后民办养老机构床位数将达到 7597 张。

2. 整合资源拓展农村养老服务。各地充分利用闲置的学校、村委会办公场所、农村闲置房屋，按照自治、自愿、自理、自助的原则，建设农村幸福院 341 个，探索出了"集中居住，分户生活，统一管理，互帮互助"和"村级主办，互助服务，群众参与，政府支持"的农村养老新路子，为农村老年人提供生活居住、文体娱乐、康复和托养服务。

二、宁夏社会发展中的若干矛盾问题

（一）就业难成为普遍现象

2015 年以来，受经济形势的影响，就业岗位明显减少，特别是农村外出从业劳动力普遍受教育程度较低，没有参加过任何技能培训的农民工仍占多数，在劳动密集型产业中就业比重较大，受经济波动的影响就更大。劳动力众多与就业岗位不足的矛盾日益突出。政府在千方百计创造就业机会，提高劳动力素质，减少当期的劳动力供给，但仍不足以扭转目前的就业紧张局面，宁夏全社会就业面临的困难较多。

1. 人口总量持续扩大，就业压力依然较大。2000—2014 年，宁夏总人口由 554.3 万人增长到 661.5 万人，人口总量增加了 107.2 万人，同期劳动力人口增长高于同期的人口自然增长。平均就业率不到 70%。2015 年，区内高等院校毕业生 3 万人，城镇新增就业人口 7.1 万人。人口持续快速增长，使劳动力供应总量越来越大，就业压力呈逐年加大趋势。

2. 就业的结构性矛盾突出。宁夏劳动力的总体素质不高，全部劳动力中近七成的文化程度在初中及以下，具有大学以上文化程度的劳动力数量占全部劳动力数量的 14%左右，劳动力素质低无法满足企业用工需求；另一方面具有较高素质的大学生中普遍存在着职业目标定位过高或专业不对口等问题，导致大学生就业难。以致出现了"有事无人做，有人无事做"的结构性就业矛盾。据国家统计局宁夏调查总队农民工监测调查结果显示，2015 年前三季度，就业压力总体上持续增大和结构性用工短缺的矛盾并存。从劳动力供求总量看，一定时期内仍处于供大于求的局面，城镇新成长劳动力和高校毕业生的规模很大，农村剩余劳动力转移的任务也很大。同时，在就业上也存在着一定的结构性供不应求的用工短缺情况。

3. 职业培训不适应就业需要。部分职业培训机构缺乏高素质的师资，给培训者提供实际操作训练的设备数量不足质量不高，培训能力不强，与职业培训的需求不匹配；部分有就业需求的人员观念落后，缺乏参加培训的积极性和自觉性；政府投入了大量资金用于培训，但是培训存在九龙治水的现象，削弱了培训效果；职业培训内容与实际需要脱节，培训对象对

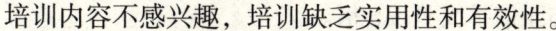

培训内容不感兴趣，培训缺乏实用性和有效性。

（二）收入差距拉大

据统计，2004—2014年10年间，宁夏农民人均纯收入增量与城镇居民增量的比为1:2.64；城乡居民收入之比由1985年的2.25:1扩大到2014年的2.77:1。宁夏北部引黄灌区和中南部山区的差距也比较明显，银川市辖三区的人均GDP是海原县的6.41倍。个人收入分配结构呈"金字塔型"，2008年基尼系数高达0.491，2012年回落至0.474。基尼系数已经远超0.4的"警戒线"水平，突破0.45，进入差距较大区间。

1. 居民收入增势放缓。居民增收越来越受到经济发展大环境的影响，收入增速放缓，持续增收面临压力和挑战。2010年以来，宁夏城镇居民可支配收入在连续四年呈两位数增长后，2014年回落到个位数增长，增速为8.4%；2015年前三季度增长8.5%，宁夏城镇居民人均可支配收入增幅比上年同期低0.1个百分点，增速为2004年以来的最低，收入增速进入换挡和下降通道；农村居民人均可支配收入增速同比回落1.4个百分点，也进入个位数增长区间，为2006年以来最低。

2. 人均GDP的排名与人均收入不对应。宁夏城镇居民人均可支配收入在全国排从2000年的第28位，上升到到2014年第25位，农村居民纯收入则没有变化，一直是排在第24位。同期，尽管人均GDP在全国31个省市区从2000年排第21位，到2014年上升到第15位，上升了6位，却没有对城乡居民收入排名产生积极影响。扣除价格因素，2015年前三季度宁夏城镇居民人均可支配收入实际增幅为6.9%，低于GDP增幅（7.6%）0.7个百分点。

3. 收入结构不合理。宁夏城镇居民收入中，工资性收入占比较高，经营性和财产性等自主增收性收入占比较低，居民增收主要依赖增资政策和企业经济效益。2015年前三季度，宁夏城镇居民人均工资性收入占可支配收入比重为66.1%，而经营性和财产性净收入仅占17.1%。

4. 城镇居民内部收入差距继续拉大。2015年前三季度宁夏城镇居民20%的高收入户人均可支配收入为36148元，同比增长8.3%；20%的低收入户人均可支配收入为6409元，同比增长4.4%。最高收入户与最低收户的收入差距由上年同期的 5.4 倍扩大到 5.6 倍。

（三）反贫困难度加大

宁夏自 1980 年开始反贫困，30 多年投入了巨大的人力物力财力，贫困状况和生态环境也有很大改善，但这种改善与巨大的投入相比，效果并不尽如人意。如果从 1980 年代"三西"扶贫开始算起，按照每年 5% 的贫困人口脱贫计算，30 多年后的今天应该已经完全摘帽脱贫了。但现在仍有 60 万的贫困人口，约占自治区总人口的 9.1%，约占宁夏中南部地区 9 个县区（包括 8 个国家级贫困县区和扶贫扬黄灌溉工程移民区—红寺堡移民开发区）总人口的 21.9%。

1. 反贫困体制发挥的效益不理想。政府数十年来一直在致力于减少贫困人口，做了大量工作。但如何使巨大的投入能取得更为积极的反贫困的效果，长期以来这个问题实际并没有完全解决。在反贫困机制上，一是政府作为反贫困的责任主体，在现有体制下难以真正做到落实责任到具体人。干部的频繁更换使扶贫工作难以保持政策和措施的连续性。二是一些干部很难深入了解贫困的实际状况，顺应民意，采取有效措施，实实在在地为老百姓做点事。三是一些规划和政策与实际状况不完全相符，造成资源浪费，效果不佳。四是劳动者素质较低，接受新生事物的能力弱，相当一些人有很强的依赖性。这样，即使有好的项目或者很多的投入，也难以发挥好的效益。

2. 政策的激励性不强。反贫困是政府的责任和承诺，但政府显然难以包揽一切，如何让贫困人口有摆脱贫困的愿望和动力就非常关键，但有的政策缺乏激励和驱动作用。例如，在指出贫困人口素质低、等靠要思想严重、缺乏自主自立自强精神的同时，却对主动迁出大山、依靠自己力量走上摆脱贫困之路的自发移民缺乏鼓励和扶持的政策。

3. 具体困难和问题。宁夏中南部地区的扶贫开发还存在贫困程度深、增收难度大、脱贫路子不宽、社会治理和后续产业发展相对滞后、生态建设相对缓慢等问题。

一是贫困群众增收难度较大。经济形势下行，贫困群众务工就业难，农产品价格下降，造成务工收入和家庭经营性收入减少。二是部分生态移民安置区建设进度缓慢。三是整村推进资金投入不足。2015年投入的5亿元全部用于200个重点贫困村考核销号任务村，其他300个重点村特别是已考核销号的100个村需要在产业发展上继续予以支持，但无资金投入。四是生态移民后续发展能力还十分薄弱，移民区社会管理还不够健全。南部山区移民对发展节水农业、特色设施农业和节水灌溉模式，没有经验和技术；移民搬迁入住后，各项费用支出增加，发展产业缺资金，想发展也无力发展。在社会管理方面，不论是县内生态移民还是县外生态移民，部分移民户籍仍然在原搬迁地，移民存在"两头跑""两不管"现象，影响社会管理。五是移民搬迁难度大。一些县（区）移民对象的遴选、落实持续滞后。个别县（区）之间对接、协调不积极，搬迁方案计划不落实，搬迁进展缓慢。六是生态建设须进一步加强。生态建设资金投入不足。"十二五"中南部地区生态移民迁入区生态建设500元/亩，迁出区生态恢复150元/亩；由于劳务移民没有落实房屋产权，大部分移民没有核转户籍，原居住房屋没有拆除，土地没有回收，给生态恢复造成很大困难。

（四）房地产业不景气制约城镇化进程

房地产业全面下滑，投资无力，市场清淡，空置房持续增加。2015年1—9月，房地产开发投资额和投资增速分别为423.07亿元和-11.8%，在全国31个省、市、自治区中分别名列第29位和第28位。截至11月底，全区新建商品房待售面积1135.38万平方米，同比增长25.6%，环比10月末增加1.47万平方米。其中住宅待售面积691.85万平方米，同比增长20.4%。全年消化商品住房存量116万平方米，全区棚户区改造货币化安置比率达到25.4%。按这一速度，目前的空置房屋仍需10年才能消化完。政府保障房供应不顺畅。一是由于2015年的财政收入形势普遍较差，导致地方财政负责的配套设施进度慢，致使许多竣工的房屋无法入住；二是分配体制和机制不顺，运转效率不高，造成入住慢；三是按照廉租房和公租房申请使用的政策规定，应实行动态管理，建立健全严格的准入、退出机制，但大部分人一旦入住后，即便家庭经济条件改善，不再符合享受条件了，清退难度则很大。虽然实行租售并举政策，但由于受经济收入和户型面积等因素制约，效果不明显。

（五）看病难和看病贵问题仍然比较突出

医疗卫生资源配置不均衡，在地区和城乡之间有较大差别；医疗费用上涨过快，高额的医疗费用已经超出社会的承受能力；医疗保险筹资增长赶不上医疗费用的增长，过度医疗的现象愈演愈烈；等等，社会上对医疗制度的诟病不绝于耳，解决医疗保险这一世界性难题不可能一蹴而就。

1. 全区医疗资源分布很不均衡。医疗资源向自治区 5 个地级市市区集中的倾向十分明显。银川市占全区人口的 31.8%，聚集了全区总床位的 41.4%、医院床位的 43.3%，集中了全区所有三甲医院。5 个地级市大部分市辖区床位数超出规划低限，其他县级医院大部分没有达到规划目标，22 个市县（区）中，有 19 个低于全区平均数。乡（镇）、村（社区）基层医疗卫生机构床位占全区总床位不到 10%，比全国平均数 21.8% 低 11.8 个百分点，严重不足。社区医疗卫生服务机构 50% 以上业务用房仍为租赁，普遍缺乏基本医疗设备。乡镇卫生院中，40% 没有彩超、25% 没有 X 光机、45% 没有半自动生化仪、64% 没有心电图仪，50% 以上的附属用房极其狭小且多危房，宁南山区九县（区）大部分乡镇卫生院和新建村卫生室没有集中取暖设施。

2. 医疗卫生人员短缺问题突出。全区几乎所有医疗卫生机构都缺人，绝大部分公立医院都按在编人员 50%~100% 的比例招聘所缺人员。基层医疗卫生机构卫生人员只占全区总数的 25.7%，比全国平均数约低 10 个百分点。基层医疗卫生机构以全区 1/4 的卫生人员、1/10 的医疗床位，承担全区近一半（48.6%）的门诊量、住院量和绝大部分公共卫生服务任务，资源短缺问题十分突出。

3. 医疗费用过快增长的势头较猛。近几年医疗费用上涨过快，"看病贵"始终是社会广泛关注的焦点问题。2010—2014 年，全区住院病人平均医疗费由 4966.01 元增加到 6976.80 元，五年上涨了 2010.79 元，到 2015 年 6 月又攀升到 7414.90 元。近几年来，门诊和住院费用中的药品费用占比一直居高不下，分别维持在 50%、40% 以上。据财政部门的数据，2014 年全区县级公立医院医疗收入增长 19.5%，其中药品收入增长高达 23.6%，说明虽然取消了药品加成，也提高了人均公共卫生服务经费补助标准，但并未完全达到降低医疗费用的预期目的。三级医院病人拥挤问题突出。医院看病挂不上号，等不到病床，"看病难"始终是未解难题。由于全区分级诊疗体系没有真正建立，二级以下医疗卫生机构大部分条件较差，吸引和留住病人的服务能力不强，双向转诊形同虚设，只有上转，没有下转，导致大量常见病病人涌向三级医院，使三级医院病人拥挤的问题更加突出。三甲医院承担全区医院诊疗总量的比例近年一直高达 25%左右。

三、2016 年宁夏社会发展展望和对策建议

2016 年是"十三五"发展规划的开局之年。正如有学者指出，经济新常态不只是经济自身的内在必然，而且与社会转型艰难直接有关，或者说，社会转型艰难制约了经济发展。因此我们要在"创新、协调、绿色、开放、共享"的发展理念指导下，用更有力的社会政策和社会体制改革，加快社会转型，才能摆脱中等收入陷阱，确保经济新常态走得更稳、更顺利，使宁夏能与全国同步迈入小康社会。

（一）社会政策要坚持公平、共享和可持续为基本价值取向

2015 年国家出台了一系列新的社会政策，例如机关事业单位养老保险制度改革，全面实施一对夫妇可生育两个孩子政策，实施居民居住证制度，等等，表明社会领域内改革加快，社会政策的实施更加注重与社会发展的需要相契合。社会政策的制定和实施要适应变化了的社会结构，从社会政策的功能来看，为保障全体公民享有基本的生存发展权利，就必须把公平正义、共享发展成果、可持续性作为基本原则。

1. 社会政策以公平为主要价值取向。公平性应当是社会政策制定的主要价值取向。只有坚持公平性原则，才能保障全体公民共享社会发展的成果，才能保障每个公民的生存发展权利在受到威胁时得到政府和社会的帮助，即社会政策要发挥基础性的、"托底"的功能。在社会差距并没有缩小甚至还在逐渐扩大的情况下，无论是从公平的角度，还是从"保基本"的角度，都要求社会政策必须把保障弱势群体的基本生存发展需求作为主要侧重方面，制定社会政策向弱势群体倾斜。要使公民在共享资源、合作共享、共享成果中获得幸福民生，达成互补、互助和互惠。公平是共享的

保证，共享是公平的必然结果。

2. 可持续性是社会政策得以实施并发挥作用的基础和前提。再好的政策如果不可持续，就难以发挥积极效应。例如，虽然养老服务有广泛旺盛的需求，但是需求并没有带动培育出成熟而又活跃的市场，许多社区的居家养老服务机构都难以为继，说明市场脆弱且不能健康发展。市场的本质要求是获取利润，如何既能满足养老需求且老人能够承受，又能使市场获得合理利润从而激发养老服务业发展动力，需要找到一个契合点。问题的症结在于从业者要依靠政府的补贴才能维持，部分老年消费者也希望付出越少越好，最好是"免费午餐"。政府的补贴是必要的，但不可能是一种福利。关键在于要用优惠的政策撬动市场。"无利不起早"，如果养老服务业不能获得服务业的平均利润率，那就难以发展起来，而如果养老服务业经营利润的一部分来自于政府的政策性补贴，又能获得与其他服务业大体相当的利润，这才是可持续的发展路子。培育市场，还要引导老年消费者树立正确消费观，同时对于无助的低收入老年群体予以更多帮助。

（二）反扶贫贵在尊重规律、举措切实且持之以恒

实施精准扶贫，实现今后五年内贫困人口全部脱贫的目标，关键在于政府的政策对路，措施有用，投入有效。今后五年让全部贫困人口彻底告别贫困是一件非常艰巨的目标。

1. 为老百姓谋福祉是出发点。精准扶贫的前提是必须真正了解民意和实际贫困状况，一切决策都要站在替百姓谋取利益的立场上。扶贫开发是政府的庄严承诺，是最大的民生工程，最能显示政府执政理念。绝不能把扶贫当作面子工程和形象工程，坚决避免和杜绝在扶贫开发中可能出现的利益输送问题。

2. 调动贫困人口积极性是立足点。政府在扶贫开发中的主导作用要进一步强化，但政府的作用毕竟不是万能的，政府的责任也不是无限的，试图包揽一切实际上可能会事倍功半，甚至适得其反。一切政策举措都离不开贫困人口的参与，并且只有通过他们自身的改变才可能摆脱贫困。因此培育贫困人口自立自强的精神，调动激励他们脱贫致富的积极性，扶持他们依靠自己的力量走上致富之路，才是政府制定政策的初衷。

3. 采取有效政策举措是关键点。采取确实符合实际的、通过努力可以取得成效的政策举措非常关键。扶贫工作不仅对象要精准，更重要的是政策对路，措施有用，投入有效。这就需要精准把握实际、精准选择项目、精准使用资金，而且施策不因人而变，举措不因时而废。凡是正确的政策和举措，就要通过制度持之以恒地坚持下去。

（三）推进社会体制改革要突出重点

改革是发展和进步的强大动力，革旧布新是事物发展的普遍规律。宁夏与全国一样，在发展过程中一直没有停止改革的步伐。在新常态的环境下，社会发展的形势有了新情况，社会建设的内容有了新变化，面临的问题和矛盾也处于变动不居的状态。往往是旧矛盾的解决就是新矛盾酝酿出现的开始。

1. 社会保障制度的改革。在启动机关事业单位养老保险制度改革之后，使社会保险制度建立在更加公平、可持续的基础上，还有很长的一段路要走。特别是延迟退休年龄、延迟养老保险缴费年限和实行职工退休人员医保缴费参保政策，涉及了各个阶层所有劳动者的利益，遇到阻力是必然的。制度设计既要顾及劳动者的感受和承受能力，又要根据社会保险事业发展需要采取积极措施。2014 年宁夏在全国已是养老保险基金当期收不抵支的三个省区之一（包括把中央财政补贴基本养老保险基金 20.42 亿元计算在内）。尽管宁夏社会保险基金储备余额还比较多，而且养老保险会在若干年后进入全国统筹，但这并不能作为否认矛盾和问题的借口。只有未雨绸缪，坚决推动改革，才是社会保险制度顺利健康发展的保证，才是对国家和人民负责任的态度。

2. 户籍管理制度改革。随着城镇化速度的推进，如何让在城镇实现稳定就业的农村转移人口在城镇落户，提高户籍人口城镇化率；尽快解决一二十万自发移民的户籍问题，是宁夏户籍管理制度改革的两个重点。解决好这两个问题，对宁夏经济社会发展的全局都具有非常重要的积极意义。这两方面的改革均涉及维护农民的土地承包权、宅基地使用权、集体收益分配权，社会保险的转移接续以及不可缺少的公共服务设施和基础设施的建设投入等一系列问题，难度大，涉及面广，只要高度重视，尊重事实，尊重基层创造，就没有解决不了的问题。

3. 医疗卫生制度改革。改革必须从解决制度性缺陷入手，才有出路。例如，过度医疗的问题是由于多用药、多做检查就能增加医院和医生的收入，如果以开药养医、以检查养医的问题不解决，那么过度医疗就不能杜绝。《中共中央关于制定国民经济和社会发展第十三个五年规划的建议》提出，要"全面推进公立医院综合改革，坚持公益属性，破除逐利机制，建立符合医疗行业特点的人事薪酬制度"。为医疗体制改革指明了方向。从药品供应保障体系、到公共卫生体系和医疗服务体系，再到医疗保障体系，是一个紧密连接、环环相扣的大系统，改革必须从全系统入手，继续坚持"保基本，多层次，可持续"的原则，通过顶层制度设计，形成良性循环的机制，一些省区已有一些成功的经验。例如广东中山、浙江杭州采取按病种结算、实施总量控制的办法，北京市医改实施以"医药分开""医联体"建设为切入点的探索等，值得我们在医疗卫生改革中学习借鉴。要通过调整和优化三级医疗机构资源配置，切实解决三级医院病人拥挤问题；加快社会办医步伐；增加县级以下医疗卫生机构床位；改善基层医疗卫生机构基础设施条件；推进健康服务业发展，开展医疗机构与社会养老机构合作试点，协同做好老人康复护理。鼓励发展康复医院、老年病医院、护理院、临终关怀医院等医疗机构。

4. 收入分配改革。收入分配改革是调节收入的常态性过程，要使差距保持在合理区间，是一个需要不断改革不断调试的过程。调节高收入，保障低收入人口的基本生存条件，不断扩大中等收入阶层，是收入分配改革的基本方向和原则。要推进简政放权、减免税费，落实创业扶持政策，促进居民家庭二、三产业经营收入增长；积极帮助企业解决融资、产品更新换代、技术改造等方面的困难，使其尽快走出困境，进而保证企业职工工资正常增长；宁夏城镇居民收入增长主要依靠政策增资带动，据测算，2015年11月30日前各项增资政策全额兑现，宁夏城镇居民可支配收入预计增长8%。因此，工资制度改革要把增加公务员和事业单位工作人员工资、特别是基层公务员和事业单位人员工资作为重点。

5. 住房保障制度改革。着眼宁夏房地产业实际，坚持"供给"与"保障"相结合，着力推动"两房"（廉租房、公租房）融合发展，确保市场稳定、保障到位。出台加强保障性安居工程建设管理实施意见，将符合条件的城中村、城市危房、老旧住宅区、重点镇等房屋和与棚改有关的配套基础设施纳入城镇棚户区改造范围，进一步提高受益面。要化解房地产库存，通过加快农民工市民化，推进以满足新市民为出发点的住房制度改革，扩大有效需求，让房价合理回归到社会可接受的价位，使中低收入家庭、特别是农村转移人口能够买得起或者租得起房。加大棚户区改造货币安置力度，力争货币化安置率达到 50%以上，鼓励有条件地区 100%采取货币安置。支持房地产企业跨区域、多元化和品牌化经营，向旅游地产、文化地产、养老地产等组合开发方式转变。

2016年宁夏社会蓝皮书
BLUE BOOK OF NINGXIA'S SOCIETY

领域篇

2015 年宁夏教育事业发展研究报告

田继忠　禹晓成

2015 年是宁夏教育事业发展的重要之年，也是"十二五"规划的收官之年。一年来，在自治区党委、政府的正确领导下，在各级广大教育工作者的努力工作下，很好地完成了宁夏全年各项教育任务，各项教育事业蓬勃发展，促进了全区教育事业快速发展，有力支撑了全区经济社会协调发展。

一、宁夏教育事业发展状况

（一）普惠性幼儿园规模不断扩大，保教水平不断提高

2015 年，基于宁夏普惠优质幼儿园的数量不足，为满足人民群众对普惠优质学前教育的需求，自治区财政安排专项资金 2000 万元，在全区确定了 18 个县（市、区）的 60 所幼儿园,积极开展政府购买学前教育试点工作，鼓励和引导民办幼儿园向社会提供普惠性服务，使更多民办幼儿园能够进入普惠性幼儿园行列，目前已惠及幼儿 15000 人，教师 1700 人。

继续壮大发展公办幼儿园力量，目前已建成 33 所自治区级示范幼儿园，确定 80 所幼儿园为《3—6 岁儿童学习与发展指南》实验园，并积极扩张优质幼儿教育资源，通过与农村幼儿园、民办幼儿园"结对子""手

作者简介　田继忠，宁夏教育科学研究所所长；禹晓成，宁夏教育科学研究所教师。

拉手"等方式，进一步促进学前教育事业整体发展。进一步加强家庭经济困难儿童资助，发放学前教育资助金 617.32 万元，资助学前一年教育家庭经济困难儿童 12344 人，资助覆盖面在山区为 30%，川区为 20%。

（二）义务教育均衡发展有效推进，进一步规范了学校办学行为，随迁子女留守儿童得到极大关注

加强义务教育均衡发展，在县级自评、地级市复核的基础上，组织专家进行省级评估，经国务院教育督导办公室义务教育发展均衡县（区）评估认定，全区已有 16 个县（市、区）义务教育均衡发展通过国家验收，占全区县（市、区）总数的 59.1%，已有 16 个县（市、区）推进义务教育均衡发展工作通过自治区的评估验收，占全区县（市、区）总数的 72.7%，目前义务教育均衡发展水平在西部居领先地位。

加强政策导向，规范中小学办学行为。制订《宁夏中小学教育质量综合评价实施方案》，建立以学生发展为核心、科学多元的中小学教育质量评价制度，切实扭转单纯以学生学业考试成绩和学校升学率评价中小学教育质量的倾向，切实体现素质教育要求，促进学生全面发展；出台《自治区教育厅关于推进依法治教 进一步规范中小学办学行为的实施意见》，进一步明确各级教育行政部门、中小学校规范办学行为的主体职责，严格规范中小学的招生行为、学校管理、教辅材料选用、评价行为和学籍管理，治理义务教育阶段择校等问题，进一步规范中小学办学行为。

重视随迁子女和留守儿童接受义务教育的权力和机会。先后制定《关于进一步加强进城务工人员随迁子女和农村留守儿童教育管理工作的实施意见》等一系列指导文件，全面深化"两为主"（以流入地政府为主、以公办学校为主）和"两个全部纳入"（纳入当地教育发展规划之中，纳入当地财政保障体系）。对在自治区范围内就学的进城务工人员随迁子女就学实行"一人一号（学籍编号），号随人走，集中核算，财政统付"的管理措施，切实减轻学生流入地的财政负担，极大地保护了随迁子女和留守儿童接受义务教育的权力和机会。

（三）中等职业教育发展办学规模不断扩大，普通高中考试招生制度改革积极进行

建立以国家免学费补助和国家助学金为主，以学生顶岗实习为辅的资助政策，对中等职业学校全日制正式学籍在校生免除学费，将全日制正式学籍一、二年级在校涉农专业学生和非涉农专业家庭经济困难学生以及宁夏六盘山集中连片特困地区的7个县（区）（原州区、同心县、海原县、西吉县、隆德县、泾源县、彭阳县）的中等职业学校农村学生（不含县城），纳入国家助学金资助范围。对凡初中毕业未被普通高中录取、高中毕业未被大学录取的生态移民子女都能获得资助进入职业院校免费学习。全年完成32000人招生计划，较2014年中等职业学校招生增加了1612人，增长了5.30%。

根据《国务院关于深化考试招生制度改革的实施意见》，积极深化宁夏考试招生制度改革研究，结合全区实际，认真完成了宁夏考试招生制度综合改革实施方案、高考加分政策调整方案、高职院校分类考试实施方案、高校招生与高中学业水平考试选考科目衔接的方案等考试招生制度改革配套文件，认真完成了宁夏普通高中学业水平考试实施方案、宁夏普通高中学生综合素质评价实施方案等研制工作，为进一步深化宁夏考试招生制度改革，引导普通高中多样化、特色化发展，推进素质教育起到积极的政策引导作用。

（四）实施职业教育教师素质提升计划，"宁夏现代职业技能公共实训中心"建设初具成效

2015年，宁夏教育厅会同天津市教育委员会、天津职业技术师范大学，签订《宁夏回族自治区培养职业教育免费师范生协议书》，在宁夏增加完成了50名职业教育免费师范生的招生。进一步加强完善了双向交流互动机制，秋季学期开始，天津市向宁夏派出37名职业教育支教教师到宁夏职业院校任教，宁夏37所职业院校也派出了管理人员和教师对口到天津职业院校挂职锻炼，提升了宁夏职业教育管理水平和师资水平。

为实现职业教育与自治区优势骨干产业零距离对接，进一步完善自治区职业教育园区基础设施建设，依托相关职业院校和企业，建设"西部领先，国内一流，特色鲜明，成效显著"的国家级"宁夏现代职业技能公共实训中心"，全力打造电子信息、机械加工、能源化工、建筑技术、物流管理、现代服务、葡萄酒工程、设施农业、羊绒加工、清真食品、枸杞保鲜与加工等领域的 11 个专业公共实训中心，先后共投入 29563.2 万元，已经建成的电子信息、能源化工、物流管理、现代服务、设施农业、清真食品6 个专业实训中心。该实训中心对银川的所有职业教育学校，包括周边的宁夏大学等免费开放使用，最大化地提高了教学仪器设备的使用效率。

（五）加强人才队伍建设，不断提升高等教育服务经济社会发展能力

实施"特聘教授岗位"计划，本年度首次遴选 11 名国内外高水平大学及行业企业专家来我区高校开展教科研合作，同时选派 100 多名教师分别赴国内高水平大学和区内外企事业单位开展访问学习和"双师型"培养锻炼，完成高校与新闻单位、法律部门第三批专业人才互聘工作，并启动了宁夏教师教育发展中心建设工作。

实施了高等学校专业预警退出机制，以就业需求为导向发布黄牌警告旧专业 3 个，以自治区经济社会发展需求为导向申报新专业 23 个。根据全区经济社会发展需求，立项了 250 余项高校科研项目，积极对接服务于地方经济建设。开展了 12 个领域的全区大学生学科竞赛，遴选建设了新一批大学生校外实践教育基地，建设了新一批自治区级协同创新中心、人文社科重点研究基地和产学研服务基地，进一步提升了高等院校服务于地方经济社会发展能力。

加强对外交流与合作，成功举办第三届中阿大学校长论坛，积极促成北京外国语大学与阿联酋大学在银川举办中阿国际学院。组织宁夏大学与美国密苏里州立大学合作选拔 50 名学生和 10 名教师赴美访学一年，积极落实"陕宁政府合作框架协议"，组织双方 10 所高校达成对口合作关系。

（六）实施少数民族高层次骨干人才培养计划，不断促进民族教育大力发展

2015 年，自治区教育厅与国家录取的 164 名硕博士签订了定向协议书，完成 2016 年少数民族高层次计划人才报名资格审核 431 人。实施"边远贫困地区、边疆民族地区和革命老区人才支持计划教师专项计划"，本年度落实教师选派人员1289人次，国家支持资金837万元，有利支持了义务教育均衡发展和城乡教师交流。促成中央民族大学附中对口支援宁夏同心县民族教育，双方已经正式签订了合作协议。

继续实施"百所回民中小学标准化建设"工程，实施民族骨干中小学内涵发展行动计划，利用国家少数民族补助经费支持建设民族骨干学校39所。大力实施"百标工程"学校内涵发展，实施成果富有成效，得到了国家教育督导团的赞扬。促进出台了《宁夏回族自治区阿拉伯语人才培养规划》，支持宁夏大学阿拉伯学院、宁夏国际语言学校阿拉伯语专业等建设，扶持宁夏民族职业技术学院、固原市职业教育中心等民族职业教育院校或中心的建设，提升其基础能力建设，为少数民族学生接受良好职业教育创造了条件，为国家"一带一路"战略的实施和宁夏内陆开放型经济实验区建设提供了人才支持。宁夏民族教育的发展得到了国家教育部和民委的充分肯定，在第六次全国民族教育工作会上作为经验交流。

（七）不断创新教师教育改革，积极探索教师教育发展新举措

2015年，在首批"塞上名师"培养工程确定48名培养对象，并于2014年结业的基础上，本年度又启动了第二批"塞上名师培养工程"，遴选确定了57名培养对象，并委托北京师范大学进行培训提升，不仅为宁夏基础教育改革与发展增添新的动力，而且也对领航全区基础教育教学改革发挥积极作用。

在全区教育系统组织开展了"最美教师""最美乡村教师"评选活动，评选并表彰了10名"最美教师"、10名"最美教师提名奖"获得者；评选奖励了120名"最美乡村教师"，举办了"最美教师"电视颁奖典礼，通过宁夏教育电视台等新闻媒体对获奖教师高尚品德和先进事迹的宣传报道，进一步营造了尊师重教的良好氛围，对弘扬教育正能量发挥了非常重要作用。

积极改革"国培计划"，关注移民地区学校教师培训，着力提升培训质量。改革以往集中培训为以县为单位的项目推进方式，确定以吉林教育学院等4所区外高校，分别与宁夏永宁县、青铜峡市、中宁县和原州区开展"培育性示范县"培训，四县（市、区）的12000名教师正在分阶段参加

2—3 年的周期性递进式培训。全年有 3000 名中学教师分别赴东北师范大学、西北师范大学、福建师范大学、清华大学、湖南第一师范学院参加了乡村教师访名校、乡村校（园）长助力培训、送教下乡培训等；8000 名幼儿教师参加了幼儿园教师信息技术应用能力提升远程培训；形成不同区域层面的培训体系，为提升全区教师专业化发展水平起到了重要的推进作用。

（八）不断加大教育资助力度，覆盖各级各类学生且成效显著

2015 年，全区各级各类教育资助金额达到 3.7 亿元。其中，全年建立了学前一年家庭经济困难幼儿资助制度，每生每年资助保教费 1000 元，山区资助面为 30%，川区资助面为 20%；积极落实中职学校国家助学金和免学费补助金，发放资助金 4656.4 万元；秋季发放 2485.4 万元；免除中等职业学校学费补助资金 12857.4 万元，资助覆盖面达 100%；共发放本专科生(普通高等、高职院校) 国家助学金 3601.5 万元，有 24010 人受助，占在校生数的 25.6%。发放高校研究生国家助学金 1077.2 万元，资助研究生 3532人。共资助从学前至高等教育阶段家庭经济困难学生 18 万余人。为贫困学生圆上学梦，发挥了巨大的社会效益。

二、存在主要矛盾与问题

（一）普惠性幼儿园还不能完全满足人民群众的需求，民办幼儿园还有待加强规范管理，保教水平还需进一步提升

一是普惠性幼儿园数量仍然不足。虽然目前政府不断加大购买学前教育的力度，但在一定程度上，普惠性幼儿园在发展数量上还显得不足，与人民群众所期盼的质高价廉的学前教育资源需求相比，还存在较大差距。二是对购买学前教学的监管与指导急需加强。如何加强对基于民办幼儿园的学前教育监管力度，规范其办学行为，指导其进行科学的幼儿教育，开展适合幼儿身心健康发展的活动，促进幼儿身心健康快乐成长，也是摆在当前全区学前教育的一个重要课题。

（二）部分农村学校办学条件仍显薄弱，乡村教师整体水平还需加强，教育教学质量有待进一步提高

一是农村学校标准化建设亟待加强。对照国家和自治区标准,全区部分农村中小学在学校校舍建筑面积、生均体育运动场馆等还显不足。二是占全区小学教师总数近一半的乡村教师，不论从学历层次、知识结构还是教育教学经验等，由于长期在艰苦农村学校任教而致使信息不畅、培训机会匮乏等，教师专业水平急需提高。三是随着近年来学校硬件条件得到极大改善，对学校内涵发展的重视程度不够，尽管近年来开展了大量的教师培训，但如何真正提高培训质量，切实提升教师教育教学能力，并激活现有的硬件资源，进一步提高教育教学质量，还需进一步加强政策支持和引导。

（三）普通高中多元特色办学还显不足，部分学校以应试考试为主的倾向仍较为严重

一是普通高中的办学模式仍然较为单一。由于"应试教育"的惯性，全区许多高中学校在一定程度上还存在以分数论高低，依据升学率评价学校优劣的取向，由此带来办学形式、课程设置、教学组织形式及教学方法的整齐统一，形成了大一统整齐划一的普通高中学校单一办学模式。如何优化普通高中课程结构、加强校本课程开发，根据学校、教师、学生及资源的特点与差异，创新普通高中多元化办学模式，在一定程度上仍还显得不够。二是普通高中考试评价制度仍较为滞后。如何更好地实施素质教育，转变以单一应试考试为主，大力探索有利于高中阶段学生身心健康发展的素质教育，研究考试评价制度改革，是全区高中阶段教育改革与发展的重要课题。

（四）高等教育办学自主权还不强，高水平人才队伍不足，应用型人才培养还需亟待加强

一是高校自主发展的主体意识不强。高度统一集中的管理方式，在一定程度上造成高校自主发展的主体意识不强，不利于高校人事制度自主管理，不能适应高等院校内涵发展的需要。二是高水平人才队伍（团队）不足，重大科技项目平台少、科研成果转化少、协同创新少，支撑自治区战略产业发展能力较弱。三是高校在学科专业结构调整仍需进一步优化，加之应用型人才培养不足，高等学校发展与经济社会发展需求结合不紧密等，是全区高等学校改革与发展所面临的重要课题。

（五）职业教育师资整体素质水平还需提高，宁夏现代职业技能公共实训中心建设仍需加强

一是职业教育专业教师相对贫乏，尤其是"双师型"教师数量匮乏，且实行企业人才兼职职业教师承担教学实习人员不多，专业团队力量不强，引领教育教学，服务于地方经济社会发展还显不足。二是处于正在积极建设中的宁夏现代职业技能公共实训中心，现在一定程度上还处于设备采购等硬件建设，如何尽早建成并科学有效运转，更好地提高其使用效益发挥最大作用，真正达到科学运营和资源共享的实效性还有待于进一步加强。

三、对策与建议

（一）加强学前教育政府购买力度，指导学前教育科学发展

要加强政府购买学前教育的力度，扩大普惠性幼儿园覆盖面，并加强规范化办园监管，提高幼儿学前教育质量。购买学前教育服务以县为主，按"政府、社会、家庭"合理分担机制，确定各方承担比例，鼓励社会力量投入学前教育，提高全区幼儿教育规模的覆盖面。

严格按《幼儿园工作规程》《幼儿园教育指导纲要》《3—6岁儿童学习与发展指南》《托儿所幼儿园卫生保健管理办法》等文件要求，对服务对象实施科学的保育教育。进一步加强对全区学前教育，尤其是民办学前教育的监管和指导力度，避免幼儿教育"小学化"倾向，促进幼儿德、智、体、美全面发展。

（二）加强乡村教学点建设，积极推动教师交流，有效推进课程与教学改革

在全区义务教育均衡发展的良好态势下，要关注农村教育，尤其要进一步加强农村教学点建设，切实提高农村教学点的办学条件，为全面提高农村教学点教育教学质量奠定坚实的物质基础。针对山区小规模学校如何配置设备设施问题，我们在彭阳县通过现场观摩测试、研究论证，本着够用、实用、用好的原则，制定了适合小规模学校的仪器设备配置标准，这些成功的经验有利于更好地指导山区各县（区）全面推进义务教育均衡发展工作。

扎实落实乡村教师支持计划，推动实施教师交流制度。要进一步加强教师资源的统筹管理和合理配置，完善招聘特岗教师、事业单位聘用、安排免费师范生等机制，通过精准补录、精准分配，解决教师结构短缺的问题。加强教师队伍建设，提高教师专业化水平，建设合理的教师队伍梯队，完善教师交流制度，发挥名优教师的辐射引领作用。健全奖励机制和差别化的引导政策，吸引更多的优秀教师服务偏远、贫困地区教育发展。

积极有效推进课程与教学改革，不断提高教育教学质量。要结合当地实际积极研究新课程实施问题，持续不断学习新思想、新理论和新方法，打破保守单一的局面，积极进行教育教学的探索与行动，不断提高教育教学质量。

（三）深化高中阶段教育改革，提高教育教学质量

全面深化普通高中课程和考试制度改革，使普通高中学业水平考试与综合素质评价更好地服务于高中学生成长发展的需要，并积极引领普通高中特色化发展。结合宁夏实际制定的《宁夏普通高中学生综合素质评价的办法》和《宁夏普通高中学业水平考试的实施办法》，尽早争取国家同意在宁实施。现在应该进一步加强对两个《办法》的宣传，做好实施前的准备工作，力争从2016年开始实施。

继续加强中等职业教育工作，努力推进全区中等职业教育事业发展，适度稳定中等职业教育发展规模，加强中等职业教育内涵建设，力争在职业教育信息化建设、职业教育师资队伍建设、职业教育集团化办学等方面有所突破，为全区经济社会发展培养一专多能的实用技能型人才。

（四）全面深化高等教育改革，提升高等教育治理体系和治理能力现代化水平

全面落实《自治区党委 人民政府关于加快推进高等教育改革和发展的意见》，坚持"借助外力，提升内涵，应用转型，特色发展"的整体思路，进一步加强高等教育省级统筹和扩大高校办学自主权，全面深化高等学校综合改革，推进高等教育治理体系和治理能力现代化。

要努力建设一批西部有竞争力的优势学科专业，培养一批社会满意的创新应用人才，产出一批产业需要的重大科技成果，形成布局结构合理、

学科专业优化、办学特色鲜明、公办民办共同发展的格局，提升自治区高等教育综合实力和整体水平，为建设开放富裕和谐美丽宁夏提供有力的人才智力支撑。

（五）加强职业教育内涵建设，完善实训中心建设，服务地方经济社会发展

认真贯彻落实《职业教育法》及全国职业教育工作等相关精神，适度稳定全区职业教育发展规模，着力提高办学质量，努力破解宁夏现代职业教育发展中的重大困难和问题，更好地对接全区经济社会发展要求，服务于地方经济社会发展的需求。

加强职业教育师资队伍建设，采取更加科学可行的机制与制度，重点采用以校本培养加外送进修学习提高的形式，加强教师职业道德修养，鼓励教师既有较深的专业基础知识，还具有较宽相关职业技能知识，不断促进职业院校教师专业化发展。

进一步完善实训中心建设，保证实训中心管理和运营，推动实施实训中心资源共享。争取尽快出台实施"宁夏现代职业技能公共实训中心资源共享运营管理办法"和"宁夏职业教育园区师资共享管理办法"，最大程度地发挥实训中心共享作用。

（六）加强教师学习共同体的建设，完善区内免费师范生试点工作，构建教师资格准入新机制

落实好国家《关于实施乡村教师支持计划意见》和自治区《〈乡村教师支持计划〉实施办法》，在总结 2015 年首批 4 个"培育性示范（区）"工作的基础上，应通过公开申报、考核、遴选等方式新增"培育性示范县（区）"，采取置换研修、送教下乡、网络研修、乡村教师访名校培训和乡村校（园）长培训等方式，开展 2—3 年周期性培训，推进项目县教师学习共同体建设，实行教师研训一体化、校本研修有效化良性运行机制，推动教师网上和网下研修结合，集中研修、虚拟学习和教学实践相结合的混合学习，促进教师培训常态化，推动建设乡村教师校长专业发展支持服务体系。

进一步完善区内免费师范生试点工作和巡回支教工作。指导区内免费师范生试点院校进一步完善课程设置、教学管理、学生培养等工作，探索出一条与全区教师队伍建设相适应的教师培养模式。同时，完善巡回支教工作，扩大支教范围。建议在原州区、彭阳县 50 个支教点 200 名志愿者基础上再扩大范围，深入探索和建立巡回支教保障机制，增强支教工作的吸引力。

落实教师资格考试与定期注册制度，构建教师资格准入新机制。根据《教育部办公厅关于进一步扩大中小学教师资格考试与定期注册制度改革试点的通知》要求，认真做好中小学教师资格考试的各项工作，开展好教师定期注册试点工作，总结经验，稳步向全区推行。

2015年宁夏社会保险事业发展研究报告

李茂青　乔永平　刘　涛　夏　勇

2015年是"十二五"收官之年，宁夏社会保险事业按照党的十八大和十八届三中、四中、五中全会制定的目标，以人人享有社会保障为目标，以制度创新为突破，以提升经办能力、服务水平为着力点，以科学化、标准化、精细化管理为手段，加快社会保险事业推进步伐，社会保险改革逐步深入，社会保险制度日趋完善，覆盖面进一步扩大，社会保险待遇不断提高，经办方式和手段明显改进，适应宁夏经济社会发展的社会保险体系与经办服务体系基本建立。

一、2015年社会保险事业发展概况

社会保险覆盖面进一步扩大。2015年，宁夏社会保险事业稳步推进，各险种参保人数继续增加，到10月底，全区城镇职工基本养老保险、城乡居民基本养老保险、城镇职工基本医疗保险、城乡居民基本医疗保险、失业保险、工伤保险、生育保险参保人数分别达到157.3万人、182.8万人、114万人、469万人、75.4万人、80.7万人和71.9万人，预计到年底，累计

作者简介　李茂青，宁夏回族自治区社会保险事业管理局副局长；乔永平，宁夏回族自治区社会保险事业管理局综合处处长；刘涛，宁夏回族自治区社会保险事业管理局综合处调研员；夏勇，宁夏回族自治区社会保险事业管理局综合处副调研员。

参保人次将达到 1152 万人次。城镇职工基本养老保险、城镇职工基本医疗保险、工伤保险、失业保险和生育保险分别比"十一五"末增加了 49.6 万人、19.9 万人、24.9 万人、26.5 万人和 32 万人。

社会保险待遇进一步提高。为企业离退休人员连续 11 次调增了养老金，提高了城乡居民基础养老金；与商保公司联办城乡居民大病保险，提高了居民基本医疗保险报销水平约 17 个百分点；基本医疗保险改革继续深入，居民普惠性体检、按病种分值付费、职工门诊统筹、新生儿落地参保等医保新政得以推进，医保控费取得了一定成效；医疗保险监控工作逐步规范，监控工作由点到面在全区推开，初步建立了医保服务医师诚信机制，信息化监控取得实效；社会保险基金监管有力、运行平稳；社会保险科学化、标准化、精细化管理得到加强。机关事业养老保险改革启动，社会保险制度实现了全覆盖，更多的城乡居民和非公经济组织及灵活就业人员、农民、城镇居民、学生等群体拥有了社会保障，共享经济发展成果。

信息化推进明显加快。目前全区已实现了各项社会保险数据的全区大集中，建成了贯通全区的区、市、县、乡、村五级网络。全区二级以上医疗机构、乡镇民生服务中心、一级及乡镇卫生院（社区卫生服务中心）、村卫生室联网率分别达到 100%、100%、100%、75%。持卡人可在各级医疗机构就医购药；制发卡工作有序推进，累计制作完成社保卡 600 万张。

（一）养老保险改革深入推进

1.参保人数稳中有增。预计到 2015 年底，全区城镇企业职工基本养老保险参保人数达到 158.3 万人，其中参保离退休人员达到 44 万人；全区统筹城乡居民社会养老保险参保人数达到 183 万人，其中 60 岁以上领取养老金人数为 36.8 万人。养老金全部采取社会化发放，社会化发放率保持在 100%。养老保险参保人数与领取养老金人数继续稳步增长。

2.机关事业养老保险改革正式启动。全区成立了自治区改革工作领导小组，自治区编办批准自治区社保局成立机关事业养老保险经办处，《宁夏回族自治区机关事业单位工作人员养老保险制度改革工作实施意见》经国家人社部、财政部审核备案，自治区政府于 11 月 5 日印发执行。贯彻

《实施意见》的通知、养老金计发办法、经办规程等几个配套政策与《实施意见》同步印发执行。举办了信息采集培训和信息系统操作培训，招标开发了应用软件，12月份正式启动经办工作，年底前完成60%的参保任务。

3. 养老保险待遇进一步提高。宁夏企业离退休人员养老金连续"十一连调"，企业离退休人员月人均养老金水平为2469元；国家和自治区调整了城乡居民基础养老金最低标准，为每人每月115元，增加了30元，增幅达到35%，目前加上个人账户养老金，我区城乡居民月人均养老金达到134元。一些市县在此基础上又有所增加，银川市最高，为每人每月190元。

4. 实施被征地农民养老保险办法。自治区政府出台《关于鼓励被征地农民参加养老保险的意见》后，政策颇得民心，被征地群众积极性高，各级政府引导被征地农民自愿选择参加企业职工基本养老保险和城乡基本社会养老保险。目前，全区所有市县区全部启动，已经有3.6名被征地农民按照新政策纳入了职工养老保险制度范围，破解了被征地农民的养老保险难题。

5. 下调费率、降低缴费基数缓解经济下行影响。为积极应对经济下行给企业生产经营造成的困难，人社、财政、税务部门联合印发了《关于调整失业保险费率有关问题的通知》（宁人社发〔2015〕72号），从2015年3月开始，将失业保险费率降低1个百分点，其中单位缴费比率为1.3%，个人缴费比率为0.7%。人社厅与财政厅联合印发了《关于做好2015年度社会保险缴费基数和福利待遇计发有关工作的通知》（宁人社发〔2015〕103号），规定宁夏2015年企业职工基本养老保险、失业保险缴费基数下限按上上年度（2013年）全区城镇在岗职工平均工资的50%核定;灵活就业人员参加企业职工基本养老保险缴费基数下限按上上年度全区城镇在岗职工平均工资的40%核定。降低费率，下调费基，有效缓解了企业压力，社会保险费收入也有所减少。

6. 全民参保登记试点取得较好进展。2015年是实施全民参保登记试点的第二年，全民参保登记的目的是实现人人享有社会保障的目标，通过政府行为，多部门合作，对应保未保人员进行登记，将他们纳入到社会保障体系当中。宁夏为国家首批试点，计划用三年时间，完成宁夏全民参保登记工作。通过部门联动、数据比对，将未参保人员和新增人口纳入登记范围，截至 10 月底，累计登记入库 39.6 万人，完成任务的 72%，已登记人员中，有 4.5 万人转化为参保缴费人员。宁夏在 11 月的全国全民参保登记视频会上介绍了宁夏的经验做法。

（二）医疗保险体系日益完善

1. 基本医疗保险参保人数稳中有增。2015 年 10 月底，全区城镇职工基本医疗保险和城乡居民基本医疗保险参保人数将达到 684 万人，较 2014 年增加 4 万余人。

2. 待遇水平进一步提高。2015 年城乡居民基本医疗保险财政补助由 372 元提高到 432 元，城乡居民医疗保险一、二、三档统筹基金年最高支付限额分别为 7 万元、12 万元、16 万元，达到城乡居民人均可支配收入的六倍以上。新生儿落地参保新政策全面实施，到 10 月底，全区参保 1.64 万人，享受政策报销 8178 人。

3. 异地就医结算工作进展加快。全区实施了《自治区基本医疗保险区内异地就医结算管理办法》和《自治区基本医疗保险异地就医结算操作规程》。跨省异地就医方面，已与天津、海南、广州、陕西、内蒙古等地签订了异地就医结算合作协议，跨省异地就医平台上线试运行。

4. 城乡居民大病保险全面铺开。在 2013 年石嘴山市、固原市试点基础上，2014 年全区各地全面推开大病保险工作。大病保险所需资金从城乡居民医疗保险统筹基金划拨，起付额以上的合规医疗费用分段进行报销，最低报销比例不低于 50%。同时，对 20 种重大病种报销比例再提高 1~3 个百分点。截至 10 月底，全区大病保险参保人数达 469 万人，享受大病保险待遇人数为 1.85 万人、2.67 万人次。享受大病保险参保患者在基本医疗保险基础上政策范围内报销比例进一步提高。

5. 医保监控工作有力推进。医保监控制度体系进一步完善，以《自治区基本医疗保险服务监督办法》的实施为契机，出台了《基本医疗保险监控业务管理规程》《自治区医保服务医师诚信监督办法》；医保监控业务纵向深入、横向联动，医保监控工作在全区全面铺开；部分监控系统全部部署到市县，建立自治区、市、县三级监控网络，完善药品、诊疗项目、医用耗材"标准库"和医疗机构、医院科室、医保医师等数据库，二级以上协议医院 9000 余名医保医师全部签约登记入库。医保监控实施近三年来，共查处并追回违规医保基金 1900 万元，挽回医保基金损失 9000 余万元，对性质较严重的医疗机构暂停了医保服务协议，一批重点监控的医疗机构医疗费用明显下降，违规乱收费的现象得到较好控制。

6. 实施居民普惠性健康体检。从 2014 年 9 月起，宁夏全面启动城乡居民普惠性健康体检工作，全区 50 岁以上参保人员将接受五大类三十五小项的免费健康体检。全区 50 周岁以上、连续三年以上参加城乡居民基本医疗保险并缴费的人员，以及参加城镇职工基本医疗保险的企业退休人员均可免费体检。50 周岁至 59 周岁人员每 3 年体检 1 次，60 周岁以上人员每 2 年体检 1 次。体检项目包括一般项目、查体项目、检验项目等五大类三十五项。目前已完成 25 万余人体检。

（三）工伤保险扩面调率

自治区进一步完善工伤保险费率制度，人社厅、财政厅印发了调整工伤保险费率政策的通知，将原一至三类基准费率调整为一至八类，费率最低 0.2%，最高 1.9%，2015 年 10 月 1 日起执行新的行业风险类别。基准费率调整后，全区工伤保险平均费率由 0.95% 下降为 0.75%，减轻了参保单位缴费压力。实施建筑业参加工伤保险"同舟计划"，联合住建、安监、工会等部门开展专项督查，推动建筑业从业人员参保，累计参保 4.25 万人。完善劳动能力鉴定制度，进一步规范劳动能力鉴定程序，建立了劳动能力工作责任追究机制和劳动能力鉴定委员会工作联系协调机制。逐步建立和完善工伤补偿、工伤康复和工伤预防"三位一体"的工伤保险制度体系。

（四）生育保险稳中有调

2015 年 10 月，按照国家统一安排，宁夏调整了生育保险费率，根据各地生育保险基金收支结余确定在 0.3%~0.5% 之间，降幅较大，将会对基金征缴总额产生影响。宁夏生育保险待遇实行按人头包干结算。

（五）失业保险稳步推进

2015 年，宁夏失业保险参保扩面稳中有增，预计年底参保 75 万人。

自治区继续出台援企稳岗促进就业政策，通过采取实施社会保险补贴、岗位补贴、职业技能培训补贴等政策措施，进一步发挥失业保险基金在稳定就业，增强企业和职工社保缴费能力，帮助困难企业恢复生机，提高企业待岗人员素质等方面的积极作用，有效缓解了参保企业和个人的缴费压力。

(六) 基金管理安全有序

社会保险预决算管理得到强化，建立了行之有效的社会保险基金预决算激励和约束机制，预算编制日益规范严谨，年度预算执行平稳有序。加大基金监管力度，严格落实拨付职工养老、工伤保险和居民医保调剂金办法，建立缺口基金保障管理机制。开展全区城镇职工养老保险、统筹城乡居民社会养老保险和统筹城乡居民基本医疗保险三项基金专项检查和退休审批专项检查，大力开展社会保险稽核工作，对各项社会保险缴费基数、缴费人数实行全面稽核，实施《医保服务医师诚信管理办法》，规范医保服务医师行为。建立社保与司法部门联动机制，加强社会保险领域涉嫌诈骗犯罪案件移送工作，维护基金安全。完善社保经办机构内控制度，同一业务分段操作，不同部门横向制衡。建立社保基金运行定期分析机制和基金监管定期报告、工作考核、安全评估和信息披露四项制度，推行"五险统一稽核"，采取书面稽核、实地稽核、系统交叉、市县互查、联合认证、QQ认证、视频认证、社区认证和异地协查认证等方法，防欺诈冒领取得明显成效。

(七) 推进"五险合一"征缴改革

2015年，自治区党委、政府加快了社会保险"五险合一"征缴体制改革步伐，制订了"五险合一"经办管理体制改革方案，自治区政府于2015年7月印发了改革实施方案；10月人社部门印发了《"五险合一"业务经办规程》，"五险合一"信息系统正在开发测试。人社厅、自治区编办对市、县"五险合一"工作进行联合督查，协调落实机构、人员、经费等问题，指导市县制定方案。目前，银川市改革方案已报自治区编办待批，红寺堡区方案报吴忠市审批，平罗县、青铜峡市方案报当地政府审批，其余市县正在完善方案，协调有关部门，争取年底前出台方案。

（八）推广社会保障卡综合应用

自治区政府印发了《关于加快推进社会保障卡应用的意见》，人社厅出台了《社保卡综合应用实施方案》，全区实现了城乡居民、职工养老、医疗、工伤、生育保险信息系统省级集中管理，参保人员持社保卡可在区内持卡就医、异地就医即时结算、持卡购药等。9月份，在中卫市召开了全区社会保障卡综合应用现场会，在全区推广中卫市试点经验，自治区社保局向全区社保经办机构下达了社会保障卡综合应用工作推进计划，这项工作进度明显加快。

二、宁夏社会保险事业发展面临的主要问题

（一）经济下行对社会保险扩面征缴带来严峻考验

受全球经济增速放缓和全国产业结构调整转移升级的影响，全区部分企业停产、半停产，企业效益下滑，申请缓缴的企业增多，欠缴的社会保险费有所增加。在经济压力下，企业保生产、保效益、保工资，一些企业漏报人数，瞒报基数，选择低档缴费，少数困难人员暂停缴费。城乡居民养老、医疗保险由于"空挂户"、一人多户等现象，一些居民长期在外地务工或定居，难以办理参保登记手续。由于城乡居民大病保险、门诊统筹、新生儿参保等一系列政策的实施，城乡居民基本医疗保险待遇水平进一步提高，吸引一些企业和以个人身份参加城镇职工医保的人员，自愿放弃原职工医保待遇而选择缴费不多的城乡居民医保。此外，城乡居民养老保险缴费周期长，待遇水平低，一些青年农民参保积极性不高，农村长期外出人员参保登记收缴保费困难。以上因素均对社会保险扩面征缴带来挑战。

（二）养老保险基金支付压力加大

截至2014年末，全区养老保险基金历年累计结余165.35亿元，较上年减少0.94亿元。2014年，当年基金征缴收入增长率低于基金支出增长率13个百分点，基金累计结余首次出现负增长，基金累计结余静态可支付17个月，较2013年减少3个月，基金支撑能力有所减弱。人口老龄化进一步加重，据统计，2014年宁夏60岁以上户籍老年人口82.3万，占全区总人口的12.45%，预计到2015年底将达到90万，占总人口的13%。根据测

算，预计今后宁夏退休人员平均每年按6%左右的速度增长，受预期寿命增加和养老金连续11年调增等因素影响（2005年以来，宁夏企业退休人员养老金从862元增加到2469元，净增加1607元），养老金刚性支出增长较快。受上述因素的影响，基金支付压力进一步加大。

（三）城乡居民基础养老金总体水平偏低

目前宁夏城乡居民基础养老金最低标准为每人每月115元（不包括市县地方增加部分），随着物价上涨和居民消费水平不断提高，基础养老金水平仍然偏低，低于民政低保（2015年，城市380元，农村200元），远低于失业保险金（最高845元，最低750元），更低于企业退休人员养老金平均水平，制度设计中多缴多得、长缴多得激励机制没有有效发挥作用，奖励性养老金偏低，政策吸引力不强，中青年参保意愿不强（2014年35周岁以下参保人数只有48.3万人，占总人数的33.2%）。制度设计尚有缺陷，职工、居民、被征地农民养老制度间存在差异，在利益驱动下，选择性、投机性参保，不利于社会公平。2011年，宁夏城乡居民普遍建立了养老保险制度，实现了从无到有的重大变化，经过几年的低水平运行，已经有所积累，但由于保障水平低，享受待遇周期长，已经影响了一部分居民的参保与缴费的积极性，长久看，必将影响居民养老保险制度的可持续发展。

（四）社会保险经办机构力量不足的矛盾依然突出

2015年底，全区累计参保人次预计达到1152万人次，社会保险经办服务对象日趋庞大，由原来主要面对一个个单位转变为既要面对单位还要面对个人，服务层次由原来区市县三级转变为现在的区市县乡村五级，服务一直要延伸到最基层的行政村和居委会。此外，大规模的人口流动与就业的灵活性、高流动性，加剧了流动人口社会保险费征缴及待遇供给的难度，经办管理服务供给与社会实际需求的矛盾日益突显。宁夏社会保险经办机构人均服务比已达1:1.3万人，部分市县高达1:2万人，远远高于国家规定的1:6000人的标准。新的经办业务不断扩展，工作量逐年上升，基层一线经办人员力量不足，专业技术人员匮乏，事业发展、经办管理的需要与基层经办力量薄弱的矛盾十分突出。

三、推进宁夏社会保险事业发展的对策建议

(一) 多措并举，力促参保扩面

1. 深入推进全民参保登记计划。实施更加精准、针对性强的全民参保登记工作，多部门联动协作，建立自治区全面、完整、准确、动态的社会保险参保人员基础数据库。筛查应保未保人员，建立名册，分解到市县区、乡镇 (街道)、村 (社区)，分片包干，逐一入户登记。对于长期离家外出人员，采取电话、网络等办法登记；对于在外省市区重复参保人员，通过国家人社部数据异地协查平台，筛查清理不在同一统筹地区的重复参保人员。加大社会保险执法、稽核、监控力度，对所有用人单位、街道、社区、村排查登记，转化登记成果，依法参保登记申报，依法扩面足额征缴。开展已参保单位的排查，严查漏报、漏保。加强劳动执法，妥善解决短期用工、季节性用工、灵活性用工的参保登记、申报、缴费。推进各类单位与从业人员参保，实现社会保险人群全覆盖。

2. 调整完善政策。建立与经济发展相适应的社会保险缴费基数确定机制和待遇调整机制，减轻单位和个人缴费压力，减少漏保和断保，通过利益引导，完善社会保险缴费基数、待遇计发的相关政策，增强政策吸引力；吸收市场理念，积极探索制定部分险种的预缴、趸交办法和社会保险风险准备金实施办法，更好地适应企业市场风险和特殊人群的缴费需求。

3. 建立考核奖惩。各级党委、政府将完善社会保障体系、维护公民权益放到更加突出位置，将职工各项社会保险和城乡居民社会保险参保列入各级政府民生计划，制定工作目标，签订责任书，细化分解任务，建立自治区、地市、县 (市、区)、乡镇 (街道) 四级考核奖惩机制，各级财政要落实考核奖励经费，对参保、扩面、征缴等工作实行专项奖励。

4. 加强政策经办宣传。制订年度宣传方案，确定宣传重点，实行宣传工作量化考核，广泛开展政策与经办宣传，加强日常宣传，组织集中宣传，利用电视、广播、报刊、网站、微信、微博等媒体进行宣传。引导群众，转变观念，提高群众参保缴费积极性。

（二）下大力气，狠抓征缴清欠

1. 层层分解抓好落实。对全区各类参保单位、企业情况做好调查摸底，梳理欠费企业情况，按行业、地区、企业（单位）性质等进行分类，向各市县层层分解任务；有针对性地组织调研，找出征缴中的问题和欠费、漏报、漏缴的原因、动机，形成政策与工作建议；督促指导各市县制订年度清欠计划，有的放矢开展清欠。

2. 协调配合形成合力。落实政府和部门责任，加强各地在社会保险欠费清欠工作中的组织领导，成立由当地政府牵头的工作领导小组，建立联席会议和正常协调机制，由领导小组成员单位联合组织清欠行动，相互配合，协调一致，形成清欠工作合力。

3. 开展清欠专项行动。由自治区政府印发开展社会保险清欠专项行动的通知，与各市、县（区）政府签订清欠责任书，将社会保险欠费（重点是企业职工基本养老保险）的清欠任务分解下达，自治区政府组织人社、税务、财政等部门实行定期督查、按季通报、半年检查、年底考核。加大对欠费企业的曝光力度，建立企业社会保险诚信体系。

4. 建立机制落实奖惩。欠费是社会保险制度的"毒瘤"，直接影响群众切身利益，影响社保基金的长期安全稳定运行，也影响政府的公信力和社会的公平性。从自治区到市县要建立工作激励与惩处机制，加强考核，落实奖惩，打赢清理社会保险欠费这场"攻坚战"。

（三）完善政策，提高城居养老金

1. 提高奖励性养老金标准。将城乡居民基本养老保险奖励性养老金由现在的每增加一年缴费每人每月 2~5 元提高到 10 元左右，缴费满 20 年、30 年、40 年、45 年的，每月可分别增加养老金 50 元、150 元、250 元和300 元，促使城乡居民基本养老金大幅提升，体现政策的弹性，从而增强政策吸引力。

2. 适当降低财政补贴。作为基本养老保险制度，必须强调权利与义务的对等性，必须是个人为主的缴费模式。学习居民医保补助方式，补助的重点主要是缴费困难人群与特殊人群，对一般人群按一个标准给予补助。同时，为鼓励长期缴费，可建立长缴多补机制，如缴费达到 20 年的，以后年度按每年 400 元补，缴费达到 30 年的，以后年度按每年 700 元补，缴费达到 40 年的，以后年度按每年 1000 元补，以此类推。一、二项措施综合施之，有增有减，达到公共财政支出平衡。

3. 减少缴费档次。由现在的 100 到 2000 元 12 个档次减少到 5 到 6 个档次，拉开每个档次的差距，每个档次差保持在 300 元到 500 元，有利于简化政策宣传、经办、财补等操作。具体档次的设置经调研后再行研究。

4. 争取中央支持。吃透中央民族工作会议精神，积极寻求中央对宁夏的支持。宁夏作为西部欠发达的少数民族地区与民族团结示范区，每年中央转移支付占到宁夏总财力的 70% 以上，给予宁夏很大支持。根据国务院颁布的《关于开展新型农村社会养老保险试点的指导意见》中"国家根据经济发展和物价变动等情况，适时调整全国新农保基础养老金的最低标准"的规定和十八大关于到 2020 年实现城乡居民人均收入比 2010 年翻一番的目标，请中央在普遍调整基础养老金的前提下，对宁夏再按一定比例增加，以减轻今后宁夏基础养老金增量压力。

（四）多方施策，解决经办难题

1. 着眼长远，加快建立符合宁夏特点、科学合理的基层社会保障公共服务体系，根据辖区服务对象数量，综合考虑辖区面积、人口、经济社会发展水平等因素，按国家社会保障公共服务平台配置工作人员标准，为市县社保经办机构和民生服务中心配备足够数量的工作人员，补上基层经办短板，提高基层社会保障公共服务水平。

2. 利用社会资源，通过政府购买服务，保障社会保险经办服务向乡镇村组和街道社区延伸。每年争取政府资金支持，按照公开录用、统一使用、动态管理、量化考核的办法，购买约 3000 名服务人员，为全区每个乡镇民生服务中心、行政村和社区派驻 1 名社保助理员，为全区社保经办机构增加 300 名左右前台登记、申报、协查、信息等工作人员。

3. 加快信息化建设，加快社保卡综合应用的推进，建设社保网上经办大厅和手机、微信、自助服务终端、12333 等网络办事平台，简化办事流程，提高服务效率。

4. 加快经办管理体制改革。落实自治区党委社保改革任务，按照自治区实施方案，对机构、人员、业务进行整合，2016年完成改革任务。以减少社会保险公共业务的人力、财力投入，提高办事效率，缓解经办压力，

参考文献：

1. 2014年养老、医疗、工伤保险运行分析报告，2014年基金运行分析报告.

2. 宁夏社会保险统计报表.

3. 宁夏经济要情手册（2010、2011、2012、2013、2014）.

4. 2014年全国社会保险运行分析报告.

2015 年宁夏科技事业发展专题研究报告

牛国元　张庆霞

科技是第一生产力，科技与经济的有机结合，是经济高速增长的促进力量。宁夏虽是一个小省区，但在科技创新方面勇于开拓、积极奋进，多个方面取得区域科技创新的"亮点"，科技创新在宁夏经济快速发展中发挥了不可或缺的作用。

一、积极作为，科技创新成效明显

（一）奋发有为，工业技术创新取得积极成效

工业领域通过引进消化吸收先进技术和根据地方资源的特点进行自主开发、创新，大幅度提高了工业综合技术水平。突破了变异山羊绒染色的技术瓶颈，形成了拥有自主知识产权的山羊绒绒条加工关键设备和技术；建成了年产 1 万吨金属镁新型环保节能示范生产线，镁冶炼技术装备达到了国内先进水平；利用太西煤生产出了灰分小于1%的超低灰纯净煤，延伸了产业链，使太西煤的资源价值得到更加充分的发挥；成功研制出了符合进口甲醇/二甲醚高选择性制丙烯（MTP）装置要求的国产催化剂，打破了国外对煤化工重大关键技术的垄断局面，为推动我国煤基烯烃产业发展奠

作者简介　牛国元，宁夏科技发展战略研究所研究员；张庆霞，宁夏科技发展战略研究所助理研究员。

定了坚实的技术基础；研发出的具有完全自主知识产权的智能化模压淬火机床获得国家专利授权 11 项，走在了全国前列。1600kW 系列矿用减速器的研制、350kA 新型异型阴极结构铝电解槽技术、电极箔产品主要技术指标等一批科研成果达到了国内、国际先进水平。全区主要工业领域技术水平接近国际 20 世纪 80 年代中期水平，部分优势企业的技术水平和产品已达到同期国际先进水平。

（二）持续推进，科技助推特色产业"破茧成蝶"

"十二五"以来，围绕支撑引领"一优三高"现代农业发展为目标，着力实施农业科技创新重大专项，聚焦特色优势产业重大科技需求，整合优势科技资源，加强重大关键技术创新，注重共性平台性技术嫁接改造特色农业，宁夏在高产、优质、抗逆动植物新品种引进选育、持续丰产技术、生态和经济林木营造技术、水资源开发和节水农业技术、畜禽水产养殖技术、病虫害综合防治技术及控害减灾预测预报技术、区域农业综合开发和生态农业技术等方面的技术引进、研究开发和推广应用方面取得一系列重大进展。特别是近年来，紧紧围绕"三大农业示范区"建设和 13 个农业特色优势产业开发，组织实施自治区农业科技创新重大专项和一批国家、自治区科技项目，在新品种选育、节水高效农业、生物防控、健康养殖等方面取得一批国内领先的重要成果，枸杞、清真牛羊肉、奶牛、马铃薯、果菜、淡水鱼、葡萄、红枣、硒砂瓜等一系列特色精品农业品牌名满区内外，成为带动宁夏农业经济发展及当地农民增收的重要支柱产业。全区以现代生物技术为支撑的绿色农业、以高效节水技术为支撑的现代节水农业发展快速，设施园艺、旱作节水、健康养殖、农业物联网等生产技术达到了西北乃至国内先进水平。特色农业产值占到全区农业总产值的 80% 以上，农业家庭经济收入的一半来自特色农业。

（三）搭建载体，科技园区成为技术创新重要平台

借鉴国内外先进经验，积极探索科技示范园区建设，建成了 120 多个集科学试验、示范辐射、成果转化于一体的科技园区，引导人才技术资金等创新要素向园区聚集，培育形成了一批集中度高、关联性强、集约化水平高，具有专业化、规模化、优质化、标准化水准的高新技术产业集群。

其中，以灵武羊绒园区为核心的银川国家高新技术产业开发区，推动了羊绒产业向高新技术产业转变，赢得了"世界羊绒看中国，精品羊绒在灵武"的美誉；石嘴山国家高新技术产业开发区通过加强产业和城市功能的联动发展,成为石嘴山城市发展的重要动力源，园区主要经济指标居宁夏各工业园区前3位。在现代农业科技园区的有效带动下，宁夏设施园艺、旱作节水、健康养殖、农业物联网等生产技术达到了西北乃至国内先进水平。

（四）借力发展，对外科技合作与交流实现新跨越

科技部首次在欠发达地区与宁夏政府建立了部区会商工作制度，将事关宁夏长远发展的重大议题列入科技部重要议事日程给予支持。自治区政府先后与陕西省、中科院、中国工程院、中国农科院和北京市签署科技合作协议，与美国、日本、俄罗斯、欧盟、澳大利亚等科技强国和亚非等40多个国家（或地区）以及联合国粮农组织、国际小麦玉米改良中心等国际组织开展了科技合作。涌现出一批通过对外科技合作实现企业转型升级、技术创新能力大幅提升的典型企业。2015年中国—阿拉伯国家技术转移中心落户宁夏，建设中阿国家技术转移中心是习近平主席在中阿合作论坛第六届部长级会议开幕式上提出的重要倡议。在9月份举办的中阿国家博览会上，科技部部长万钢，宁夏区区委书记李建华与部分阿拉伯国家科技部部长一同为中阿技术转移中心成立揭牌。在随后举办的2015中阿技术转移暨创新合作大会和中阿高新技术及装备展上，科技部与阿盟秘书处签署了共建中阿技术转移中心备忘录。中阿双方签订了5个共建双边技术转移中心的协议，并先后组织召开了首次中阿科技部部长会谈和中阿技术转移中心第一次联席会议，还召开了系列专场技术对接洽谈会，达成了37项合作协议和意向。中阿技术转移中心将立足宁夏，面向全国，服务于国家向西开放和丝绸之路经济带建设战略，集成国内科技创新要素和技术转移资源，成为中国与阿拉伯国家技术转移的平台和窗口。

二、共性认识：实现经济稳定增长必须依靠科技支撑

适应新常态，努力保持经济稳定增长，积极发现培育新的经济增长点的关键是要将发展方式从依靠要素和投资驱动向创新驱动转变，而在此过

程中科技进步是最为关键的内在动力，突出反映在：

（一）科技进步成为培育新的经济增长点决定性因素

从宁夏宁南山区各县区的情况来看，多年来的经济增长主要是依靠资源和劳动力要素的大量投入而非科学技术进步和生产效率的提高，生产力不发达，产业技术及产业发育程度与川区各县，特别是与发达地区存在较大的差距是造成宁南山区各县落后的主要原因。随着社会经济的整体发展与进步，没有先进的科学技术，民族地区是不可能改变落后状况的。如果仍然延续过去的增长方式,面临的土地、环境等制约因素将会更大。特别是在科技创新及创新驱动已成为国家重大战略的今天，能否依靠科技进步发展经济，能否开展科技创新，能否建立起自己的科技创新体系，以及如何建立自己的科技创新体系，已成为宁夏能否突破旧的经济结构的制约，培育新的经济增长点的决定性要素。

（二）科技优势成为区域经济优势形成的关键性保障

经济发展优势与科技发展优势是相辅相成、密不可分的整体，两个优势随着相互作用和发展，结合得越来越紧密。从宁夏情况来看，随着科技生产力跨区域转化的实现，及科技生产力转化为现实生产力周期的缩短，不管科技优势是从本地区产生的，或是从其他地区引进的，一旦具备了科技优势，才会产生经济优势，自治区"五优一新"产业发展成效的取得就是很好的例证。灵武市、贺兰县、中宁县等相继进入全国或西部百强的县市，正是因为随着科技优势的不断增强，从而形成了新的经济优势。近年来，彭阳县在山区各县中发展特色产业发展速度较好，其中一个重要原因就是因为在该县特色产业成为优势产业中科技支撑发挥了重要作用。

（三）科技创新成为实现可持续发展的重要基础

发展是硬道理，但遵循科学发展观的可持续发展更是硬道理。中卫市沙坡头区自被批准为国家可持续发展实验区以来，以建设生态文化旅游城市为目标，加快防沙治沙和生态建设步伐，实现了沙漠林纸一体化、沙漠工业园区化、沙漠旅游产业化。沙坡头区先后荣获迪拜国际改善居住环境最佳范例奖、中国人居环境范例奖、中国最佳绿色生态城市等一批殊荣，在西部生态脆弱区，走出了一条以生态建设带动旅游产业，以旅游产业促进生态建设的良性循环道路，有效丰富了实验区建设内容，为国家可持续发展实验区在西部沙漠干旱地带、生态环境脆弱地区建设实验区示范进行了积极的实践和探索，形成了有效的示范和样板。

（四）科技进步成为解决好温饱与稳定脱贫关系的主要依靠

从宁南山区扶贫开发的实践来看，单纯靠传统的救济性、福利性扶贫解决贫困人口的生活保障问题，只能是一种短期帮扶解决温饱，这种扶贫方式解决温饱后返贫率高，再生性差，对于贫困人口来讲，只是一种被动地接受帮助和捐献，难以改善生产条件。即使有个别人能改变一般的生产条件，但也难以抵御自然灾害的侵袭，随时都有返贫的可能。在西海固地区，要实现贫困人口最终摆脱贫困这一长期而艰巨的任务，必须提高贫困人口的自身素质，使之具备积极参与致富活动的能力和条件。在国家扶贫开发战略的实施下，只有加大科学技术的投入，加强科技扶贫的实施力度，西海固地区才能缩短与市场的距离，推进经济发展的市场化水平。通过大量调研发现，在自治区确定逐年摘帽的贫困村，凡能基本达到预期生产生活水平的，其特色产业发展、劳动技能提高、群众观念改变中无不体现出科技的巨大力量。

三、理性对待：科技事业发展中存在的问题不容忽视

尽管近年来宁夏科技进步较快，在多个领域都有积极突破，但远不能满足支撑经济社会发展的需要，全区科技事业发展中存在的问题必须引起高度重视：一是推进科技创新的主动性还没有完全形成。宁党发〔2013〕37号文件《关于加快推进科技创新的若干意见》明确提出："各级党委、政府要强化党政一把手抓科技创新的责任机制，建立健全科技创新目标责任制"，《意见》并就强化企业技术创新主体地位、推进科技管理体制改革、加大科技创新投入、加强创新人才队伍建设等内容提出了明确要求，但科技创新工作在部分区直部门或县（市、区）政府中"说起来重要，做起来次要，忙起来不要"的尴尬局面仍然没有被打破。在2013年相继进行的新一轮机构改革中，全区县（市、区）科技管理部门机构大多被调整，明确独立保留的县（市、区）科技局只有7个，其它的大多挂靠其他部门，

或与其他部门合署办公，基层科技管理人才队伍受到了严重的冲出。二是科技创新的基础条件差距较大。无论是与国内部分民族省区相比，还是与近年来先后提出发展开放型经济的省区相比，宁夏的科技创新基础条件建设都存在较大差距，如与提出建设面向西南开放重要桥头堡的云南省，提出建设北部湾经济区的广西壮族自治区，提出建设喀什霍尔果斯经济开发区的新疆维吾尔自治区等省区比，宁夏在推进科技创新、人才培养引进、国际交流合作、科技成果转化等方面存在较大差距。三是创新型科技人才供给水平较低。全区高层次科技人才分布的素质结构、能力结构、学科结构等都存在问题，突出表现在：继承型人才多，创新型人才少；传统学科、专业人才多，新兴学科、专业人才少；理论型人才多，实用型人才少；单一领域、行业、学科人才多，跨领域、跨行业、跨学科的复合型人才少。特别是基层农业科技服务人员严重缺乏的现象更为突出。

四、加快提高科技支撑经济发展能力需要多措并举

加快科技创新事业的发展，必须把依靠加快科技创新事业发展与提高人民生活水平作为一切工作的根本出发点，进一步营造良好的自主创新政策环境，高度重视科技创新人才队伍建设，加快创新科技管理体制机制，有效统筹科技创新资源要素，依靠科技进步提高经济社会发展的核心竞争力。就宁夏情况，当前需重点做好以下几项工作。

（一）要进一步营造良好的自主创新政策环境

加快民族地区经济增长，实现由外延型向内涵型的转变，必须依靠科技进步，大力解放和发展第一生产力，加快科技成果向现实生产力转化，切实把经济建设转移到科技进步和提高劳动者素质的轨道上来。要把营造良好的自主创新环境作为自治区打造"两优"环境的重要内容之一来抓：一要进一步树立科技是第一生产力的观念，将科技创新政策放在自治区和各级政府公共政策中的优先地位，认真落实国家和自治区为推进自主创新所制定的各项政策；二要全面梳理现有各类支持科技创新的政策措施，理清层次，调整修改不适宜内容，完善各类配套措施。根据宁夏开展科技协同创新的总体思路和目标，结合产业技术层次与需求，制定支持科技协同创

新的政策措施，逐步建立和完善适应我区需求、具有宁夏特色的科技协同创新政策体系；三要按科学发展观要求，把推进自主创新工作纳入地方党政领导干部考核体系之中，切实加大督促检查和考核奖惩的力度，强化抓科技就是抓经济、抓创新就是抓发展的观念，真正把增强自主创新能力摆在经济和社会发展的突出位置。

（二）要进一步提高各类人才政策的落实力

近年来，自治区党委、政府和相关部门高度重视人才工作的制度建设，先后出台了《关于创新体制机制促进人才与经济社会发展若干意见》和《关于加快推进科技创新的若干意见》等许多有关人才工作的政策措施。这些政策措施的"含金量"都比较高，可在实际工作中并没有得到充分落实，如宁夏各级财政的人才队伍建设经费投入落实的就不太理想。人才政策只有在使用过程中才能体现出其价值，而人才政策"含金量"、影响力的体现往往与人才专项经费的使用密切相关。因此，当前宁夏要重点在如何把有限的人才经费用在刀刃上，即"用出、用好、用活"上下功夫，自治区要制定人才经费管理办法，协调督促以财政为主的各有关部门按政策要求将人才经费投入兑现到位。

（三）要进一步加快创新科技管理体制机制

一要加快科技计划管理改革。加强科技计划管理改革顶层设计，建立各种类型的科技基金，推动政府科技资源有效整合和宏观统筹，充分发挥财政科技资金的撬动作用，加快构建总体布局合理、功能定位清晰、具有宁夏特色的科技计划体系，努力消除科技计划"碎片化"现象。实施自治区财政资助科技项目信息共享制度，及时将各厅局立项支持的科技项目的立项情况、执行情况、经费额度等信息进行公开，避免重复立项。二要进一步强化自治区科学技术创新服务职能。加强科技中介服务建设、提高科技服务水平，研究建立"宁夏科技服务咨询资质认定及管理体系"，凡重大科技项目的决策咨询、绩效评价、项目论证必须委托有资质的科技咨询公司和咨询师完成。三要建立科学技术进步影响评价制度，对自治区各类重要规划和建设项目实施后可能产生的科学技术进步影响进行评价、预测和评估。四要加快建设创新科技资源共享利用机制。依托科技部门成立科技资源共享管理中心，并赋予其对科技资源配置一定的决定权，充分发挥政府部门在科技资源共享中的行政职能和引导作用。

（四）要进一步改革完善财政科技经费及管理制度

一要建立稳定的科技投入增长机制。要创新政府科技投入管理体制，建立健全科技投入法律保障和约束机制，在建设创新型宁夏政策的推动下，要逐步提高财政性科技投入占 GDP 的比例，建立科技投入稳定增长机制，确保科技经费增幅高于财政收入增幅。二要注重分类指导，建立竞争性经费和稳定支持相协调的投入机制，认真落实《自治区稳定支持社会公益性基础性科技创新的实施办法（暂行）》，优化基础研究、应用研究、试验发展和成果转化的经费投入结构。三要探索改进财政科技经费支持方式。改革财政资金使用模式，设立创业投资引导基金，综合运用股权投资、融资担保、跟进投资等方式，由直接拨款向循环使用转变，放大财政扶持效果。充分发挥财政资金引导和杠杆作用，激发市场主体的内在活力和内生动力，引导社会资本根据企业不同的成长阶段全过程参与科技与金融的融合创新，推动产业升级。建立财政资金投入追踪问效机制，严格使用绩效考核和成果评价。

宁夏医疗卫生服务体系建设研究报告

张其度

一、医疗卫生服务体系建设成效显著

(一)医疗卫生事业取得新进展

目前全区共有医疗卫生机构 4252 个,其中医院 161 个、基层医疗卫生机构 3914 个,专业公共卫生机构 167 个,其他机构 10 个。卫生人员总量从 2009 年的 3.7 万多人增加到 5.07 万多人,卫生人员队伍不断壮大。医疗卫生机构床位总量从 2009 年的 2.2 万张增加到 3.25 万张。每个县至少有 1 所县级医院达到二级甲等医院标准化建设水平,农村基层基本实现了"一乡一院、一村一室"目标,全区已形成比较健全、覆盖城乡、多层次的医疗卫生服务体系,基本医疗服务能力、疾病预防控制能力、应对重大传染病和突发公共卫生事件处置能力和农村卫生服务能力进一步提高。

(二)医药卫生体制改革取得新成效

一是全民医保制度实现全面覆盖。在进一步完善医保制度、提高保障水平的基础上,2010 年率先在全国实现了省级统筹城乡居民基本医疗保险制度全覆盖。二是公立医院改革顺利推进。2012 年县级公立医院综合改革试点全面启动, 2014 年有 6 个县被确定为国家第二批县级公立医院综合改

作者简介 张其度,宁夏回族自治区政府研究室社会处处长。

革试点县，银川市、吴忠市分别于 2014 年、2015 年被确定为第二、第三批公立医院改革国家联系试点城市。三是探索创新支付制度收到良好效果。2009 年开始在盐池、海原两县开展"创新支付制度、提高卫生效益"试点项目，在基层医疗卫生机构实行门诊费用按人头包干预付制，在县级医院实行住院费用按总额包干预付制，取得阶段性成果，现已推广到吴忠、中卫两市。四是"先住院后付费"诊疗模式全面推开。2012 年永宁县实施"先住院后付费"诊疗服务模式取得成功后，2014 年在全区推开，成为全国率先以省级为单位开展"先住院后付费"诊疗服务的省区。五是医疗纠纷化解机制进一步完善。自治区医疗纠纷人民调解委员会自 2011 年成立以来，积极推行医疗责任保险，建立第三方医疗纠纷调解机制，累计受理医疗纠纷 800 起，结案率 93%，群众满意率 90% 以上，得到中央有关部委的充分肯定。

（三）公共医疗卫生服务的公益性明显增强

一是在基层医疗卫生服务方面。自治区出台政策，确定全部乡镇卫生院和政府举办的社区卫生服务机构为公益性全额拨款事业单位，重新核定并增加编制，通过实施"三支一扶"支医行动、特岗见习医生计划、自治区民生计划等一系列措施，培养了大批卫生人员，基层医疗卫生人员队伍初具规模。二是县级公立医院改革方面。推行一系列旨在增强公益性的改革举措，加快建立维护公益性、调动积极性、保障可持续的县级医院运行机制，已初见成效。三是财政支出方面。全区财政医疗卫生支出由 2008 年的 17.11 亿元增长到 2014 年的 65.27 亿元，年均增长 26.6%，2014 年是 2008 年的 3.8 倍，专业公共卫生和基层医疗卫生初步实现了公益性运行。

（四）广大群众受益越来越多

一是从推进基本公共卫生服务均等化中受益。人均基本公共卫生服务经费补助标准从 2009 年的 15 元提高到 2014 年的 35 元、2015 年的 40 元，服务范围由 9 类 33 项扩大到 11 类 50 项；在全国率先实施妇幼"七免一救助"，并连续七年纳入自治区十项民生计划，近百万群众受益。二是从强化全民医疗保障中受益。全区基本医疗保险参保率达到 96.8%，城乡居民基本医疗保险政府补助标准由 2008 年每人每年 80 元提高到 2014 年的 340

元、2015 年的 432 元，城镇职工、城乡居民基本医疗保险政策范围内住院费用报销比例逐年提高。建立了城乡居民大病保险、医疗救助、城乡居民普惠性健康体检等制度。三是从基层医疗机构全面推行基本药物制度中受益。实施药品零差价销售，药品、医用耗材价格总降幅达 40.71%、42.71%，全区 29 家县级公立医院全部取消药品加成，让利患者 2 亿元。四是从支付制度改革中受益。全区实行"先住院后付费"诊疗模式，为 9.66 万例患者受益。

（五）国民健康状况进一步改善

2014 年，全区人均期望寿命为 73.75 岁，孕产妇死亡率下降到 15.8 / 10 万，婴幼儿死亡率下降至 8.09‰以下，五岁以下儿童死亡率下降到 10.53‰以下，法定传染病发病率继续下降，城乡居民健康状况进一步改善。

二、面临的主要困难和问题

（一）医疗资源布局不均衡问题突出

一是全区医疗资源分布很不均衡。医疗资源的一个重要指标是医疗卫生机构的床位数，规划对此都有明确的指标要求。但各地并未完全按规划予以落实，医疗资源向 5 个地级市市区集中的倾向十分明显。银川市占全区人口的 31.84%，聚集了全区总床位的 41.43%、医院床位的 43.33%，集中了所有三甲医院。5 个地级市大部分市辖区床位数超出规划低限，其他县级医院大部分没有达到规划目标，22 个市县（区）中，有 19 个低于全区平均数。二是基层医疗资源严重短缺。乡（镇）、村（社区）基层医疗卫生机构床位占全区总床位不到 10%，比全国平均数低 11.8 个百分点（全国21.8%），严重不足。社区医疗卫生服务机构 50%以上业务用房仍为租赁，普遍缺乏基本医疗设备。乡镇卫生院中，40%没有彩超、25%没有 X 光机、45%没有半自动生化仪、64%没有心电图仪、50%以上的附属用房极其狭小且多危房，宁南山区 9 县（区）大部分乡镇卫生院和新建村卫生室没有集中取暖设施。

（二）医疗卫生人员短缺问题突出

一是全区卫生人员总量不足。据我们调研了解，全区几乎所有医疗卫生机构都缺人，绝大部分公立医院都按在编人员 50%~100% 的比例招聘所缺人员。二是基层卫生人员严重不足。基层医疗卫生机构卫生人员只占全区总数的 25.7%，比全国平均数约低 10 个百分点。我们调研结果显示，基层医疗卫生机构以全区 1/4 的卫生人员、1/10 的医疗床位，承担全区近一半（48.6%）的门诊量、住院量和绝大部分公共卫生服务任务，资源短缺问题十分突出。

（三）医疗费用过快增长的势头尚未根本遏止

近几年医疗费用上涨过快，"看病贵"始终是社会广泛关注的焦点问题。2010—2014 年，全区住院病人平均医疗费由 4966.01 元增加到 6976.80 元，五年上涨了 2010.79 元，到 2015 年 6 月又攀升到 7414.90 元。几年当中，门诊和住院费用中的药品费用占比一直居高不下，分别维持在 50%、40% 以上。据财政部门数据分析，2014 年全区县级公立医院医疗收入增长 19.5%，其中药品收入增长高达 23.6%，说明虽然取消了药品加成，也提高了人均公共卫生服务经费补助标准，但并未完全达到降低医疗费用的预期目的。

（四）公立医院改革尚未取得实质性突破

一是科学的补偿机制尚未建立。目前宁夏医疗服务价格改革尚未启动，真正体现医生专业技术劳动价值的医疗服务价格依然偏低，稳定、持续的财政补偿机制没有完全建立，大部分公立医院生存、发展的压力仍然很大，"以药补医""以检补医"的趋利性行为，极大地削弱了公立医院的公益性。二是医疗服务共同体建设步伐缓慢，三级医院病人拥挤问题突出。宁夏探索医疗服务共同体的主要做法是，2012 年相继成立以三大三甲医院为龙头的三大医疗集团（自治区人民医院医疗集团、宁夏医科大学总医院医疗集团、自治区中医医院医疗集团），覆盖全区所有二级公立医院及周边毗邻省区综合医院。三大医疗集团 60 多家成员单位中，只有 10 多家建立了紧密型协作关系（不到 20%），运行效果良好。其余 80% 多的为松散型关系，基本处于"失序"和"无为"状态，从松散型向紧密型发展困难重重。由于全区分级诊疗体系没有真正建立，二级以下医疗卫生机构大部分条件较差，吸引和留住病人的服务能力不强，双向转诊形同虚设，只有上转，没有下转，导致大量常见病病人涌向三级医院，使三级医院病人拥挤的问题更加突出。三甲医院承担全区医院诊疗总量的比例近年一直高达25%左右。

（五）规划中存在一些突出问题

一是规划中部分指标设定不科学。通过对比分析发现，自治区"十二五"卫生规划中有些指标脱离宁夏实际，订得过高。比如，每千人执业（助理）医师、每千人注册护士按照到2015年4.12人、6.51人的目标，分别应达到2.7万多人、4.2万多人，根本不可能实现。二是规划落实不严格。到目前，除银川市外，其他4个地级市没按规划建成三级综合医院；社区卫生服务中心到2015年底如果完成年度建设计划，建设达标率仅仅接近70%；部分市县（区）没有按照规划配置床位，成为宁夏基层医疗资源严重短缺的重要原因。

三、政策建议

（一）优化医疗资源布局

一是通过调整和优化三级医疗机构资源配置，切实解决三级医院病人拥挤问题。三级医院发展应纳入全区医疗卫生服务体系建设，服从全区医疗卫生资源整体配置的大局，严格执行国家和自治区卫生事业发展规划。《全国医疗卫生服务体系规划纲要（2015—2020年)》明确规定："省办及以上综合性医院床位数一般以1000张左右为宜，原则上不超过1500张。"自治区可借鉴北京市推动医疗资源均衡发展的"控""疏"措施，适当控制三级医院对一般性常见病收治规模的无序扩张，在银川地区不再批准建立政府办综合性医疗机构、三级医院不再增加床位，引导聚集在银川的三级医院通过举办分院等办法，逐步将一部分优质医疗资源向郊县（区）和其他市县（区）薄弱地区转移。在其他地级市通过升级改造等方式布局三级医疗机构。二是加快社会办医步伐。应尽快完善鼓励和支持社会办医的一系列政策，引导民营医疗机构组建医疗集团，鼓励民营诊所改造提升为民营医院，扩大医保支付在民营医疗机构的覆盖范围，规范管理，与公立医院形成有效竞争，减轻群众看病负担。强化自治区卫生事业规划对社会办医床位规模、门诊总量等指标的落实，优先支持社会资本举办非营利性医疗机构，放宽准入范围，鼓励探索引进社会资本的方式和办医模式，研究制定宁夏社会资本参与公立医院改制的具体政策。三是增加县级以下医疗卫生机构床位。对床位紧张的县级医院增加必要床位。增加城市社区、乡村医疗卫生机构床位总量，争取2—3年内达到或超过全国2013年的平均水平。四是改善基层医疗卫生机构基础设施条件。认真落实自治区《政府工作报告》和十项民生计划相关任务，加快城市社区卫生服务机构、村卫生室的标准化建设和乡镇卫生院改造等，完善基层医疗卫生机构基础设施。科学制订年度计划，逐步解决乡镇卫生院必需的附属用房。五是加大基层医疗卫生机构资源总量供给和水平提升。由自治区卫计委、财政厅共同研究，做出计划，在2—3年内配齐社区卫生服务机构基本医疗设备，配齐乡镇卫生院X光机、彩超、生化仪和急诊急救等必备医疗设备。六是做好"十二五"规划评估和"十三五"规划制定。组织专门力量，做好自治区"十二五"卫生规划实施情况的评估，紧密结合国家、自治区医改总体要求和《全国医疗卫生服务体系规划纲要（2015—2020年)》等文件的具体要求，立足宁夏实际，科学谋划"十三五"规划。

（二）切实加强人才队伍建设

一是扩大医学院校定向招生规模。推进医教协同发展，引导区内相关大专院校根据社会需求优化和增设专业，提高人才培养的针对性和供应总量。加强与区外大专院校的合作，通过定向、定单、委培等方式培养宁夏急需的医疗卫生人才。二是强化政策引导。在职称评审和二甲以上医院人才招聘过程中，将基层医疗卫生机构工作经历作为必需条件之一。完善和落实好医师多点执业、二级以上医院对口支援基层医疗卫生机构等政策，鼓励和引导更多医师到基层轮流坐诊和执业。三是加大人才引进力度。整合捆绑使用自治区各种人才优惠政策，有计划、有重点地引进宁夏急需的医疗卫生领军人才和紧缺人才。通过柔性引进办法，吸引国内外医疗卫生顶尖人才来宁夏执业、领衔主持大型科研课题、开展重特大手术联合攻坚等。四是加大乡村医生人才队伍建设。认真贯彻落实国务院办公厅《关于进一步加强乡村医生队伍建设的实施意见》精神。同时，要探索建立村医准入、退出机制，逐步改变村医"半医半农""非医非农"的双重身份，向职业化、正规化专业乡村医生身份过渡。在此基础上，积极推行乡村一体化管理，将合格村医全部纳入乡镇卫生院人员统一管理，把村卫生室作为乡镇卫生院派出机构，把合格村医作为乡镇卫生院派出人员。切实按照国家政策要求，将人均基本公共服务补助标准的增量部分，全部用于支付村医的基本公共卫生服务。继续加大村医补助力度，进一步提高村医养老待遇。

（三）加快公立医院改革步伐

一是继续推进公立医院各项改革。严格按照国家和自治区推进医改的政策要求，深化公立医院改革，建立现代医院管理制度和财政补贴机制，切实把虚高的药价降下来，把服务质量提上去。严格控制公立医院盲目扩大规模，整合各种卫生资金，提升公立医院办医质量和整体水平。改革完善药品定价体系和医保付费方式，建立完善的多层次医保结构，以基本医疗保险兜底，发展商业保险，满足多元化需求。二是督促各市县（区）政府加大财政投入。认真贯彻国办发〔2015〕33、34号文件精神，把县级公立医院改革作为现阶段整个医改的重中之重，县级政府应当承担投入的主体责任，中央和自治区财政予以适当补助。要加大财政投入，改善县域医疗卫生机构基础条件，尽快达到检查检验结果互认和远程诊疗的基本标准。自治区应建立对各市县（区）政府医疗卫生投入的考核制度，对规划中设定的一些硬性指标检查考核，督促兑现。三是加快医疗服务共同体建设。进一步完善医疗集团内部协作运行机制，广泛建立紧密型合作的体制机制，通过投资兴办、全面托管、合作投入、技术协作等方式与成员单位加强合作，全面落实专家轮流到基层坐诊、多点执业等措施，真正发挥三级医院的专家团队、医疗技术、学科建设等优势，促进优质医疗服务下沉。探索建立城市医院对社区卫生服务中心进行直接管理等共同体模式，引导优质医疗资源向基层下沉。四是加快建立分级诊疗制度。进一步优化医疗资源配置，使更多的常见病、多发病病人留在基层，逐步实现小病在乡村（社区），大病不出县的目标。落实基层首诊，全面推行全科医生和乡村医生签约服务，探索建立县乡村一体化管理体系。加快医疗联合体建设，完善三大医疗集团管理体制和运行机制，构建分工协作模式，重点加强医疗联合体内部县级公立医院与基层医疗卫生机构的纵向协作。全面推行多点执业，鼓励执业医师面向基层多点执业。从服务半径和交通状况来看，宁夏具备全面推行医师多点执业的有利条件，应积极开展试点，探索完善多点执业报备制。建立医务人员定期交流轮岗、固定时间轮流坐诊等工作机制，吸引更多的执业医师到基层服务。五是完善并创新基本药物制度。贯彻落实好国务院办公厅《关于完善公立医院药品集中采购工作的指导意见》，将公立医院用药全部放在省级药品采购平台采购。结合国家通过统一平台披露药价信息等工作，建立自治区药品采购重要数据向社会公布制度，建立药品价格谈判机制，规范医院直接采购，积极参与省际跨区域、专科医院等联合采购。六是创新支付制度。加快按病种付费、按人头付费、总额预付等方式和临床路径、质量控制、收入分配激励等机制创新，将单纯按项目付费向复合付费转变，鼓励医院建立成本控制机制。

（四）进一步提高服务能力和水平

一是加强各级医院内部管理。为了贯彻《进一步改善医疗服务行动计划》（2015—2017年）精神，自治区卫计委已印发《全区医疗机构进一步改善医疗服务行动实施方案》，全面启动改善医疗服务三年行动计划。各地都应建立健全相应的考核评价机制和考核结果公布机制，切实促进行动计划各项要求和指标的全面落实。二是进一步完善医疗纠纷化解机制。在充分利用好自治区医疗纠纷人民调解机制的同时，健全医院内部矛盾纠纷化解机制，提高院内矛盾纠纷化解能力和水平。在自治区层面，建议借鉴天津市、宁波市的经验，由自治区人大出台《宁夏回族自治区医疗纠纷预防与处置条例》，加快我医疗纠纷处置工作走上法治轨道。三是加强正确的舆论引导。各级医疗卫生主管部门和医疗卫生机构要加强与媒体沟通协调，加大对医疗卫生事业发展的正面宣传，对引起社会关注的医疗纠纷事件主动跟进，及时向社会公开事实真相。坚决遏止一些新闻媒介发布夸大和违背事实报道的不良行为。

（五）建立各级医改领导机构与相关智库的合作机制

借助一些专业智库的力量，从政策体系建设、体制机制改革、医疗资源配置、卫生人才培养和引进、财政投入模式等方面进行深入研究，为各级政府推动医改提供决策服务。

"十三五"时期宁夏就业与创业研究报告

李晋红　王旭明　刘文鑫　余登波

"十三五"是全面建成小康社会的决战阶段。促进就业和创业，发挥我区劳动力资源比较丰富的优势，对于实现全区经济稳定发展，提高城乡居民收入具有重要意义。

一、当前宁夏人口、劳动力供需情况和就业创业现状

(一)宁夏人口和劳动力供给状况

近年来，宁夏人口过快增长虽然得到了一定程度的控制，但是人口增幅仍然较高，高于全国平均水平，到 2014 年底，全区总人口已达 661.5 万人，与 2000 年相比增加了 107 万人。2010—2014 年平均增长率为 1.09%左右，自然增长率为 8.9‰（见表 1），较全国平均水平高 3.92‰。

表 1　宁夏总人口和劳动力变化情况

单位：万人、%

年份	总人口 （万人）	人口自然增长率 （‰）	劳动力资源 （万人）	劳动力自然增长率 （‰）	劳动力占总 人口比例
2000	554.3	11.92	380.9	48.44	68.7

作者简介　李晋红，中共宁夏区委党校经济管理教研部教授；王旭明，国家统计局宁夏调查总队副巡视员，高级统计师；刘文鑫，宁夏发改委基建处处长；余登波，宁夏发改委就业处副研究员。

续表

年份	总人口（万人）	人口自然增长率（‰）	劳动力资源（万人）	劳动力自然增长率（‰）	劳动力占总人口比例
2001	562.2	11.71	393.4	32.82	69.9
2002	571.5	11.56	399.9	16.52	70
2003	580.1	10.95	406	15.3	70
2004	587.7	11.18	411.7	14.04	70.1
2005	596.2	10.98	416.1	10.7	69.8
2006	603.7	10.69	422.6	15.62	70
2007	610.3	9.76	427.6	11.83	70.1
2008	617.7	9.69	432.3	10.99	69.9
2009	625.2	9.68	437.9	12.95	70.04
2010	633	9.04	473.6	81.53	74.84
2011	639.5	8.97	478.5	10.35	74.82
2012	647.2	8.93	487.9	19.64	75.39
2013	654.2	8.62	494	12.50	75.51

资料来源：《宁夏统计年鉴》（1998—2014 年）

据统计局抽样调查数据推算，2013 年劳动力资源人口为 494 万人，占总人口的 75.5%，从目前情况来看，宁夏劳动力资源比较丰富。

随着经济加快发展，对劳动力需求不断增加，就业人数呈现平稳上升态势。据统计资料显示，宁夏就业人数由 2000 年的 275.5 万人增加到 2014 年的 355 万人，13 年间就业人口增加了 79 万人，增长了 28.6%。

（二）就业及创业情况分析

就业规模持续扩大，就业率基本稳定。据统计资料显示，2013 年宁夏劳动力资源总量为 494 万，其中，就业人数为 351.3 万人，就业人员占劳动力资源的 71.1%。2000—2014 年期间，宁夏就业人数增加 79 万人。在这期间，宁夏就业率除了 2010 年低于 70% 外，其他年份基本上在 70%~75% 之间，保持了基本稳定态势（见表 2）。

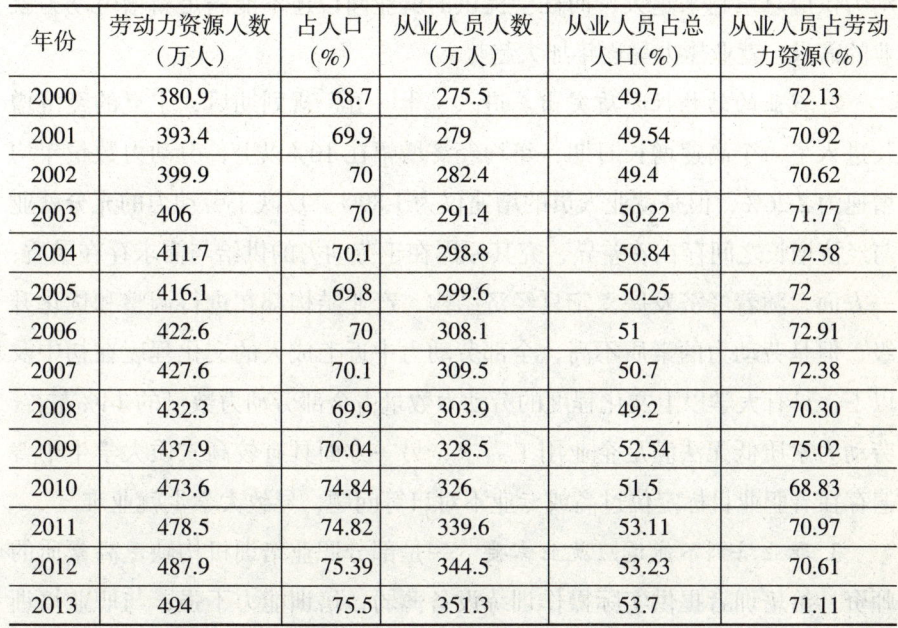

表2　宁夏劳动力资源变化情况

单位：万人，%

年份	劳动力资源人数（万人）	占人口（%）	从业人员人数（万人）	从业人员占总人口（%）	从业人员占劳动力资源（%）
2000	380.9	68.7	275.5	49.7	72.13
2001	393.4	69.9	279	49.54	70.92
2002	399.9	70	282.4	49.4	70.62
2003	406	70	291.4	50.22	71.77
2004	411.7	70.1	298.8	50.84	72.58
2005	416.1	69.8	299.6	50.25	72
2006	422.6	70	308.1	51	72.91
2007	427.6	70.1	309.5	50.7	72.38
2008	432.3	69.9	303.9	49.2	70.30
2009	437.9	70.04	328.5	52.54	75.02
2010	473.6	74.84	326	51.5	68.83
2011	478.5	74.82	339.6	53.11	70.97
2012	487.9	75.39	344.5	53.23	70.61
2013	494	75.5	351.3	53.7	71.11

资料来源：《宁夏统计年鉴》（2000—2014年）。

2008年以来，自治区大力推进全民创业工作，至2012年自治区累计安排创业资金9亿多元；创业担保基金由2008年的1.3亿元扩大到5.7亿元，增长3.38倍；小额担保贷款放贷规模由2008年的1.8亿元扩大到18.87亿元。

虽然，宁夏在就业创业中取得了显著成效，但还存在着人口总量继续增加，就业压力依然较大、就业结构性矛盾突出等问题，影响和制约着就业创业发展。

二、宁夏劳动力就业创业存在的主要问题

（一）就业存在的问题

1. 人口总量继续扩大，就业压力依然较大。2000—2014年，宁夏总人口由554.3万人增长到661.5万人，人口总量增加了107万人，同期具备劳动能力的人口由380.9万增长到496万人，劳动力总量增加了116万人，劳动力人口增长高于同期的人口自然增长。而在这一期间净增加的就业人

口仅为 78 万人，平均就业率只有 67.3%左右。人口的持续快速增长，使劳动力供应总量越来越大，而社会提供的就业岗位还不能满足新增劳动力就业的需求，就业压力呈逐年加大趋势。

2. 就业的结构性矛盾突出。进入"十一五"规划期后，宁夏的经济增长进入了一个高速增长时期，年均经济增幅在 10%以上，劳动力数量年均增速为 2.26%，但是就业人员的增速仅为 1.89%。反映了劳动力的充分就业与经济增长之间存在着差异，究其原因在于劳动力的供给与需求存在矛盾：一方面，随着经济发展，宁夏经济结构、产业结构都在进行调整和优化升级，但是劳动力的素质不高，全部劳动力中近七成人的文化程度在初中及以下，具有大学以上文化程度的劳动力数量占全部劳动力数量的 14%左右，劳动力素质低无法满足企业用工需求；另一方面具有较高素质大学生中普遍存在着职业目标定位过高或专业不对口等问题，导致大学生就业难。

3. 职业培训不能适应就业需要。一是部分职业培训机构缺乏高素质的师资，给培训者提供实际操作训练设备薄弱，培训能力不强，与职业培训的需求存在脱节问题；二是部分有就业需求的人员观念落后，缺乏参加培训的积极性和自觉性；三是政府投入了大量资金用于培训，但是培训存在九龙治水的问题，削弱了培训效果；四是职业培训内容与实际需要脱节，被培训对象对培训内容不感兴趣，培训缺乏实用性和有效性。

（二）创业中存在的问题

2008 年自治区启动了全面创业工程，提出以全新的理念引领创业，同时，出台了一系列政策措施促进创业开展。从创业所涉及的人群看包括大学生、农民、复退军人、失业人员等十大人群。就目前来看，大学生和农民是最大的创业主体。这两大主体在创业中各有特点，存在的问题也有所差异，从共性看主要有以下几个方面。

1. 创业的意识不强。创业意识是创业的先决条件，从农民层面看，大多数农民没有自己创业的想法。相对于东部来说，宁夏农民的小农意识传统思想根深蒂固，大多数农民安于现状，加上农民文化基础薄弱，信息相对封闭，缺乏创业动机。大多数学生的创业意识不强。受家庭及传统"学而优则仕"思想影响，无论家长还是大学生都希望毕业后能进国家机关、事业单位，有政治地位，所以很多人大学毕业后会选择舒适稳定的工作，不愿意承担创业风险，导致大学生的创业意识不强。

2. 创业者的能力有限。农民创业需要具备一定的生产经营经验和较高的文化知识。当前宁夏农村劳动力文化素质普遍较低，难以掌握创业所必需的经营管理知识和相关技术，难以把握瞬息万变的市场。大学生们长期生活在校园里，所学习的知识也主要是来自课本的理论知识，导致他们在进行创业过程中，一方面难以很快把理论知识应用于实践，另一方面缺乏相关的社会经验和市场开拓经验，经营管理能力弱。

3. 创业的环境有待改善。创业环境包括创业各项扶持政策、创业园区建设、创业引导服务等多个方面。政策扶持性不强、效果不佳。政府为了减轻社会就业压力，积极鼓励创业，先后出台了一系列优惠政策，尤其是从金融、税收等层面做了比较全面的部署。但是这些政策缺乏细则，操作性不强。资金不足制约创业。无论是大学生还是农民，在创业中资金缺乏是一个普遍的现象。创业信息渠道不畅，影响创业的信息主要集中在政策、创业方向、市场三个层面。但就创业人群来看，缺乏对创业政策的了解渠道。政府有关部门的宣传，农民因对政策理解和认知的程度有限，普遍存在对政策效果信心不足的问题。

三、"十三五"时期就业创业形势分析和劳动力供给预测

从全国和宁夏经济社会发展的形势来看，我国经济发展已步入从高速增长到中高速增长新常态时期。既要看到新常态背景下对促进就业、创业，提高就业质量的有利条件和积极因素，又不能忽视新常态条件下对社会就业的负面影响。

（一）就业创业形势分析

1. 有利条件分析。

（1）世界主要经济体逐步复苏将带动出口产业的发展，有利于促进就业和创业。世界经济的复苏，必将促进宁夏羊绒、铁合金、碳化硅、焦煤、光伏等出口产业扩大生产，势必带动宁夏就业人口的增加。

（2）我国进入经济结构战略性调整加速阶段，将有力地推动就业创业

发展。当期我国正处于加快经济发展方式转变、扩大内需和完善社会主义市场经济体制重要时期，更加注重提高自主创新能力、提高节能环保水平、提高经济整体素质和国际竞争力。为宁夏扩大新能源产业和新材料产业快速发展提供了难得机遇，也为服务业更快发展注入了活力，为就业、创业提供了新的空间。

（3）宁夏城镇化发展进入快速阶段，也将在一定程度上促进全区就业规模的扩大。据相关部门调研，当前宁夏引黄灌区农村青年进城就业和居住的愿望显著增强，中南部农村青年从事农业生产的意愿进一步降低，进城务工青年农民不断增加。随着城镇化提速、东中部产业转移加快，宁夏城乡、区域结构将进一步优化，必将带动城镇基础设施、公共事业、房地产等一系列产业持续发展，从而为就业和创业者提供了广阔的空间。

（4）丝绸经济带战略实施和宁夏内陆开放实验区建设，将为宁夏就业和创业带来难得历史机遇。在"十三五"时期，随着国家丝绸之路经济带战略启动实施，不仅有效推动宁夏能源、化工、机械加工等产业快速发展，而且将一步吸引东中部产业向包括宁夏在内的西部地区转移，这将为宁夏创业就业发展提供难得历史机遇。

2. 不利因素分析。

（1）国家产业结构深度调整将使一些落后产能相继淘汰，会造成一定数量的失业。近十年来，在GDP考核推动下，各地大规模投资重复建设了一大批传统产业，煤炭、钢材、铝锭、水泥、玻璃等产能过剩十分严重，导致我国产业结构不合理的问题更加突出。因此，转变经济发展方式，压缩和淘汰落后、过剩的产能，将导致区内一些没有竞争力的企业破产倒闭，在一定程度上影响全区的就业。

（2）宁夏经济增速放缓，对就业的拉动效应减弱。从2010年全区经济增速达到13.5%高位后，以后逐年下降，2013年跌破两位数的增速，今年增速进一步走低，预计全年增速为8%左右。"十三五"时期，宁夏经济增速将继续缓慢下行，经济增长对就业的拉动效应降低，也将影响创业的发展。

（3）宁夏产业结构的重化工特征，也对全区就业和创业有一定的影响。国内外产业发展实践表明，重化工业资本有机构成高，同样的投资吸纳的劳动力少。由于历史原因和国家在产业分工中的导向作用，宁夏工业主要依托煤炭资源开发加工为主发展能源重化工产业，工业结构中畸重的特征非常明显，在每年投资既定的情况下，势必对宁夏的就业和创业产生不利影响。

（4）企业用工成本的承受力与劳动者期望值上升的矛盾加剧，导致就业的稳定性降低。从 2009 年以来，企业职工的货币工资一直以两位数的速度快速增长，且增速逐年加快。宁夏在 2013 年调整了最低工资标准，平均增幅 19.6%。宁夏最低工资标准与全国平均水平差距已经很小，尤其是农民工工资不断上涨，与东部地区的差距甚微。但宁夏当前职工工资增长已经接近企业承受能力，劳动者的期望值在提高，劳资双方的矛盾积累加剧，不仅影响企业的稳定持续发展，还造成劳动力频繁流动，就业稳定性降低。

（5）新兴产业的加快发展，使就业结构性矛盾进一步凸显。当前，随着一些市场前景好的新兴产业、高技术产业得到快速发展，劳动力市场对新兴人才和中高级专业技术人员的需求大幅增加，导致宁夏技术技能人才更加紧缺；由于科技进步、劳动生产率提高等因素，也使一些企业减少新员工吸纳，甚至排挤出部分劳动力，导致就业的结构性问题。

（6）劳动力培训管理体制、运行机制等都不适应市场经济发展的需要，影响劳动力稳定就业。当前，管理体制条块分割所形成的劳动力多头培训的格局，不能满足当前及其未来宁夏劳动力资源开发需求，不利于提高培训效果和促进就业。

（二）劳动力供需预测

新世纪以来，宁夏持续的高经济增长并没有带来高就业，经济对就业的弹性系数出现下降，就业压力相对较大。当前面临的就业形势，一方面劳动力供应数量大，另一方面劳动力需求有限，劳动力供需结构性矛盾比较突出，一些行业劳动力需求明显不足，一些行业又招不上工。技术型劳动力需求较旺，供应有限，而体力型劳动力供应充分，需求则不足。从经济发展的角度看，目前，宁夏正处在劳动力供给丰富、人口抚养负担相对较轻的时期，为经济增长创造了非常有利的人口环境。然而，人口发展在"十三五"期间及以后将面临诸多挑战，人口红利即将消失、人口加速老化。如果继续实施比较严格的人口政策，未来劳动力数量可能无法满足未来经济社会发展需要。对"十三五"期间或更长时期劳动力供给和需求进行预测，找出未来劳动力供给和需求可能的矛盾，并提出人口、就业和经济等方面的政策建议，这不仅对于解决宁夏就业问题，而且对实现经济发展战略，实现人口与经济、社会的协调发展都具有重要意义。

1. 劳动力供给总量预测。

人口数量和人口年龄结构的变化直接影响劳动力供给，而人口数量是由人口自然增长率决定的。基于此建立预测模型对劳动力供给总量进行预测。

运用国内外人口学专家常用的比较先进的 Leslies 模型对宁夏未来人口进行预测。通过模型测算，预测 2020 年宁夏总人口将达到 686 万人，年均增长 0.62%。2025 年将达到 699 万人，"十四五"年均增长 0.38%。

随着城乡居民生育观念进一步发生改变，全区生育率将会进一步降低，按综合生育率 1.96 水平预测 2015—2025 年宁夏人口总数（见表 3）。

表 3　2015—2025 年宁夏人口总数预测值

单位：万人

	总人口	女性	男性
2015	665.07	324.91	340.16
2016	669.75	327.24	342.51
2017	674.23	329.46	344.77
2018	678.46	331.55	346.91
2019	682.39	333.49	348.9
2020	685.98	335.25	350.73
2021	689.26	336.86	352.4
2022	692.21	338.3	353.91
2023	694.78	339.55	355.23
2024	697.03	340.64	356.39
2025	698.94	341.56	357.38

按综合生育率 1.96 水平预测 2015—2025 年宁夏 15—64 岁人口数（见表 4）。

表4　2015—2025年宁夏15—16岁人口数预测值

单位：万人

	总人数	女性	男性
2015	482.54	236.81	245.73
2016	484.73	237.91	246.82
2017	486.13	238.6	247.53
2018	487.66	239.33	248.33
2019	488.75	239.85	248.9
2020	490.06	240.43	249.63
2021	491.44	241.17	250.27
2022	493.61	242.28	251.33
2023	495.46	243.27	252.19
2024	498.23	244.66	253.57
2025	500.11	245.56	254.55

预计2015年15~64岁的劳动年龄人口劳动参与率继续稳定在73%上下，2020年将减少到71%，2025年将减少到70%。2015—2025年劳动力供给总量预测（见表5）。

表5　2015—2025年宁夏劳动力供给总量预测值

年份	15—64岁劳动年龄人口（万人）	劳动参与率（%）	劳动力供给总量（万人）	劳动年龄人口占总人口比重(%)
2015	482.54	73	352.3	72.6
2016	484.73	72.6	351.9	72.4
2017	486.13	72.2	351.0	72.1
2018	487.66	71.8	350.1	71.9
2019	488.75	71.4	349.0	71.6
2020	490.06	71	347.9	71.4
2021	491.44	70.8	347.9	71.3
2022	493.61	70.6	348.5	71.3
2023	495.46	70.4	348.8	71.3
2024	498.23	70.2	349.8	71.5
2025	500.11	70	350.1	71.6

"十三五"期间，宁夏劳动年龄人口将继续增加，年均增长0.31%，一直持续到"十四五"期间。受生育周期影响，预计"十四五"年均增长0.41%，快于"十三五"。预计2015—2025年，宁夏人口红利将持续发挥作

用，但影响程度逐渐减弱。到 2030 年左右，宁夏劳动年龄人口将出现减少，人口红利将消失。但由于劳动参与率呈降低态势，直接劳动力供给总量逐渐减少，并呈现加快趋势。从中长期看，劳动力面临下降及劳动力年龄结构老化问题。65 岁及以上的老年组人口占总人口的比重 2015 年将达到 7.91%，2020 年接近 10%，2025 年达到 10.4%，人口老龄化问题将更为突出。

2. 劳动力需求总量预测

结合经济增长与就业需求弹性系数，选取 GDP 增长模型法对劳动力需求量进行预测。预测结果见表 6。

表 6　2015—2025 年宁夏劳动力需求总量预测值

	经济增长率预测（%）	劳动力需求总量（万人）	劳动力供给总量（万人）	供给相当于需求的比例（%）
2015	8.5	366.9	352.3	96.0
2016	8.1	371.9	351.9	94.6
2017	8	376.8	351.0	93.1
2018	7.8	381.7	350.1	91.7
2019	7.9	386.6	349.0	90.3
2020	8.3	391.7	347.9	88.8
2021	7.4	396.3	347.9	87.8
2022	7.3	400.9	348.5	86.9
2023	6.9	405.2	348.8	86.1
2024	6.7	409.3	349.8	85.4
2025	6.9	413.6	350.1	84.6

"十二五"前三年经济平均增长 11.1%，就业弹性系数提高到 0.23。未来随着经济增长进入新常态，经济结构优化步伐加快，第三产业将成为吸纳就业人口的主渠道，经济对就业需求弹性增强。"十二五"时期宁夏劳动力供需总量基本平衡，但结构性矛盾突出。进入"十三五"后，劳动力供需总量缺口将逐渐显现，预计 2020 年劳动力需求量为 391.7 万人，供给量 347.9 万人，供给量仅能满足需求量的 88.8%；2025 年劳动力需求量将达 413.6 万人，劳动力供给量 350.1 万人，仅能满足需求的 84.6%。劳动力供需总量缺口将进一步扩大。

四、"十三五"期间促进就业创业的对策建议

（一）坚持"就业优先"战略，政府要切实加强就业工作

各级政府要将扩大和稳定就业作为各级党政一把手工程来抓，把新增就业和控制失业率作为宏观调控约束性指标，纳入考核体系进行考核。制订促进就业与创业的规划。建议由自治区人社厅牵头、相关部门组成全区就业创业规划起草小组，及早编制全区城乡劳动力就业创业规划，指导当前及其今后一个时期宁夏就业工作，尤其要未雨绸缪，提前研究2020年后宁夏劳动力供给相对短缺问题。建议研究制定"宁夏回族自治区投资带动就业条例"，建立政府投资项目带动就业制度，为推进投资带动就业工作提供法律法规依据。实施更加积极的就业政策。建议公共财政向符合国家产业政策导向的小微型企业和劳动密集型产业倾斜；建立促进服务业和小型微型企业发展的税收政策体系；鼓励和引导金融机构支持符合国家产业政策导向的劳动密集型产业、服务业、小型微型企业发展和自主创业。

（二）大力发展经济，促进创业就业

大力发展吸纳就业能力强的产业和企业，选择有利于扩大就业的经济发展方式和格局，形成经济发展与扩大就业良性互动的长效机制。大力发展第三产业，广开服务业就业渠道，积极发展研发咨询、金融、信息物流等生产性服务业及餐饮等生活性服务业；积极发展枸杞、葡萄酿酒、马铃薯、羊绒纺织等优势特色农副产品精深加工业和旅游、物流等劳动密集型产业。进一步简化创业审批手续，严格规范收费行为，落实鼓励劳动者创业的税收优惠、小额担保贷款、财政贴息、资金补贴、场地安排等扶持政策。健全创业培训体系，鼓励高等学校和中等职业学校开设创业培训课程。

（三）统筹做好城乡、重点群体就业工作

切实做好高校毕业生和其他青年群体的就业工作。推进农业富余劳动力转移就业。推进城乡和区域就业统筹协调发展，加强分类指导，推动沿黄经济区加快产业升级和经济结构调整，提高就业质量；加强中南部地区劳动力技能培训，促进中青年劳动力稳定转移就业。建设清水河产业走廊，加快中南部地区产业发展和以工代赈项目建设等多途径，解决贫困地区的

就业问题。做好淘汰和破产企业职工安置工作。完善残疾人就业促进和保护政策措施，推动残疾人在社区服务业、城市便民服务网点就业。

（四）进一步加强培训，大力开发人力资源

统筹推动就业技能培训、岗位技能提升培训和创业培训，积极探索现代学徒制培训，加快构建劳动者终身职业培训体系，使全体劳动者都能得到有针对性的培训。推动培训改革，探索政府或企业购买培训成果方式方法，实行培训补贴制度，切实提高培训质量和效益。针对宁夏劳动力供需中存在的结构性突出矛盾，建议自治区尽快推进劳动力培训资源的整合，改革现有的培训管理模式和方法，实行定向培训精准培训，切实提高培训质量。健全以企业培训为主体、职业院校培训为基础，学校教育与企业培养紧密联系、政府推动与社会支持相互结合的高技能人才培养培训体系。

（五）加强人力资源市场和失业预防调控机制建设

加快人力资源配置领域的改革步伐，消除人力资源市场城乡、地区和身份等分割，促进城乡各类劳动者平等就业。建立人力资源市场监测体系，完善人力资源市场信息发布制度。加强基层就业和社会保障服务体系建设，建立覆盖全区的就业信息监测和招聘信息公共服务平台，为社会提供公共就业信息服务。支持创业产业园区的建立，自治区政府要在对现有产业园区考察评估的基础上，每年筛选1—2个具备培训创业人才、创业企业园区，给予资金和政策等方面支持，使其成为孵化创业人才、带动就业的重要基地。建立失业统计制度、预警机制和预防调控机制。完善社会保障体系，提高就业的稳定性。

（六）健全劳动关系协调机制和劳动保障监察制度

健全劳动标准体系和劳动关系协调机制。推进劳动用工备案制度建设，建立全区统一的劳动用工信息数据库。落实最低工资制度，逐步提高最低工资标准。完善人力资源市场工资指导价位和行业人工成本信息指导制度，建立统一规范的企业薪酬调查和信息发布制度。加强企业工资支付保障制度建设。建立健全重大集体劳动争议应急调处机制。进一步健全劳动人事争议仲裁体制机制，完善仲裁办案制度，规范办案程序，依法、公正、及时解决劳动人事争议，保护当事人的合法权益。

《宁夏空间发展战略规划》实施问题研究报告

俞学虹　吴灵捷　艾红兵

　　《宁夏空间发展战略规划》是自治区党委、政府按照"把宁夏作为一个城市规划建设"的思路，坚持规划引领、统筹推进、集约高效，突出特色优势，彰显文化内涵，以人的城镇化为核心，以城市群为主体形态，对宁夏城乡功能定位、空间布局、产业发展、基础设施建设、生态环境保护等方面做出的战略性部署，是对宁夏未来发展所做出的重大的、长远的、决定全局的谋划，是宁夏经济社会发展的总体战略构想，对于整体推进区域经济协调发展，加快建设四个宁夏意义重大。宁夏是全国第一个按照党的十八大精神，以省域立法优化国土空间开发格局的省区。认真贯彻落实《宁夏空间发展战略规划》，充分发挥其基础性、宏观性、战略性规划作用，是当前我区的一项重要任务。为了推进其落实，我们对全区的实施情况进行了全面深入的调研。

一、规划实施的问题

　　重视程度不足的问题。从《宁夏空间发展战略规划》编制到通过自治

　　作者简介　俞学虹，宁夏回族自治区党委政策研究室副主任；吴灵捷，宁夏回族自治区党委政策研究室社会发展处处长；艾红兵，宁夏回族自治区规划管理委员会办公室综合处处长。

区人代会审议，自治区党委宣传部、规划办配合相关媒体开展的大量的宣传工作，尤其是自治区"两会"期间，各类媒体的高密度、大范围、广覆盖式的宣传，使《宁夏空间发展战略规划》在一定程度上为人们所认知。但是，由于宣传深度、覆盖面不足，思想认识上的问题仍然比较突出。一是对空间规划认知度不高。各级党委、政府和相关部门对《宁夏空间发展战略规划》的认识仍然停留在"知道有这个规划"的层面上，对什么是空间规划、为什么编制空间规划、空间规划的主要内容是什么、能够解决什么问题，知之不深，知之不详。二是惯性思维没有改变。从各地落实空间规划的思路看，基本上是过去怎么干、现在仍然怎么干，一些空间规划中明确禁止、严格限制的产业和项目仍然在持续推进，一些空间规划倡导和鼓励发展的产业没有新的举措。固原市金昱原盐化工产业基地一期工程年产80万吨精制盐项目已经投产，二期工程建设正在加快推进。三是一体化发展理念不强。重视自身发展，对本地本部门在空间规划中的定位是什么、能够干什么、应该怎么干，如何更好地在按照空间规划要求，推进区域一体化、同城化发展缺乏足够的认识和思考。平罗县崇岗煤炭集中区处于贺兰山东麓葡萄产业长廊，按照平罗县的整体规划，要进一步强化该区域的煤炭加工和销售。

认识不足、重视不够是影响空间规划落实的关键问题。建议以自治区党委、政府的名义召开宁夏空间发展战略规划实施推进会，进一步统一自治区各有关部门和市县领导干部，尤其是主要领导干部的思想，提高对空间发展战略规划实施的重视程度，为落实空间规划打牢思想基础。大力开展空间规划培训。建议自治区党委组织部、党校将宁夏空间发展战略规划列入党校干部培训课程，自治区规划办应组织各类专家深入各市县、自治区有关部门开展空间发展战略规划解读和规划专业干部培训，提高广大干部职工对空间规划的知晓度。加大空间规划的宣传培训力度。在《宁夏日报》、宁夏电视台和宁夏新闻网等媒体开设专栏，定期刊登有关空间规划的理论文章、各市县在推进规划落实中的好作法和好经验，曝光一批随意变更规划、违反规划的行为，为空间规划实施营造良好氛围。

二、规划管理的问题

一是规划编制管理各自为政。各部门按照职能分工、行业特点编制的规划自成体系、交叉重复、标准不一、不接地气等问题普遍存在。各部门各自强调部门规划的重要性，规划实施中各自为政，在市县层面上很难统筹。

二是规划监督缺乏有效的手段。现有规划基本上都是由各级政府编制、上级政府或者同级人大批准，但规划实施的决定权掌握在地方党委、政府的主要领导手中，自由裁量权过大，同级人大和上级政府很难对规划落实发挥有效的监督作用。有些地方虽然引入了公众监督机制，但大多流于形式，规划的权威性、严肃性得不到应有保障，规划执行随意性强。

三是基层规划落实和监督力量薄弱。全区五市规划部门规划管理人员最多的银川市有 12 个专门人员，固原市仅有 5 人，各县都是在住房城乡建设局下设规划站，一般有 2~3 人，而且没有现代化的监督方式，规划管理停留在项目审批上，缺乏处理规划违法行为的手段和力量，对违反规划的行为大多听之任之。市县规划管理部门仅负责城乡规划的实施和监督，国土、林业等规划由各职能部门监督实施，很难协同一致，导致规划难以落地实施，"十二五"期间全区编制的各类规划落地率不足 20%。

四是重点区域规划难协同。大银川都市区是空间规划最重要的战略谋划，基础设施和公共服务设施共建共享、环境联防联治是大银川都市区一体化发展的基础。但是由于银川、吴忠、宁东在行政级别上相同，永宁、贺兰、盐池县和灵武市又是完整县级行政管理机制，都具备独立的规划和建设管理权，相互之间缺乏有效的沟通机制，规划建设基本上是各搞一套，衔接困难。

黄河以东的处于大银川都市区的重要节点位置，宁东管委会、滨河新区、灵武市、白芨滩自然保护区、综合保税区、西部机场集团宁夏机场公司等部门和单位都对这一区域发挥不同的行政管理职能，规划打架、事权交叉的问题突出。综合保税区规划将其围栏范围以外 10 平方公里的范围作为综合保税的后期配套区，机场规划将这一区域 10 平方公里范围作为四期建设的预留用地，灵武市规划的临港经济区又将这一区域规划为物流、仓储和加工制造业基地。由于这一区域的土地管理权属灵武市所有，目前已经基本完成了土地平整，部分企业已开始入驻。而且该区域紧临白芨滩自然保护区，实现道路、供排水等基础设施与周边地区的互联互通需要占用白芨滩自然保护区的部分试验区用地，与自然保护区之间的矛盾也比较突出。该区域土地管理、规划管理事权归灵武市所有，综合保税区、机场公司等处级单位的土地、规划审批手续都要到灵武市国土资源局和规划局等科级单位办理，而且由于规划矛盾，审批难度非常大。

针对以上问题，建议自治区在以下方面完善管理体制机制。一是加快推进"多规合一"。积极争取中央改革办空间规划试点，推动建立一个部门编制空间规划、一个市县一本规划、一个部门一本规划、一个重点区域一部规划的规划编制体系，明确规划管理名录。二是建立规划协调机制。设立规划联席审查制度，各类专项规划、区域规划、市县总体规划都要经联席会议审查方能批准，确保各类规划有效衔接，实现"一张蓝图绘到底"。自治区各部门产业发展、小城镇建设、交通、环保、水利等基础设施、公共服务设施建设等项目资金年度安排计划，在上政府常务会议之前，由规划联席会议提出初审意见。建立大银川都市区规划联席会议制度，推进都市区规划联席审查，协调解决规划不统一、不衔接的问题，凡大银川都市区范围内的产业、市政、公共服务及生态环境规划、跨区域建设项目要经联席会议审查后方能推进实施。三是加快推进规划管理体制改革。建议五市参照自治区设立规划管理委员会，将规划局升级为规委会办公室，促进各市规划局的职能由仅管城乡规划向统筹协调各类规划转变，避免规划矛盾。各市规委会办公室主任的任职征求自治区规委会的意见，增强区市两级规划管理机关的对应性和协调性。各县（区）设立规划分局，作为市规委会办公室的派出机构，重点小城镇设规划管理员，引进充实一批专业人才，推进县（区）规划由市级规划管理机构统筹管理的机制建立，提升县区规划管理水平。四是建设规划信息化管理平台。规划管理信息化平台是保证"一张蓝图"落地、实现行政审批改革目标的载体和保障。建议：加快建设纵向到底、横向到边的"多规合一"信息化平台，纵向联系省、市、县三级，横向覆盖同级相关部门，以"智慧城市"建设为契机，整合各部门的信息化平台，实现部门协同、多规融合、规划编制、规划检测、实施监督、动态维护等功能。建立统一的规划编制成果数据标准、规划数据库和基础资料库，实现各类空间要素的有效叠加和部门间规划信息的联动共享，逐步形成省域空间规划体系"一张图"，为实现建设项目一站式并联审批提供支撑，最终实现规划"一张蓝图管到底"的目标。同时，强化配套机制完善，建立信息平台数据更新机制、行政审批改造机制、平台运行监督机制、责任追究机制等，确保规划信息化平台的有效使用。

三、利益导向机制的问题

一是缺少导向明确的项目资金投入协调机制。自治区每年用在产业发展、新型城镇化等方面的项目资金接近 500 亿，但由于项目资金"碎片化"特征明显，各部门的扶持资金没有按照各市县的特色产业进行集中扶持，对产业发展和全区空间功能优化的引领作用不强。如小城镇建设，住房城乡建设厅每年确定 10 个重点小城镇、每个镇投资 1500 万元，50 个中心村、每个村投资 500 万元进行扶持，但是 1500 万元对于大水坑、大战场、王洼等人口接近 3 万人的中心镇来讲，远远不能满足镇区道路、给排水、供暖、供气等改造建设需求，需要交通、环保、水利等部门共同投入，但由于各部门的行业规划各有侧重，在投资重点、建设时序、投入方式等方面的不一致，很难按照先地下后地上、先规划后建设的方式推进镇区改造，小城镇改造难以集中展现效益。

二是缺少引导区域分工协作的招商引资利益导向机制。2015 年自治区下达给各地的招商引资任务总额为 1800 亿元，分摊到全区 130 余个产业园区，各市县产业园区在经济发展和招商指标的压力下，基本不考虑区域比较优势和规划要求，什么产业都招、什么产业都进，导致各园区产业布置杂乱，园区间产业结构相近、主导产业雷同，相互配套的产业链难以形成，产业特色和集群效应不够突出。如果不改变现行的招商引资政策很难在未来实现宁夏各地各有侧重的发展构想。

三是缺乏统一有效的生态补偿机制。国家下达的能耗和重点污染物排放指标根据产能在全区平均分配，石嘴山、宁东、中宁等资源依托重的地区产业发展受能耗和环境指标的制约严重。作为自治区重要的生态屏障，受经济发展和提高人民群众生活水平的压力，固原市各县发展工业经济，提升地方财力的愿望强烈。固原金昱源盐化工产业园一期80万吨精制盐项目已试车投产，彭阳县王洼煤矿由于受煤炭市场低迷影响，计划建设60万吨精洗煤项目。随着项目建设的推进，盐尘、煤泥、污水等环境问题将日益突出。如果不能建立全区统筹的环境指标平衡政策、生态的横向补偿政策，全区各市按照规划功能定位发展的目标将难以实现。

四是缺乏差异化的考核评价机制。近几年自治区效能目标考核弱化了对GDP的要求，但是对每个市县都要考核财政收入、固定资产投资和工业增加值，没有根据各市县的产业发展特点和功能定位有针对性地确定差异化的考核指标，各市县尤其重视对经济发展指标拉动力强的工业发展，每个市县不论条件允许不允许都要搞工业园区，各工业园区不管有没有比较优势，都在不遗余力的引进工业项目，经济发展和生态保护的矛盾越来越突出。

建议以自治区党委、政府的文件出台《关于宁夏空间发展战略规划实施保障机制的决定》，建立利益补偿机制，调整招商引资、项目资金、生态补偿、环境容量招标、效能考核等相关政策，提高各市县、各部门落实宁夏空间发展战略规划的积极性和主动性。一是招商引资统筹调整机制。建议建立招商引资自治区统筹的机制，自治区各部门和各市县招来的客商由自治区商务厅汇总，按照各市县功能定位、产业发展方向统一调配，同时，强化用地、环境等硬约束政策，对违反规划功能定位落户的项目不予供地、不予立项，市县之间采取同等招商规模置换、税收协议分成、建设"飞地"工业园等方式，平衡利益关系，使招商县和落户县能够实现双赢或多赢。二是项目资金重点扶持机制。自治区依据空间规划及配套规划，明确各市县重点小城镇、重点产业园区、重点支持产业、重点引进产业、重点基础设施建设项目等名录，自治区各厅局根据名录安排项目资金，对名录之外的项目一般不予支持，引导各市县走集群化、集约化、特色化发展道路。三是生态环境横向补偿机制。调整转移支付政策，压缩重点发展区的转移支付规模，加大对生态涵养区、禁止建设区的转移支付力度，提高生态涵养水平。探索建立地区间生态环境横向援助机制，在全区总量不变的前提下，采取货币化购买、税收分成置换等方式将生态涵养区的能耗和环境指标调整到重点发展区。在此基础上，加大对重点发展区污染物排放指标考核和项目投入，确保重点发展区生态环境不被破坏。四是绩效考核差异化考核机制。建议调整自治区效能目标考核政策，依据各市功能定位，实施差异化考核。银川市重点考核对外经济合作、现代服务业、工业化与信息化深度融合、产业结构转型等经济指标，不将能源化工、冶金等数据计入经济发展总量；石嘴山市重点考核承接产业转移、装备制造与新材料、工业经济转型升级等工业经济指标；吴忠市重点考核清真食品和穆斯林用品、现代制造业、都市农业及相关产业，加大对经济结构转型升级考核的比重，不将化工、冶金等产业计入经济发展规模；固原市重点考核在特色农产品加工、轻工产业、文化旅游、生态效益产业化转换等方面的投资规模、发展措施、推进效果等，其在煤炭及石油开采、能源化工、冶金等方面的经济规模不计入考核；中卫市重点考核物流、旅游、信息化和生态方面的投入及产出规模，淡化能源化工、冶金等产业在考核体系中的比重。通过实施差异化的考核政策，引导各地牢固树立科学的发展观和正确的政绩观，提高党政主要领导遵守规划、执行规划的自觉性和主动性，为保障宁夏空间发展战略规划落地批好组织基础。

宁夏空间发展战略规划对各市城乡功能定位、产业发展、基础设施建设、生态环境保护等重大事项作出了空间布局和战略部署。落实这个规划需要打破行政格局、利益格局，调整现在已经初步形成的产业基础，要在体制机制上做出深刻的变革。

宁夏人才工作发展研究报告

白宁平

人才是经济社会发展的第一资源。近年来，宁夏回族自治区认真贯彻中央关于人才工作的部署和要求，大力实施人才强区战略，不断创新人才引进、培养、使用、激励、流动机制，统筹推进以高层次人才、高技能人才为主的各类人才队伍建设，人才工作取得了显著成绩，为经济社会建设提供了强有力的人才保证和智力支持。

一、现有人才队伍状况

截至 2014 年底，全区人才总量 62.47 万人，占总人口的 9.5%，其中专业技术人才 24.55 万人，高技能人才 9.3 万人。

在专业技术人才中，具有副高以上职称的专业技术人员 3.5 万人，高层次人才 1323 人，其中有院士 1 人，国家有突出贡献中青年专家 31 人，全国杰出专业技术人才 4 人，"百千万人才工程"国家级人选 16 人，享受国务院特贴专家 615 人，享受自治区政府特殊津贴专家 240 人，自治区"313 人才工程"人选 389 人。

作者简介　白宁平，宁夏回族自治区人力资源社会保障厅人才处处长。

二、取得的显著成绩

（一）人才发展的战略地位不断提升

自治区将人才强区作为全局性重大战略，成立了人才工作协调小组，每年组织召开全区人才工作会议，专题研究部署人才工作。制定了自治区《中长期人才发展规划纲要》，设立自治区人才专项资金，由 2009 年的 900 万元提高到现在的近 1.5 亿元，人才工作的组织保障不断加强。各市县区也将人才工作放在首要位置，分别成立人才工作领导小组，组织实施了人才强市、人才强县、人才强企、人才强校等，构建起人才优先发展的战略布局。

（二）人才发展政策体系不断健全完善

把完善人才政策体系作为创新人才体制机制、破解人才发展难题的首要工作来抓，从人才的引进、培养、使用、流动、服务等各个方面，全方位设计、高起点谋划，先后颁布实施了《人才资源开发条例》《人才市场条例》《专业技术人员继续教育条例》等地方性法规，编制《自治区专业技术人才发展中长期规划（2012—2020)》和《自治区技能人才发展中长期规划（2012—2020)》，全面规划人才发展战略任务。出台自治区《关于实施"塞上英才"工程的意见》《关于实施"国内引才 312 计划"的意见》《自治区引进海内外高层次人才实施办法》《自治区支持企业引进和培养人才暂行办法》《关于规范柔性引才工作的实施意见》《院士后备人才培养计划实施办法》《领军人才培养工程实施意见》《青年拔尖人才培养工程实施办法》《关于深入推进职称制度改革的意见》等 30 多部人才规章制度，制定《关于进一步加强人才工作的指导意见》《关于创新体制机制促进人才和经济社会协调发展的若干意见》等政策性文件，为各类人才来我区创新创业、成就事业提供了政策保障。

（三）重大人才工程实施取得新成效

依托重大人才工程，加大高层次人才的选拔、培养、资助力度。组织开展了享受国务院特殊津贴、"百千万人才工程"、自治区政府特殊津贴和"新世纪 313 人才工程"人选选拔工作。2010 年起实施"海外引才百人计划"，吸引海外高层次人才来宁创新创业，已组织评选三批共36人，每人给予30万~50万元的经费资助。2012年起实施"国内引才312计划"，力争到2020年从国内引进300名急需紧缺的高层次人才，选拔100名给予重点支持，每人给予30万元资助，目前已有26人入选。启动实施自治区"塞上英才"工程，到2020年培养选拔100名左右达到国内乃至国际学术技术水平的领军人才，每两年选拔一次，每次选拔20名左右，入选者每人给予50万元奖励，目前已有41人入选。2015年起，启动自治区"塞上名师""塞上名医""塞上农业专家""塞上文化名人""塞上经济名人""塞上技能大师"系列评选活动，选树一批行业领域优秀人才。一系列人才工程的实施，为各类人才成长发展创造了良好条件。

（四）引才引智工作实现新突破

坚持引才与引智并重，全职引才与柔性引才并举，"请进来"洽谈与"走出去"招才并施，构建全方位、多层次、宽领域的引才引智格局。连续五年举办中国（宁夏）引进海内外高层次人才合作洽谈会，累计柔性引进院士110人、知名专家293人，全职引进急需紧缺专业博士274人，有效缓解了宁夏高层次领军人才匮乏困境。围绕重点产业、重点学科、重点项目，大力引进国外智力，促成国家外专局与自治区政府签署引智合作协议，实施引智项目346项，聘请外国专家1401人次。加强区校合作广揽才俊。自治区政府与清华大学、北京大学、浙江大学、武汉大学等知名高校签订人才战略合作协议契机，先后组织300多家企事业单位主动走出去，到北京、西安、兰州等高校比较集中的城市开展专项招聘，从被动"招"转向主动"请"，组织宁夏职业院校与天津、浙江、上海等职业院校、企业实施校校、校企合作，培养技能型人才。

（五）人才队伍素质得到新提升

把人才综合能力建设摆在突出位置，坚持广覆盖、宽领域、多层次，以培训促提升，加快各类人才培养。一是实施大规模公务员培训计划。积极开展新录用公务员初任培训、任职培训和知识更新培训，提升公务员五种能力。加强公务员职业道德教育，开展人民满意公务员评选表彰活动，激发公务员干事创业激情。加大竞争性选拔公务员力度，积极开展公务员公开招录、遴选和基层政法机关公务员考录，公务员队伍结构不断优化。二是深入实施专业技术人员知识更新工程。每年举办自治区级示范性高级研修班40余期、急需紧缺人才和骨干岗位培训50期，组织近2万人中高级专业技术人才参加学术技术研修；开发宁夏专业技术人员继续教育管理服务平台，推动专业技术人员全员培训，专业技术人才继续教育覆盖面达到95%以上。三是深入实施农村实用人才带头人培训工程和高技能人才振兴计划。每年选拔600名农村实用人才进行重点培训，支持宁夏建设职业技术学院等9所职业教育院校建设，实施6个现代化职业技能公共实训中心建设，建成民办职业技能培训机构279个，年均培训技能人才12万人次；支持和鼓励企业、高校、科研机构共建高技能人才培养基地，创建国家级高技能人才培训基地4个、国家级技能大师工作室10个。四是深入实施企业经营管理人才素质提升工程。围绕重点产业和战略型新兴产业，每年选拔1000名非公企业高级经营管理人员分层次重点培训，着力培养一批具有国际市场开拓能力和现代经营管理水平的优秀企业家。

（六）人才机制创新取得新进展

坚持以改革创新为动力，努力破除影响和制约人才发展的体制机制性障碍，加快构建开放有序、充满活力、激发创造的人才使用评价机制。一是深化职称制度改革。按照不同职业不同层级特点，分系列修订完善职称评价标准和评审条件；调整职称外语和计算机免考范围，扩大免考范围，降低专业技术人员职称外语和计算机免考年龄限制；实行职称评审向科技创新人才、企业特殊人才和基层专业技术人员的"三倾斜政策"，同时对重点产业、重点领域、重点项目急需紧缺高层次专业技术人才，开辟评审绿色通道；探索逐步下放高级职称评审权，扩大用人自主权；在卫生等6个系列的专业技术人员晋升高级职称推行"凡晋必下"[1]制度，增强引导性。二是深化事业单位岗位聘任管理。制定《自治区事业单位专业技术二级岗位聘期考核办法》，规范和加强事业单位专业技术二级岗位聘任管理，激发专业技术人才的创新创造活动。三是深化收入分配制度改革。完善机关事业单位工作人员工资正常调整机制，规范公务员津贴补贴；推行事业单位绩效工资制，健全体现岗位绩效和分级分类管理要求的事业单位收入分配制度。出台《宁夏回族自治区县以下机关建立公务员职务与职级并行制度的实施意见》《宁夏回族自治区乡镇工作人员补贴办法》，推进自治区属国有企业负责人薪酬制度改革，引导人才向基层一线流动，为稳定基层人才队伍发挥了重要作用。

（七）人才公共服务体系建设不断完善

坚持把优化服务环境、提升服务质量作为推动人才工作的重要抓手。一是加快人才载体建设。依托各人才单位，加大人才服务载体建设，建成院士工作站41个、专家服务基地36个、人才高地22个、博士后科研流动站（工作站）15个，为人才施展才华、发挥作用提供广阔舞台。二是深入开展专家基层服务行活动。贯彻人社部工作部署，每年组织开展"百名专家基层服务行"活动，先后组织卫生、教育、农业、林业、工程、文化等领域1000多名优秀专业技术人员到基层开展服务活动，帮助基层培训人员，解决技术难题。三是加快人力资源服务业发展。先后出台《关于加快推进全区人力资源市场整合改革的意见》《自治区加快人力资源服务业发展的意见》，深化人力资源市场整合改革，推动政府购买人力资源服务，开展人力资源服务业诚信建设，完善人力资源服务体系，提升人力资源开发配置水平。四是加快人才创新创业园区建设。以产业转型为引领，以项目建设为支撑，大力实施区域特色人才项目建设工程，积极支持建设银川人才管理改革试验区、石嘴山高技能人才培养基地、吴忠清真食品穆斯林用品产业人才高地、固原农村实用人才培训示范基地、中卫非公有制企业人才发展试验区建设，推动形成产业聚集人才、人才助推产业发展的良性局面。

三、存在的主要问题

虽然宁夏人才工作取得了长足发展，与宁夏经济社会发展的需求相比，宁夏人才工作仍存在着许多突出矛盾和问题。

一是人才结构不合理，高层次领军人才匮乏。近3/4的专业技术人才集中在事业单位和国有企业，其中超过60%集中在教育、卫生行业，基层一线和非公有制经济专业技术人才短缺，重点产业、支柱产业、特色产业及新兴产业自主创新型科技人才匮乏，产业领军人才数量不足；高技能人才的总量、结构和素质不能满足经济社会发展需要，特别是煤化工、装备制造、加工、电子信息等高新技术产业及现代服务业领域高技能人才严重短缺。

二是人才外流现象严重，引才难的问题比较突出。据不完全统计，近几年宁夏籍区外高校毕业生每年都在 2 万人左右，回宁工作不到 3000 人，回流率仅为 15%。宁夏医科大学、宁夏医科大学总医院、宁夏大学、自治区人民医院等人才单位每年都有高层次人才外流。受地域环境限制，自治区每年组织人才单位外出招聘，实际签约落地率不到 30%，引进人才较为困难。

三是人才收入水平总体偏低。据测算，目前宁夏机关事业单位新录用硕士研究生月收入为 2900 元，博士月收入 3200 元，待遇远低于周边地区和发达省份，直接导致了现有人才留不住、急需人才引不进。

四是人才工作机制急需改进。人才开发的社会化、市场化运作机制尚未形成，在人才培养、引进与合作、人才信息与资源共享、人才自由流动等方面还存在着体制机制性障碍，现有人才作用发挥不明显。

五是人才成长发展的基础环境薄弱。受地域环境、经济发展等多种因素影响，宁夏高等院校，科研机构、国家重点实验室数量少、规模小，具有绝对竞争力的高新技术企业少，产品技术含量低，对人才的承载能力和吸纳能力较弱，不利于人才培养成长。

六是人才的基础工作比较薄弱。一些县区和单位对人才工作不够重视，没有真正把人才资源作为第一资源来抓，重招商引资、重经济工作、轻招才引智的现象依然存在，用人单位特别是企业发挥育才、引才、用才的主体作用不够。

四、今后人才工作的思路和重点

宁夏地处内陆，经济欠发达，自然资源、地理环境不优，对外来人才吸引力不强。做好宁夏人才工作，必须立足于区情，坚持"两条腿走路"，一是进一步优化人才发展环境，吸引更多的创业人才；二是创新体制人才，盘活现有人才队伍，激发人才创新创业活力，打造人才资源优势，把人才优势转化为科技优势、知识优势、产业优势，助推全区经济社会事业快速发展。

宁夏人才工作应用足用活中央支持民族地区发展的专惠性政策，用好用实宁夏内陆开放型经济试验区、银川综合保税区先行先试等特惠性政策，跟进和对接经济结构调整和产业转型升级，以制度改革和政策创新为动力，以重大人才工程为龙头，以高层次人才和高技能人才为重点，实施更加开放的人才政策，创新人才体制机制，优化人才发展环境，激发人才创新创业活力。

（一）勇于解放思想，树立人才发展新理念

适应新一轮西部大开放和自治区向西内陆开放战略需要，进一步解放思想，破除思想禁锢，转变发展观念，以新理念引领人才事业新发展。一要坚持走出去取经。面向海内外，瞄准东部沿海地区和发达省份，主动对接联络，积极走出去，开展深度合作，扩大人才合作范围，以更高更宽视野开展人才工作。二要坚持请进来服务。加强与北京大学、清华大学等国内各大高校以及人才特区的定期交流，积极邀请国内外的知名专家学者和创业人士来宁讲座，开展定期的智力服务，拓宽人文交流。三要主动对接政策项目。以落实部区合作框架协议为契机，深化部局合作，加强项目政策对接，积极争政策、争项目、争服务，为我区人才工作发展创造更为有利的外部条件。

（二）加强顶层设计，完善人才政策体系

一是编制自治区人才事业发展"十三五"规划，主动适应经济结构调整加速、产业转型升级对人才的新需求，大力实施人才强区和创新驱动战略，全面规划"十三五"期间宁夏人才发展的目标任务。二是进一步健全人才发展的配套政策措施，强化政策引领，统筹推进人才的培养、引进、使用、流动等各项工作。三是适时出台更加开放的人才引进政策，进一步降低准入门槛，对宁夏急需紧缺高层次人才以及"985""211"院校硕博研究生、宁夏籍优秀本科毕业生有意愿回宁工作的，可采取更为灵活有效的录用方式，吸引人才来宁发展。四是适时出台高层次人才津补贴制度。待遇水平低是我区现有人才流不住、外来人才引不进的一个主要原因。鉴于此，积极争取人社部、财政部同意，在宁夏建立高层次人才特殊津补贴制度，对企事业单位引进的急需紧缺高层次人才每月给予奖励性津补贴，提高引进人才的生活待遇水平，稳定现有人才队伍。

（三）拓宽交流领域，加大人才引进力度

一是大力实施"国内引才312计划"和"海外引才百人计划"，加大柔性引才力度，按照不求所有、但求所用原则，加快引进一批高层次人才和紧缺急需人才。二是开展"海外华侨华人专家引进计划"，全面落实国家外专局与自治区人民政府签订的引进国外智力合作框架协议，深化区局合作引进智力，加快引进具有国际水平的华侨华人专家。三是发挥人才单位主体作用走出去引才。抢抓新一轮海外留学人员回国潮，组织全区企事业单位走出去引才，拓展与国内外高校以及知名科研院所的合作领域，推动形成人才引进常态化。

（四）实施三大工程，加快两高人才培养

一是大力实施领军人才培养工程。统筹做好自治区政府特贴、国家百千万人才工程、青年拔尖人才工程人选的选拔工作。围绕全区优势特色产业和战略新型产业，深入实施"领军人才培养工程""院士后备人才培养计划"和"青年拔尖人才培养工程"，加快宁夏高、精、尖人才的选拔和培养，助推产业升级和结构转型。二是深入实施专业技术人才知识更新工程。进一步创新培训形式，丰富培训内容，提升培训质量。充分发挥继续教育基地作用，抓好高级研修项目实施，扩大继续教育覆盖面。三是大力实施技师培训计划。围绕自治区产业布局调整，努力培养重点支柱产业、战略新兴产业、高新技术产业发展急需紧缺的高技能人才，大力开展技能竞赛活动，加强高技能人才培训基地和技能大师工作室建设，壮大我区高技能人才队伍。四是加强企业经营管理人才培养。加大对企业引进培养人才的项目支持，支持在企业建立人才培训中心，在区内高校、职业院校开设学科、实训基地，在科研院所设立研发中心，构建"企业+院校+基地"全方位的人才培训体系，加大对企业经营管理人才、技术研发人才、实用人才的培训力度，增强企业的科技攻关、技术研发和市场开拓能力。

（五）创新体制机制，着力激发人才活力

一是创新完善科学公平的评价机制。分类推进职称制度改革，在产业和民生等重点领域实行"凡晋必下"政策，调整职称英语、卫生计生系列职称评审政策，健全注重实绩、社会公认、业内认可的人才综合评价机制。二是创新完善灵活管用的选人用人机制。实施县以下机关公务员职务与职级并行制度改革，抓好艰苦边远地区公务员考试录用各项工作；修订完善公开招聘、聘用合同、岗位管理、绩效评价、人员退出和监督管理机制等制度，加快建立符合事业单位特点、更为灵活管用的用人制度。三是创新完善合理顺畅的流动配置机制。大力发展人力资源服务业，完善人力资源服务功能，鼓励和引导科研人员向企业流动、进市场创业；建立专家咨询服务制度，引导专家将智力向项目建设、向产业升级转移，向基层一线下沉，引导专家切实发挥专业特长，服务经济社会建设。四是创新人才价值的激励保障机制。深化机关事业单位收入分配制度改革，稳妥实施调整机关事业单位基本工资标准和优化工资方案，适时组织实施艰苦边远地区津贴增长机制和地区附加津贴制度；制定知识、技术、管理、技能等按贡献参与分配的办法，探索建立高层次人才差别化的津补贴制度，提高人才待遇水平，吸引人才来宁创新创业。

（六）健全服务体系，打造一流创新平台

一是加快创业基地建设。坚持人才培育市场化、园区化、集约化的思路，积极打造以"一园、两站、两基地"（留学人员创业园，博士后科研工作站、流动站，专家服务基地、继续教育基地）为主体的专业化创新创业服务平台。争取人社部支持，在宁夏建设西部人才服务发展示范区，依托银川科技园、银川经济技术开发区、石嘴山高新技术开发区、吴忠清真食品产业园、中卫云基地，规划建设西部留学回国人员、高层次人才创新创业园、西部高科技产品转化孵化园，从科研项目支持、技术力量配备、基础设施建设、人才政策保障等重点倾斜，打造西部地区创业环境最优的人才发展示范区，最大限度地释放人才红利。二是加快服务载体建设。规范和加强人才高地、专家服务基地、博士后流动站（工作站）建设，优化"千人计划""万人计划"服务窗口；出台高层次人才服务办法，进一步创新服务方式，在海外高层次人才居留和出入境、各类高层次人才参加社会保险、落户、住房、子女入学等方面，为他们解决生活工作困难，提供个性化服务。三是加快信息化建设，健全完善专业技术人员继续教育在线学习平台，组建自治区、市、县三级专家智库和人才信息数据库，整合各级人才服务信息网络资源，构建面向海内外、覆盖全区、功能完备、信息通畅、资源共享的人才综合服务信息系统，提升人才服务的信息化水平。

注释：

[1] 自 2017 年起，宁夏区属事业单位和地级市市属事业单位的专业技术人员，晋升卫生、农业、林业、水利、土地系列（专业）高级职称的，自取得中级职称以来须有在县级及以下对口专业岗位累计服务 12 个月以上的工作经历。

2016年宁夏社会蓝皮书
BLUE BOOK OF NINGXIA'S SOCIETY

专 题 篇

和谐宁夏建设的理论逻辑与实践路径研究

李保平

　　和谐宁夏是自治区党委"四个宁夏"建设的重要组成部分，目前关于和谐宁夏建设已有许多研究成果，但大都立足于经济社会视角。本课题认为，和谐宁夏建设首先要要有明晰的理论指导，构建科学的理论支撑，用理论指导实践，和谐宁夏建设才有可能少走弯路，避免盲目性。基于此，本课题立足唯物史观，在重视经济社会建设的基础上，提出和谐宁夏建设的文化维度，以期为自治区党委政府决策提供一种较为全面的观察问题、解决问题的视角。

一、和谐宁夏建设的理论逻辑

　　"和谐"一词出现较早，最早应该和音乐演奏有关，后来人们逐渐将和谐与社会联系在一起，意在体现一种理想的社会治理状态。在古代中国，和谐更多的是强调一种精神和道德之维。《管子·兵法》中说："蓄之以道则民和，养之以德则民合，和合故而能谐。"如果我们把"道"理解为价值，把"德"理解为规范的话，可以看出，古人主要是从个体的层面去理解和认识和谐社会的：共同的价值追求与普遍的道德规范，构成和谐社会的重要条件。与古代中国不同的是，在西方社会，人们更多的是从国家与

作者简介　李保平，宁夏社会科学院社会学法学研究所研究员。

099

社会二分角度看待和谐的，苏格拉底与柏拉图把毕达哥拉斯学派的和谐思想引入社会领域，主张社会各阶级按照正义原则行事，才能促进社会与国家的和谐。从中西方和谐思想的演变看，立足于人或立足于国家与社会，构成中西和谐思想的重要分野。中国古代的和谐思想，关注个体的人，强调个体的价值共识与道德自觉是实现和谐的重要条件，实际上是一种内在的"以人为本"的伦理取向的和谐观；西方的和谐思想主要着眼点在于国家与社会的关系，以及在此基础上社会不同阶级阶层的地位，强调的是对公权力的制约和社会的公平正义对和谐社会建设的意义，实际上是一种外在的法治取向的和谐观。我们现在看来，这两种取向的和谐观都各有其优点，也有其局限性。和谐社会建设需要高素质的公民、价值共识与道德教育，但一味地从个体身上寻找和谐社会建设的理由，而忽视了国家与社会在和谐社会建设中的责任，特别是国家与社会的关系以及法治对和谐社会建设的意义，那么我们的和谐社会的建设仍然是单向度的，也是不可期的；另一方面，西方社会过度依赖法治，而忽视了人的道德向度，特别是人的利益和精神需求，也暴露出许多问题，近期西方社会围绕族群与宗教问题出现的社会暴力就充分说明了这一点。在解决宗教等涉及信仰问题时，单独依靠法治是有局限性的，必须引入道德向度，提倡尊重与宽容并举的理念，法治与道德的结合，才是和谐社会所需要的基本条件。

和谐社会何以可能？以前人们多从政治、经济、社会、文化、生态等领域谈及和谐社会的条件，把他们看作是和谐社会的因变量。这种从多方面的、多角度看待和谐社会建设的思路是正确的，是我们对和谐社会建构路径认识的巨大进步。实际上，随着研究的深入，我们发现，政治、经济、社会、文化、生态虽然是和谐社会的重要条件，但他们本身又是一个复杂的子系统，如果内部发展失衡，又是产生不和谐的重要原因。社会中之所以出现许多不和谐的因素，经济、社会等发展相对滞后是原因，但经济与社会发展本身也会产生结构失衡，进而产生不和谐的因素。所以，和谐社会建设是一个复杂的、多层级的系统工程。政治、经济、社会、文化、生态等都构成和谐社会的因变量，是和谐社会建设需要考量的重要因素，构成和谐社会建设的第一个层级。在这个层级中，这些变量的地位与作用并非平等，一般来说，政治与经济处于更为基础的地位，社会、文化、生态的发展受政治经济条件的限制。同时我们也要看到，政治、经济、社会、文化这些变量本身又是一个独立的系统，它们也有自身的结构和生态，如果这些子系统的发展出现结构性矛盾或生态性异常，也会导致社会不和谐度增加甚至引发矛盾和冲突。政治生态、经济生态、社会生态、文化生态等概念在近期频频被提起，绝不是偶然的，它反映了人们对社会和谐的认识已经从第一层级开始进入第二层级，从较为宏观的论述转变为中观或微观领域观察与分析，是对社会发展规律认识的一种深化。比如文化，人们在谈起文化时，一般把它看成是社会发展的结果，后来又认识到文化的经济价值，但很少考虑到文化本身的秩序意义，更没有从文化生态角度去关注文化如何在潜移默化、不知不觉地改变、影响社会的政治、经济发展与秩序形态，导致我们在认识社会不和谐原因时，要么简单归因为经济、社会发展，从政治、经济、社会视角去寻找答案，要么从政治、经济、社会、文化、生态发展失衡的角度分析问题，而往往忽略了不同要素内部的协调度暨政治、经济、社会、文化等内部生态结构失衡对和谐社会的影响。和谐社会建设既要重视政治、经济、社会、文化等要素的发展及其协调度，也要重视不同要素内部的生态布局，关注政治生态、经济生态（经济结构）、社会生态（社会结构）、文化生态对社会秩序的影响，是和谐宁夏建设的重要内容。

二、和谐宁夏建设的实践路径

经济社会建设是和谐宁夏建设的基础，但仅从经济社会建设上寻找社会不和谐的原因，提出解决社会和谐的方案则是远远不够的，历史与现实、理论与经验要求我们站在新的历史起点上，重新审视和谐社会的建设多元结构问题。

（一）经济社会建设解决不了社会和谐问题，需要引入文化的视角

长期以来，人们在研究民族地区社会稳定或和谐社会建设时，都会提出大力发展经济社会建设，夯实民族地区社会稳定与民族团结的基础，无疑是非常正确的。经济的发展以及以公平正义为核心的社会建设，对一个

社会的凝聚力与向心力的增强都会起到非常重要的作用，这一点不但符合历史唯物主义的基本论断，也被现实证明是正确的行动指南。但问题是，如果我们将经济社会建设看作是和谐社会建设的唯一目标，我们就有可能陷入简单的经济决定论，而忽视经济、社会建设与和谐社会之间的复杂关系以及影响社会和谐的其他因素。经济社会建设可以解决许多社会现实问题，但同时，经济社会发展也会带来许多"发展中的问题"，正如小平同志所说的，以前我们总认为不发展会产生许多问题，但现在看来，发展中的问题一点也不比不发展少。我国目前面临的许多问题，大多数是由于发展导致的，利益纠葛、生态恶化、贫富差距、社会浮躁、心理失衡等无一不是发展中产生的问题。同时，单纯的经济社会建设是以满足人的物质需求为手段构建社会和谐的思路，但人的欲望是无限的，是永远无法满足的。人不但需要物质满足，也需要精神文化的滋润。所以，单纯的经济社会发展理念只能减缓并不能够彻底解决社会稳定与和谐问题，在构建和谐宁夏的历史进程中，我们必须要关注人的精神向度，重视文化建设在构建和谐宁夏建设中的作用。

（二）文化在社会秩序建构中的作用日益凸显

20世纪90年代后，国际关系中最大的变化就是文化对世界秩序的影响日益显现，亨廷顿的《文明的冲突与世界秩序的重建》就是对该种现象的一种研究视角。随着9·11事件的发生，文化冲突不再是一种理论，而是变成活生生的现实，极端民族主义、恐怖主义、宗教极端主义既是一种社会诉求，也是一种文化诉求，文明或文化对世界秩序的影响已经从幕后走向前台，成为影响国际秩序的主要因素。在多民族国家内部，基于不同族群的文化对社会秩序的影响也成为影响多民族国家内部社会稳定的重要因素，其中以西方文化、少数族群文化特别是宗教文化对社会稳定的影响尤为巨大。发生在西藏和新疆的暴力恐怖活动，虽然有经济和社会原因，但背后的文化背景特别是宗教文化背景是不言而喻的，新疆、西藏问题既是经济社会问题，也是文化问题。毛泽东主席在谈到思想文化作用时曾明确指出，凡是要推翻一个政权，总要制造舆论，总要先做意识形态方面的工作，革命的阶级是这样，反革命的阶级也是这样。十八届五中全会通过的

"中共中央关于制定国民经济和社会发展第十三个五年规划"的建议中也明确指出，要推动物质文明和精神文明协调发展。这些重要论断，提醒我们在构建和谐社会时必须要重视文化对社会秩序的形塑作用。

（三）和谐宁夏建设需要文化发展战略，构建文化生态

就像经济社会发展需要规划一样，文化发展也需要发展战略。文化发展战略除明确建设目标、建设路径外，其中一个重要功能就是解决文化生态问题。生态是最近使用率较高的一个词，原本应该是生物学方面的专有名词，近期屡屡被引入其他领域，如政治生态、社会生态（社会结构）、经济生态（经济结构）、自然生态等，文化作为一种社会现象，也存在生态问题，如果文化生态遭到破坏，也会给文化建设乃至社会稳定和谐造成重大影响。文化生态解决的是各种文化现象之间的关系问题，如同社会结构一样，文化要和谐发展，也必须要有科学的结构层级。就宁夏而言，文化战略应重点关注以下一些文化生态问题：

1. 国家主流文化与地域文化的关系。改革开放以来，宁夏地域文化得到了快速发展，黄河文化、回族文化、西夏文化、红色文化成为宁夏文化的亮丽名片。但是，我们也应清醒地看到，由于国家在一定时期内用于文化发展的投入是恒定的，用于地域文化发展的经费的增加必然意味着国家文化的发展会不同程度受到削弱，地域文化的发展是以国家主流文化发展的迟滞与虚置为代价的，导致主流文化与地域民族文化之间的统驭关系不再明显，特别是当地域文化以原生态的形式出现而没有经历创新性转化时，这种不适应就表现的更为明显。地域文化的发展固然必要，但这种发展不但要以主流文化为依归，为主流文化服务，而且这种发展要以不损害主流文化的地位，削弱主流文化的影响为前提，即使在一段时间内要发展某种文化，当阶段性任务完成后，文化政策还是应该回归常态。这是宁夏文化发展战略要考虑的第一个层次的文化生态问题。

2. 地域文化与民族文化、宗教文化。地域文化也是一个结构复杂的体系，除传统文化外，还包含民族文化、宗教文化、民间文化以及各种亚文化等多种文化现象。在这些诸多的文化元素中，传统文化是地域文化的底色，地域文化更多地体现了传统文化的地方性特色，民族文化、宗教文化等文化现象是生长在传统文化土壤中的文化丛。传统文化是中华民族认同的根基，地域文化中传统文化的地位与影响，从某种意义上讲，构成国家认同的最大文化公约数，也是联系不同文化现象的文化基因。在长期的历史发展过程中，传统文化、民族文化、宗教文化以及各种亚文化现象都形成了各自的发展空间，从而构筑了传统的文化生态，这种文化生态的平衡，是民族地区社会稳定的重要力量。如何保持历史上形成的不同文化的生态布局，不使其中任何一种文化现象非常规发展，是宁夏文化发展必须考虑的第二个层面的生态问题。

3. 民族文化中的世俗文化与宗教文化。民族文化也是一个较为复杂的综合体，除宗教文化外，还包括一个民族的生产生活中所形成的文化暨所谓世俗文化。宗教性与世俗性构成了民族文化发展的两极。极端的世俗化会导致宗教文化的反弹，而极端的宗教性不但会消弭人性，使民族文化宗教化，而且还极易导致宗教极端主义，唯有保持民族性与世俗性之间协调与平衡，民族文化才能健康发展。民族文化中的宗教性与世俗性之间的张力，是当代伊斯兰世界面临的一个现实问题。从西藏、新疆出现的问题看，当民族地区一种宗教文化的发展改变了民族文化原有的结构生态而居于主导地位或民族文化被宗教文化代替时，一个地区的社会稳定就会面临较大的威胁。如何处理宁夏民族文化中宗教性与世俗性之间的关系，避免民族文化的宗教化倾向，是宁夏文化发展需要关注的第三个层面的生态问题。

4. 宗教文化中的道教、佛教、伊斯兰教、基督教、天主教的生态结构布局。宁夏自古就是多民族聚居的地区，不同宗教信仰都在这块土地上发展，形成了自己的传统场域。传统的佛教、道家在宁夏有几千年的发展史，属本土宗教，元明以后，随着回族的形成与发展，伊斯兰教成为宁夏的主要宗教。近代以来，伴随着帝国主义的炮舰，基督教、天主教等也在宁夏开始传播，改革开放后，基督教、天主教的传播速度明显加快，信众人数增加，在宁夏的影响力逐渐加大。除此之外，宁夏还存在大量的民间信仰，成为宁夏人民群众宗教信仰的重要内容。宗教文化生态除体现在不同的人群规模、具体分布、居住格局以及服饰特色外，其外显的方面主要是通过一些物化的形式来彰显，寺院、道观、清真寺、祭祀场所、教堂等构成我们观察宗教文化生态的重要视角。从宁夏宗教生态分布看，伊斯兰教一教独大，居于重要地位，佛道教发展较慢，汉族群众信仰的大量民间宗教由于没有合法地位，发展受限，这种局面给基督教、天主教发展创造了条件，这也是近年来基督教、天主教在宁夏发展较快的一个重要原因。在推进回族伊斯兰教发展的同时，解决宁夏宗教文化生态不平衡问题，关注不同民族、不同个体的宗教信仰需求，探讨恢复道教、佛教传统生态的路径，学会用文化的方式解决人们的信仰需求问题，是我们在和谐宁夏建设中需要注意的第四个层面的文化生态问题。

总之，和谐宁夏建设需要引入文化视角，经济建设、社会建设对和谐宁夏建设非常重要，但和谐宁夏建设的关键还在于形成基本的价值共识和良好的文化生态。如果在文化建设中忽视主流文化的引领和对传统文化的现代改造，忽视地域文化中不同文化之间基于历史文化发展所形成的传统文化生态，人为改变文化生态特别是宗教文化生态，片面强调发展某种文化，急于形成特色，这种做法不但会削弱主流文化的影响力，消解经过多年的积累形成的中华民族认同和国家认同，同时，文化生态的变化也会对社会秩序产生较大的影响，从长远来看，对和谐宁夏建设也是有害的。

关于建立区域协同互动机制推进
丝绸之路经济带建设的设想

汪一鸣　牛国元

丝绸之路经济带是一个泛区域性概念，只有协作建设才能互惠共赢。要想形成"以点带面，从线到片，逐步形成区域大合作"的建设格局，迫切需要西部相关省区之间增强战略互信，形成有效的区域协同互动机制。在丝绸之路经济带建设中，宁夏有责任、有义务、有能力、有基础成为协同互动机制建立与实施的重要力量。

一、宁夏在丝路经济带建设中能够发挥重要作用的可能性

（一）宁夏是古代丝绸之路最短通道的重要节点

中外学者把古代沟通中国与西方（远至地中海沿岸亚非欧各国）的商路统称丝绸之路。丝绸之路历时至少 2000 余年，纵横至少 2 万公里。丝绸之路的开辟是人类文明史上一大创举，是沿线各国人民的集体创造，人们在大漠戈壁上"驰命走驿，不绝于时月"，在汪洋大海中"云帆高张，昼夜星驰"。千百年来，丝绸之路承载的和平合作、开放包容、互学互鉴、互利共赢精神薪火相传，对于促进中华文明与古代埃及文明、巴比伦文明、印度文明、波斯文明、希腊罗马文明、阿拉伯文明以及伊斯兰文明之间的交流起到了无可估量的巨大作用。

作者简介　汪一鸣，宁夏大学教授；牛国元，宁夏科技发展战略研究所研究员。

丝绸之路按线路分，有以下几类：

作为陆上丝绸之路主干道的沙漠绿洲丝绸之路，先起于中国的长安，后又东延至洛阳、开封、北京。其东段分中北南三条支道到达敦煌。宁夏自古就是中国西北要塞，古丝绸之路上，迁徙的游牧民族和中西亚贡使、商贾通过陆路频繁聚集于此。古代宁夏处于绿洲丝绸之路东段北道的必经之地，最早源于先秦、形成于汉、繁荣于南北朝、唐代的长安—原州（今固原市原州区）—凉州（今武威）道（萧关道），唐末宋初西夏时期的长安—灵州（今吴忠市利通区）—凉州道（灵州西域道），西夏、元代时期的长安—六盘山—兰州道、大都（今北京）—中兴府（今银川）—凉州道。元初意大利著名旅行家马可波罗就是由凉州直插中兴府而东去大都的。

丝绸之路东段北道虽然沿线人口不多、大城市少，但其有线路顺直距离短，较中道、南道具有路径便捷、地势平坦、地质情况相对简单（沿线很少发生山崩、塌方、滑坡、泥石流等地质灾害）等突出优点。当代太中银铁路、干武铁路、宝中铁路、定武高速公路、新疆通向东部的西气东输管道等都选择走这条线路。可以说，宁夏是丝绸之路最短通道的重要节点，汉代、盛唐的原州为丝绸之路名城，宋代、西夏、元代的灵州、中兴府更先后成为丝绸之路国内段的交通枢纽。

（二）宁夏地处丝绸之路经济带国内段的中枢区位

宁夏位于中国的大西北，历史上曾屡屡成为边关，然而，现在宁夏并不沿边，而是位于"中国之中"，因为如果我们在中国地图大陆的最东和最西端之间对折出一条中线，它一定纵贯宁夏，如果在大陆最北和最南端之间对折出一条中线，它一定横穿宁夏，也就是说，宁夏位于中国陆地的"几何中心"。鲜为人知的是，贺兰山—六盘山—龙门山—哀牢山山脉构成了中国地质地貌东西部的分界线，其中两座大山贺兰山、六盘山，就在宁夏境内。宁夏处于连接太平洋港口群与大西洋港口群的新亚欧大陆桥中心位置。穿越宁夏的太中银、干武等铁路正是孙中山《建国方略》中所提出的北方大港（天津港）西去亚欧非铁路主干线中的重要一段，是较之陇海等其他东西向铁路线距离最短的路线。新疆西气东输管道通过宁夏中卫市节点，并由此分别北送京津、东送沪宁杭长三角、南送广深香港珠三角。

宁夏处在连接中国与中东、中亚、非洲、欧洲的主要国际航线上，银川河东机场位于国际雅布赖航路上，1800 公里以内可以通达全国所有的省区市，3700 公里以内可以和中东地区、东南亚各个穆斯林国家联通。经过坚持不懈努力，2010 年连接银川和迪拜的航线开通，宁夏叩开了空中丝绸之路的大门。宁夏由此从对外开放的"后院"一跃变成"前庭"，一条满载人流、物流、信息流、资金流的便捷通道从此畅通。宁夏银川紧邻雅布赖国际航路，我国中西部地区经银川飞往阿拉伯国家的航班，比经北上广飞往的航班成本节约 20% 左右、时间节约 5 小时。全区已初步形成以银川为中心，铁路、高速、干线航线为主骨架，内畅外联、通江达海、联通全国的综合交通运输体系。目前，宁夏已开通 5 条国际航线，年运送旅客近 6万人。不少国外游客从西安到达宁夏，沿古丝绸之路向西一路游览，风光无限。

（三）宁夏参与丝路经济带建设有独特的人文优势和科技合作基础

宁夏回族先民沿丝绸之路而来，回族活动与丝绸之路息息相关。作为古丝绸之路东段北道上重要驿站，宁夏曾吸引大批波斯和阿拉伯客商驻足停留。作为"中国的穆斯林省"，宁夏与"一带一路"沿线的阿拉伯国家、穆斯林世界，在文化传统、宗教信仰、生活习俗等方面有诸多共同相通之处，宁夏与他们是共建"一带一路"的天然合作伙伴。如今，这个中国最大的回族聚居区，正在打造特色鲜明的穆斯林国际旅游目的地，以旅游为抓手积极融入"丝绸之路经济带"。宁夏阿语人才相对集中，适合发展对阿服务外包。目前，宁夏已成功举办了两届中阿大学校长论坛，成立了宁夏大学阿拉伯语学院、迪拜孔子学院，获教育部批准了阿拉伯国别研究培育中心；举办了五届中阿友好大会、中阿文化艺术节、2013 世界穆斯林旅行商大会和七届中国回商大会等活动，这些活动的有效开展为宁夏参与丝绸之路建设积攒了很好的人气。

宁夏在推进中阿科技合作方面有声有色。在防沙治沙、旱作节水农业及节水装备、中药回药等领域，宁夏与阿拉伯国家先后开展了具有地区性、公益性和互利性特点的科技合作项目，在技术推广与示范、资源转接、人员培训等方面取得了积极成效。共建"丝绸之路经济带"需要更多的信息化沟通，2011 年以来，中国·阿拉伯国家科技合作论坛在银川定期举办，为中国与阿拉伯国家搭建了一个研讨、交流和项目洽谈的平台，拓展了中阿科技合作与交流的渠道，宁夏与阿拉伯国家在清真食品加工、产品认证、植物药开发利用、太阳能发电、城市园林绿化等方面进行了实质性的科技合作与交流，标志着宁夏和阿拉伯国家科技合作与交流进入新的发展阶段。特别是随着阿拉伯国家在发展经济、改善民生、增强国力等方面科技需求的逐步加大，与我国企业"走出去"战略供需关系形成了良好对接，双方初步构建起政府主导、企业、高校、科研机构多方参与，技术贸易，技术援助、对外投资、合作研发等相互融合共同推进的科技合作新格局，这一切均为宁夏加快实施好丝绸之路科技创新行动奠定了基础。

二、宁夏建立协同互动机制推进丝路经济带建设的载体选择

围绕丝绸之路经济带建设中的不同功能定位，相关省区可采取试点探索、投石问路的方法，先行先试搭建有效载体，待取得成功经验后再逐步推开。根据宁夏的区情优势，可先行先试建设四个面向阿拉伯国家的丝路经济带建设试验示范区。

（一）建设中阿互联网经济试验示范区

宁夏建设中阿互联网经济试验示范区的有利条件是：一是宁夏已成为国家级内陆开放型经济试验区，银川综合保税区已建成运营，银川是中阿博览会永久会址；二是宁夏是国家工业信息化部确定的超大型数据中心建设区，宁夏已纳入国家云计算产业布局地。宁夏区政府已与阿联酋签订了为 2020 年迪拜世博会提供数据处理等信息业务的协议；三是宁夏中卫市正在建设北京中关村高新科技园中卫分园，已引入了西部云计算公司、全球最大的电子商务公司亚马逊公司、中国最大的电子商务公司阿里巴巴集团等信息技术企业；四是中国西部云计算基地、大数据中心已在银川开工建设，必将有效带动宁夏物联网、大数据、云计算产业的发展，将衍生形成新型的信息产业链。

宁夏中阿互联网经济试验示范区可先从跨境电子商务试点起步，通过依托信息技术实现中阿贸易投资全流程透明化，打造网上商品交易和金融

服务（包括现货、期贸、服务特色的贸易中心、定价中心、信息中心、结算中心、物流管理中心等内容），并与日常服务、监管等作业系统连为一体，为促进经贸合作提供全方位服务。在此基础上，还可开拓大数据产业、远程医疗、远程教育、在线旅游、网络文化娱乐等服务领域，最终为建成中阿贸易投资便利化示范区、中阿金融合作示范区、中阿人文交流合作示范区提供高水平信息服务。

（二）建设中阿新能源开发试验示范区

阿拉伯国家新能源资源异常丰富，中国与欧盟、美国共为全球三大风电区。宁夏在发展新能源方面具有独特的优势。宁夏与阿拉伯国家的地理条件有不少相似之处，同样拥有丰富的风能、太阳能资源以及风电、太阳能光伏发电所需的大量荒地，具有电网接入能力强的良好条件，具有一定的产业基础，已建成风电装机规模 356 万千瓦，占全国装机容量的 4.7%，太阳能光伏发电装机 160 万千瓦，占全国 16%，相对于宁夏国土面积仅占全国 0.54% 的比重，新能源开发位居全国前列。风电设备制造、太阳能光伏产业制造也已初具规模，形成相对完整的产业链。2012 年国家能源局批复宁夏为全国首个创建国家新能源综合示范区。鉴于宁夏与阿拉伯国家具有天然的友好合作关系，创建中阿合作新能源试验示范区，利用中国先进技术与阿方的资本潜力，优势互补，将是一种合作双赢的极好选择。可考虑选择中卫市沙坡头区西部荒漠化土地建设中阿合作新能源试验示范基地。可先行与某个阿拉伯国家（如阿联酋）合作，双方共同投资、共同研发，合作培训技术人员，同时在对方认为合适的地点筹建试验示范基地，以此为基点发挥辐射效应。同时，要努力推动落户宁夏的太阳能开发设备制造企业，不断研发新工艺、生产新产品，适时走出去参与阿拉伯国家新能源开发。

（三）建设中阿生态农业及防沙治沙试验示范区

宁夏与阿拉伯国家同为干旱半干旱地区的生态脆弱带，发展农林牧受到水资源不足的严重制约，生态环境保护与重建也面临严峻形势，在应对全球气候变化问题方面面临着共同的挑战。水资源严重短缺的宁夏在建设节水型社会方面进行了一系列实质性的探索，已成为中国首个省级节水型社会建设试点；依靠科技治沙使宁夏实现了沙漠治理速度大于沙漠化速度的历史性转变，在全国率先实现了"人进沙退"的逆转，已被确定为全国防沙治沙综合示范区。宁夏在建设北部现代农业示范区、中部高效节水农业示范区和南部生态农业示范区方面均已积累了很好的经验。宁夏在发展生态农业及防沙治沙方面所积累的经验，对于阿拉伯国家而言都是希望加强科技合作的重点所在。进一步依托丝绸之路沿途省区高校、科研机构，开展中阿在现代农业开发、生态建设，特别是在防沙治沙等领域的全面合作，将具有积极的合作空间。

三、建立推进丝路经济带建设区域协同机制的具体设想

（一）建立丝绸之路经济带沿途相关省区高层协商机制

和谐的区域经济合作离不开高层的支持。建立丝绸之路经济带沿途相关省区定期的高层协商机制和多层次联系的协调机构，加强相关部门高层之间的互访与对话，求同存异，有助于增进信任，使沿途相关省区的互惠互赢合作有稳固的基础。应尽快成立由沿途相关省区党政主要领导参与的"西北地区协同推进丝绸之路建设工作领导小组"，形成联席会议制度。重要职责是：建立稳定和高效的操作协调机制，协商解决推进丝绸之路经济带建设面临的重大问题；组建丝绸之路建设战略联盟，定期不定期举办高层论坛，就政策制定、文化交流、科技合作、环境共建等重大项目合作进行战略谋划。

（二）有效整合丝路经济带沿途省区区域内资源

一要整合区域内制度和政策。要加快丝绸之路经济带沿途相关省区经济、社会、生态等各个领域在功能层面上的政策整合，彻底清除市场壁垒、打破行政分割，着力营造无差异的区域发展政策环境；要创造性地引入政策分区空间管制理念，按照丝路经济带沿途相关省区经济、社会、生态环境与产业、交通等发展的要求，将沿途相关省区区域内生态环境、城镇、产业与重大基础设施地区划分为几类政策区，不同分区实行不同的空间管制，实施不同的引导和控制要求，使区域规划的空间政策整合更具可操作性。

二要整合区域内交通、通讯等基础设施的统筹与管理，实现基础设

一体化。基础设施的一体化是丝路沿途相关省区区域协作的基本架构，交通、通讯是推进丝路经济带沿途相关省区区域协作的重要基础，也应该是区域整体规划的核心，便利的交通和通讯可以改变丝路经济带沿途相关省区资源的空间分布状态，促进产业与资本落户，增大区域发展机遇。完善的交通运输网络，有利于降低交通运输时间和成本，从而增加丝路经济带沿途相关省区经济的竞争力。

三要整合区域内旅游资源。丝路经济带沿途相关省区旅游资源比较丰富，具有厚重的历史文化、浓郁的民族风情、神奇的自然山水、便捷的旅游交通。要尽快成立丝路经济带沿途省区旅游经济协作区合作联盟，行之有效的整合区域内旅游资源，打好丝路经济带旅游这张牌。

四要合理开发区域内的水利资源。从目前来看，丝路经济带沿途省区的工农业究竟如何发展，在何处发展，能发展到什么程度，最终都要受水资源因素的制约。在某种意义上也可以说，这是有多少水、办多少经济事业、养活多少人的问题，而丝路经济带沿途省区（尤以西北为甚）水资源的严峻性已到了无法回避的程度。因此，丝路经济带沿途省区在水利资源的开发中要树立一盘棋的思想，统一规划，互利互惠。比如围绕黄河上游黑山峡河段的开发方案，因存在多种争议历经近六十年论证仍然没有结果，这不能不说是一种很大的遗憾。

五要整合区域内矿产资源。丝路经济带相关省区矿产资源丰富，要加快整合区域内矿产资源，走规模化、集约化、综合开发利用的可持续发展道路。

六要整合区域内的人力资源。丝路经济带沿途省区普遍存在人才总量相对不足、人才结构不合理、人才分布不合理，引不进、留不住的矛盾突出。要整合沿途省区人力资源，大力开发区域人力资源，加大区域内的人才流动，打造人力资源网络共享平台，实现人才供需信息的共享和交流。

（三）构建丝绸之路经济带区域协作利益分享协调机制

利益分享补偿机制是丝绸之路经济带区域协作的助推器，是促进丝绸之路经济带区域经济合作的关键。在经济活动与社会活动中的行为主体，出于理性都会去关心自己现实和未来的利益。要实现丝绸之路经济带沿途相关省区局部利益与总体利益的协调统一，就必须建立能够使利益各方在局部与全局、局部与局部之间合理分配的制度，能否协调好相关省区和功能区的利益关系是能否发挥有效协作的关键。区域协作，核心就是利益，在丝绸之路经济带相关省区之间建立利益分享机制，就要在承认各省区利益的前提下，强调合作、协调、统筹。丝绸之路经济带沿途相关省区区域合作中获益较多的地区应给予获益较少的省区以一定量的利益补偿，利益补偿形式应该是多样性的，以达到区域整体利益与地区自身利益的协调。

（四）创新丝绸之路经济带区域协作评价激励机制

丝绸之路经济带沿途相关省区要进一步改变现有的政府政绩评价指标体系，确立丝绸之路经济带地区及整个区域在内的绿色 GDP 和构建和谐社会的政绩评价指标体系，以引导并不断优化丝绸之路经济带沿途相关省区地方政府和区域一体化合作组织的政策或行为取向；对丝绸之路经济带建设合作发展红利（区域一体化协作前后经济、社会、生态等综合效益的正差额）有突出贡献的地方政府、区域合作组织甚至个人，都应给予一定的物质或精神激励。

（五）争取国家支持搭建丝路建设国际引资引智政府平台

一要积极争取国家支持丝路经济带沿途省区引入阿拉伯国家办事机构。外国办事机构是对外开放及国家之间科技合作与交流的桥梁和纽带，是招商引资和招贤引智的重要平台。要设法争取国家外交部、国家商务部全面支持丝路经济带沿途省区加强与有关国家的沟通，逐步吸引一批阿拉伯国家办事机构落户丝路经济带沿途省区。

二要积极争取国家支持省部共建中阿国际科技合作交流联络办公室。丝路经济带沿途省区要设法争取和国家科技部联合共建中阿国际科技合作交流联络办公室，办公室由丝路经济带沿途省区政府和国家科技部协商共同管理，办公室地点设在国家科技部。办公室的具体职责是结合中阿科技合作和我国向西开放的目标任务，及时掌握收集有关信息，重点建好中阿科技合作交流信息库，主动寻求与阿拉伯有关国家和地区建立科技合作交流渠道，开展有效活动，以满足我国政府向西开放及相关省区参与丝绸之路经济带建设的迫切需要。

三要争取国家支持建设丝绸之路战略研究平台。按照"共建、共商、共享"的原则，争取国家支持率先在宁夏建立承担区域共性任务的丝绸之路经济带战略研究院，立足国际化战略高度，为丝绸之路经济带建设开展前瞻性、全局性、战略性研究，为各建设主体提供全方位的服务，为决策主体提供智力支持。

宁夏推进"多规合一"思路研究

白　华　李卫东　吴灵捷　艾红兵　白建军

2013 年习近平总书记在中央经济工作会议上提出 "要加快规划体制改革，健全空间规划体系，积极推进市县'多规合一'，做到一个市县一张规划图，一张蓝图干到底"的思路。随后，国家发展改革委、住房城乡建设部、国土资源部、环境保护部在全国选择了 28 个市县开展试点。宁夏和海南是全国最早以省为单位开展"多规合一"试点的省区。

一、推进"多规合一"势在必行

"十二五"以来，全区已编和在编规划 1300 多项，其中，10% 的规划编完之后即束之高阁，编制完成的规划近 50% 未经批准，只有不足 20% 的规划按程序批准并能够落地实施。主要问题：一是体系性差。由于缺乏统一的编制标准和编制要求，部门之间各自为政多头编制、重复编制，规划之间没有考虑衔接，造成规划数量庞大、层次不清、体系不明，打架现象严重。二是规划缺位。促进区域一体化发展的跨区域性规划编制不足，详

作者简介　白华，宁夏回族自治区党委副秘书长、政策研究室主任、改革办专职副主任；李卫东，宁夏回族自治区人民政府副秘书长、规划管理委员会办公室主任；吴灵捷，宁夏回族自治区党委政策研究室社会发展处处长；艾红兵，宁夏回族自治区规划管理委员会办公室综合处处长；白建军，宁夏回族自治区规划管理委员会办公室规划处主任科员。

细规划与城市设计严重缺失，产业布局规划、市政基础设施规划、历史文化街区保护等专项空间规划缺乏。三是实施性差。由于规划的编制、审查、论证和批准全过程基本上由一个部门完成，缺少监督和约束，规划编制的随意性很强，大量的规划严重脱离实际，难以实施。

规划多、规划乱、规划实施难，既有执行层面的原因，也有规划编制本身的问题，但最根本的是法规和体制层面的问题。据不完全统计，国家层面涉及规划编制的法律法规超过 60 余项。80% 的规划都是依据相关法规编制的，法律法规之间的矛盾是造成规划矛盾的根本原因所在。一是规划期限不同。国民经济和社会发展规划期限一般为 5 年，土地利用总体规划期限一般为 15 年，城乡规划期限一般为 20 年。按照规定，土地利用总体规划和城乡规划要依据国民经济和社会发展规划进行编制，城乡规划需要与土地利用总体规划相衔接，即期限较长的规划要将期限较短的规划作为目标和依据。二是编制管理要求不同。土地利用总体规划严格按照自上而下的方式进行编制，建设用地实行总量控制，指标逐级下达，通过年度计划实行过程控制，国家建立全国土地管理信息系统，对土地利用状况进行动态监测。城乡规划具有相对严谨的规划体系，但是上层规划对下层次规划主要发挥的是指导作用，地方政府在规划编制、实施过程当中具有较强的话语权和决策权，不要求建立全国或省级统一的城乡规划管理信息系统，规划实施更多采取事后监督方式。法律法规决定的土规与城规在管控方式上的较大差异，在省级层面难以协调。三是规划范围不同。土地利用总体规划、林业长远规划、环境保护规划等规划范围基本实现了全域覆盖，对所有重点要素的全面管控；城乡规划不强调全域覆盖，规划范围与行政区域未必一致，各层级城乡规划之间相对独立，城乡规划对规划范围以外的建设行为缺乏有效管控，在空间要素统筹上难以有效发挥作用。四是法定规划数量难以减少。由于大多数空间规划都有法律法规上的编制要求，部分规划还会作为国家给予项目和资金支持的必要条件，法规不突破，规划难以真正合一或减少。

除法律法规方面的规定矛盾外，规划编制身的标准不统一也是造成规划矛盾的重要因素。一是坐标体系不同。城乡规划一般采用地方坐标系，土地利用规划采用西安 80 坐标系，电力设施等部分专业规划采用北京 54 坐标系，生态保护红线划定则要求采用北京 2000 坐标系，规划之间的信息共享、交换、比对存在障碍。二是用地分类标准不同。城乡规划与土地利用总体规划的建设用地分类标准差异较大，宁夏全区城乡规划和产业园区规划与土地利用总体规划建设用地的 14.7 万块差异图斑中，除了规划期限、规划范围不一致造成的差异外，建设用地分类标准不同也是差异的主要来源之一。此外，《林地分类》（LY-T1812—2009）与《土地利用现状分类》（GBT21010—2007）对林地的认定也存在较大差异，宁夏林业部门确定的全区 2009 年现状林地面积 185.2 万公顷，而国土部门在土地二调中确定的全区现状林地面积 77.5 万公顷，差异巨大。三是统计口径不一致。按照《城市用地分类与规划建设用地标准》（GB 50137—2011），城乡规划中的常住人口定义为"户籍人口数量与半年以上的暂住人口数量之和"，第六次全国人口普查使用的常住人口定义为"户口在本辖区人也在本辖区居住+户口在本辖区之外但在户口登记地半年以上的人+户口待定（无户口和口袋户口）+户口在本辖区但离开本辖区半年以下的人"，由于统计口径的不一致，基础数据和预测结果必然出现差异。四是入库标准不同。土地利用规划有全国统一的入库标准，林业规划、环境保护涉及的自然保护区和水源地规划、宁夏国省道网规划、水利规划均有各自的入库标准，城乡规划编制成果则由各个城市自行制定入库标准，难以实现"一张图"管理和监督，规划信息共享、叠加分析和差异比对也存在障碍。

习近平总书记在北京市规划展览馆考察时曾强调："考察一个城市首先看规划，规划科学是最大的效益，规划失误是最大的浪费，规划折腾是最大的忌讳"，可谓切中现实之弊。事实上，城市发展中的规划失误、决策失误情况在不少地方都发生过。不是说每项规划都必须十全十美、万无一失，任何决策都容不得半点差错、不能交丁点学费，关键是，如何最大限度地降低规划失误率，如何从制度上杜绝"拍脑袋决策，拍胸脯保证，拍屁股走人"的现象，确保"一张蓝图绘到底"，而要想绘到底，要是"一张蓝图"，各唱各的调、各吹各的号显然不行。

二、宁夏和海南省"多规合一"的实践

(一)海南省"多规合一"的情况

海南省通过分析经济社会发展和产业发展规划、资源环境约束性规划、重大基础设施规划、空间规划等四大类规划的差异，开展发展战略、资源环境保护、产业发展等 32 项专题研究，分战略、布局、管控三个层面编制《海南省总体规划》。在此基础上，启动建设全省"多规合一"信息管理平台，实现空间规划信息数据资源的集中管理，深化行政审批制度改革。各市县通过全面落实《海南省总体规划》，协调消除规划矛盾实现市县域"多规合一"。

2015 年 3 月，海南省正式开展"多规合一"工作，计划用一年时间编制完成《海南省总体规划》。省委将此项工作列入 2015 年重点改革任务，成立了省长任组长、主管副省长任办公室主任的工作领导小组，从 11 个部门抽调专人集中办公。刘赐贵省长亲自带队赴中央改革办、住建部、国土部等 11 个部委争取试点政策支持，6 月 5 日，中央改革办正式批复，海南省开展省域"多规合一"全国试点。海南省计划 2015 年 10 月向国家部委汇报《海南省总体规划》，2016 年 1 月报省人大常委会审议，2 月规划信息管理系统全面投入运行，适时立法确定《海南省总体规划》法律地位。

海南省提出在六个方面发挥示范、突破、带动作用，为全国提供可复制经验。一是突破行政壁垒，在区域统筹上形成示范；二是划定生态红线，在生态文明建设上形成示范；三是大力推进风情小镇建设，在新型城镇化上形成示范；四是统筹社会政策，在推进基本公共服务均等化上形成示范；五是在省域"多规合一"规划战略引领和刚性约束上形成示范；六是建立统一的空间规划体系和信息平台，在空间规划体制改革，提高政府行政效能上形成示范。

海南省提出在五个方面争取国家政策支持。一是法律法规方面，在有利于"多规合一"工作的前提下，建议国家在海南省暂停相关法律法规条款；二是简政放权方面，争取国家简化项目审批程序，以规划代项目立项，将《海南省总体规划》编制过程中谋划生成的一批"十三五"重大项目纳

入国家盘子；三是产业准入方面，争取国家在产业准入方面给予支持，简化土地利用规划、城乡规划、林业规划等规划的审批和调整程序；四是生态文明建设方面，向国家申请将海南省生态保护红线区域纳入国家生态补偿范围；五是把自由贸易区、"一带一路"创新发展区等纳入《海南省总体规划》，争取国家支持。目前，这些争取工作还未有进展。

（二）宁夏开展"多规合一"情况

宁夏2013年6月启动编制了《宁夏空间发展战略规划》，2015年1月自治区人民代表大会通过，出台了《宁夏回族自治区空间规划条例》明确了编制、修改程序，保障规划实施。以《宁夏空间发展战略规划》为统领，宁夏于2013年底在全域启动了"三规合一"暨"多规融合"工作。通过对国民经济与社会发展规划、城乡规划、土地利用总体规划的差异分析，融合产业发展、环境保护、生态保护、交通等基础设施规划，形成空间规划"一张图"管理。同时推进配套规划编制、信息平台搭建、保障政策创新、特色风貌塑造等重点工作，推动规划建设行政审批制度改革和规划管理精细化，构建衔接紧密、协同联动、互为支撑的空间规划体系。

由于宁夏"多规合一"工作领导重视、启动早、推进快，目前各项工作已走在全国前列。一是"多规"协同已基本完成。规划矛盾协调基本完成，各市县算清了人口与用地、生态、产业和基础设施规模账，初步划定了生产、生活、生态空间。二是编制配套规划。在对"十二五"以来全区编制的各类规划评估分析的基础上，梳理出了发展规划和空间规划两套体系。2015年5月启动了空间规划体系规划编制工作，计划用1年左右时间，编制完成134项规划。三是搭建信息平台。启动了全区规划信息平台建设，整合规划编制、审查、决策、协同、实施、监督、公开七大功能，连接市县，覆盖部门，实现各类规划要素在一个平台上叠加，信息联动共享，规划建设全过程动态管控。四是优化审批流程。依托"多规合一"成果，利用规划信息化平台，搭建自治区、市、县三级纵向联动、各厅局横向协同的"王"字形服务架构，建立"单一窗口"报审、网上并联审批模式。经过优化再造，从项目建议书到施工许可阶段，审批时限自治区级由138日缩短至49日，市县由176日缩短至84日；审批环节由22个精简到

119

13个；申报材料由163个精简到54个。五是研究保障机制。5月起，自治区改革办、规划办组成课题组，深入各市县、部门开展工作调研，通过分析《宁夏空间发展战略规划》实施的问题，初步提出建立规划协调、招商引资统筹调整、项目资金重点扶持、生态环境补偿、差异化绩效考核、规划监督等机制。六是塑造特色风貌。2014年7月起，在充分调研的基础上，结合各市自然风貌、人文历史、地域特色，细致设计五市城市特色风貌，编制城市景观控制和重点区域环境风貌标准导则，为城市精细化管理奠定了基础。七是加强工作对接。自治区人大、政协将于今年9月和11月开展空间规划实施情况视察、调研，监督规划落实。5月28日住房城乡建设部调研组调研了宁夏"多规合一"工作；7月25日在宁夏召开全国"多规合一"试点工作座谈会，陈政高部长亲自参加，宁夏做经验介绍；9月确定宁夏为"多规合一"省级试点。

三、深化宁夏"多规合一"工作的思考

"多规合一"是中央城镇化工作会议、中央经济工作会议、优化国土空间格局的新要求，自治区党委十一届三次、四次、五次全会均做出部署，作为宁夏全面深化改革的重要任务。宁夏"多规合一"工作开展了近一年，大量的基础工作已经完成，只有持续推进，才能划定"红线"和"底线"，在管控层面落实《宁夏空间发展战略规划》，实现全区"一盘棋"的发展思路，优化国土空间布局和资源配置。

（一）积极争取国家试点

一是有利于争取国家政策支持。结合海南省试点经验，计划在五个方面争取国家政策支持。法律法规方面，在有利于"多规合一"工作的前提下，暂停相关法律法规条款在宁夏实施，争取国家有关部门简化土地利用、城乡规划、林业规划等总体规划的审批备案程序。简政放权方面，按照《宁夏空间发展战略规划》，在不突破建设用地总规模和年度指标的前提下，放宽用地指标控制条件，允许调剂使用。财税政策方面，争取国家扩大一般性转移支付规模，减少专项转移支付。精准扶贫方面，争取国家将六盘山集中连片贫困地区纳入国家生态补偿范围，支持宁夏在统一的空间布局

下山川互济，解决中南部地区困难群众脱贫致富。对外开放方面，争取将中阿（中海）自由贸易区、甘塘国家能源战略储备基地等《宁夏空间发展战略规划》确定的重大战略，纳入国家"十三五"规划，在政策创新、油气资源调配等方面予以支持。

二是有利于保障空间规划落实。首先，争取国家试点，能够进一步在全区上下统一思想、凝聚共识，增强各市县、各部门工作的积极性和主动性。其次，中央批准宁夏试点方案后，能够使《宁夏空间发展战略规划》在中央层面得到认可，使规划确定的发展空间布局得以固定，维护空间发展战略规划的稳定性和严肃性。最后，通过"多规合一"划定控制线，使空间规划的战略布局在各专项规划中得以贯彻，落实在国土空间的坐标上，达到有效管控的目的。

三是有利于优化发展环境。争取国家试点，能够使宁夏"多规合一"工作成果在国家层面上得到认可，在法律法规上消除规划之间的矛盾，确保"多规"长效"合一"。通过试点改革，从根本上解决规划管理体制中多头管理、各自为政等问题，提高行政审批效能。试点改革的持续推进，完善规划的法律监督、行政监督、公共监督机制，搭建全过程监督平台，能够为新型城镇化的有序推进和规划管理精细化提供保障。

（二）开展试点的主要内容

根据目前宁夏"多规合一"的推进情况，结合中央改革办和经济生态小组的意见建议，在试点的内容和侧重点上，建议可以通过两套方案分步推进。

方案一：在现行法律法规和体制机制框架下，按照宁夏"多规合一"工作思路和工作方案继续推进。一是持续深化工作成果。围绕《宁夏空间发展战略规划》落实，继续推进配套规划编制和行政审批制度改革。完善规划协调、招商引资全区统筹、项目资金按区域功能重点扶持、生态环境横向补偿、差异化绩效考核、规划监督等机制。二是强化市县规划管理。推动各市设立规划管理委员会，促进规划管理部门由城乡规划管理向综合规划管理转变。各县设立规划局，强化规划管理。推进自治区—市—县（市、区）三级联动的行政审批制度改革，提升行政审批效能。三是搭建信息平台。依托政务公共云平台，建设规划管理信息平台，实现全域空间规划的"一张图"管理和规划建设全过程动态管控。四是确保落实。严格执行自治区人大常委会批准通过的《宁夏回族自治区空间发展战略规划条例》，制定配套细则，强化规划的编制、实施和监督管理的日常工作。

该方案有利的一面在于不突破现行法律法规要求和体制框架，一定程度上能够促进行政效能提升，影响面较小，推进相对容易。不利的一面在于不能从根本上解决规划管理中存在的深层次问题。

方案二：打破现行法律法规和体制机制，改革规划管理体制改革，调整规划管理事权，强化规划的执行落实。一是强化规划统一性。以《宁夏空间发展战略规划》为纲，重构规划体系，一个部门、一个市县一个规划。统一规划编制期限，建立新的用地分类、规划编制和成果入库标准，形成一套标准体系。二是调整规划管理事权。按照"把住红线，守住底线"的要求，对现有规划编制、审查、批准、实施、监督等环节的事权进行调整，自治区规委会确定规划编制名录、审查规划成果，规划的编制和实施仍按原有部门职能执行。除银川市外，市县总体规划由自治区政府批准。三是加强区域统筹。推进全区一体化发展，各市县重点工业项目、重大基础设施建设项目、总体规划调整对照《宁夏空间发展战略规划》进行合规性审查，按照规划布局安排用地指标，在统一的空间布局下落实项目。四是加强规划执行。自治区人大监督部门和各市规划落实，五市人大监督所属县区规划落实。自治区通过规划信息平台，实时动态监督各部门、市县规划编制、项目生成、土地出让、项目审批、项目实施全过程，对违反规划情况提请自治区党委、政府问责。强化规划制定社会公示制、规划修改听证制、规划执行报告制等制度，扩大规划编制实施的公众参与面，提升规划的权威性和严肃性。

该方案的有利之处在于能够从根本上解决规划"打架"的问题，实现"一本规划管到底"的目标，能够为国家"多规合一"在规划编制标准、监督管理体制上提供较好的示范。不利之处在于影响面过大，涉及法律法规、技术标准、事权调整等一系列重大问题，有的法律法规授权事项的调整需要中央授权。

宁夏人力资源服务业发展报告

鲁　涛

目前，宁夏全区登记注册的各类人力资源服务机构近 251 家，公共人才服务机构 41 家，经营性人力资源服务企业 210 家，从业人员近万人，1/3 的从业人员取得了国家和自治区的从业资格，设立固定招聘场所 159 个，建立人力资源服务网站 39 个，初步形成了遍布全区、涵盖不同人群的市场服务体系。

一、宁夏人力资源服务业发展的基本情况

（一）区分特点

宁夏人力资源服务业发展相对缓慢，经过多年的努力，特别是两厅合并以来，在党中央、国务院的正确领导和国家有关部委的大力支持下，自治区党委、政府认真贯彻落实科学发展观，解放思想，抢抓机遇，开拓创新，着力打造我国西部现代产业聚集区、统筹城乡发展示范区、生态文明先行区、内陆开放试验区、民族团结进步和谐区，全力推进经济社会科学发展、跨越发展，改革开放和社会主义现代化建设取得了新的成就，也为人力资源产业的发展创造了机遇和条件，出台和准备出台一系列政策，规

作者简介　鲁涛，宁夏回族自治区人力资源和社会保障厅人才开发与市场处调研员。

划和准备规划一系列项目，人力资源市场化格局基本成型，各项人力资源服务推进有力，呈现出公共服务为主，经营性服务为辅，劳务经济人组织、行业协会活跃的特点。一是各级人力资源和社会保障部门经办的公共人力资源服务机构在人力资源服务中占主导地位，是发展人力资源服务业的主要力量，这些机构管理规范，运行健康。二是经营性人力资源服务机构作为人力资源服务业的有效补充，近年来发展迅速，市场需求不断加大，申请人力资源服务许可的单位和个人也比较多，但市场份额还是很小，生存空间有限。三是人力资源行业协会活动积极，市场作用明显，各县（区）劳务经济人组织比较活跃，成为当地转移就业，劳务输出的主要承担者。

（二）特色引领

精心筹划建设中国（宁夏）人力资源发展促进中心。2013 年 10 月 24 日，自治区主席办公会议确定启动中国（宁夏）人力资源发展促进中心建设后，宁夏人社厅党组高度重视。一是专门专题会议进行了研究部署，并成立了项目协调领导小组，从厅机关内部抽调了 3 名工作人员组成筹建办公室，专门负责项目的内外协调和日常工作。二是由分管副厅长带队，会同宁夏建筑设计院设计人员赴天津进行专题考察学习，解中国（天津）人力资源发展促进中心的运行情况，并借鉴参照"天津模式"，制定《中国（宁夏）人力资源发展促进中心的初步建设方案》。三是专题向自治区发改委有关领导进行了汇报，经初步研究，拟对中国（宁夏）人力资源发展促进中心按照创业就业服务、人力资源服务、人事人才服务、社会保障服务、信息咨询服务、综合管理服务六大功能进行定位。四是为确保项目顺利进展，组织人员前往上海、重庆、江苏等地进行考察学习，对宁夏的项目建设方案进一步补充完善。五是领导专程去国家人社部进行专题汇报，争取部区共建，并授挂"中国"牌号。六是前期紧张有序的工作形成了科学合理的功能定位和设计规划，3 月 4 日经自治区人力资源和社会保障厅领导会商后，中心的基本功能设置在厅范围内初步有了定论。七是 4 月 21 日邀请天津人力资源促进中心的专家来宁夏进行现场论证和指导，基本形成了中国（宁夏）人力资源发展促进中心功能规划：围绕国家向西开放战略和西部大开发战略，依托中阿论坛平台，开辟通往阿拉伯国家的人力资源通道，打造"两区"人力资源服务高地。中心集"多功能的人力资源市场、综合性的服务保障平台、规范化的考试培训基地、引领性的人力资源产业园区"等功能于一体，集聚优势产业，拓展服务业态，打造"西部领先，国内一流，面向全球"的人力资源服务基地。目前仍处于筹建阶段。

（三）政策支撑

在原来出台的《宁夏回族自治区劳动力市场管理规定》和《宁夏回族自治区人才市场条例》的基础上，沿用和汲取了符合实际的市场管理办法，进一步完善了流动人员人事代理、下岗失业人员档案托管、就业援助和非公专业技术人员职务资格评审等政策办法，加强了市场的监督和管理，促进了个体私营人力资源服务业的发展。各级人力资源社会保障部门稳步推进统一规范灵活的人力资源市场建设，加快整合人才市场和劳动力市场，在统一市场管理、健全法规体系、完善政策制度等方面，做了大量有益探索，总结了许多新鲜经验。2011 年 5 月，为推动全国各地经验交流，国家人力资源社会保障部人力资源市场司转发了宁夏回族自治区人力资源社会保障厅《关于我区人力资源服务机构管理及有关问题的通知》，这是对宁夏人力资源市场管理工作的充分肯定，也为我们做好下一步工作提供了强大的动力。为贯彻落实十八届三中全会总要求，根据《人力资源社会保障部关于加快推进人力资源市场整合的意见》人社部发〔2013〕18 号文件精神，自治区政府办公厅于 2014 年 3 月 31 日印发了《关于加快推进人力资源市场整合改革的意见》，4 月 9 日在厅组织召开的全区就业工作视频会上对《意见》进行了政策解读，并对下一步贯彻落实提出了具体要求，近期准备会同自治区政府督察室对全区人力资源市场整合工作的推进情况进行督察，推进全区人力资源市场整合工作落实。根据宁夏人力资源产业发展现状，我们在充分调研的基础上出台了《自治区加快人力资源服务业发展的意见》，对宁夏当前和今后一个时期人力资源产业进行了安排部署。

（四）有效整合

2011 年 9 月 24 日，宁夏人力资源开发服务局正式挂牌成立。该局由原来的宁夏人才交流中心和宁夏职业介绍服务中心合并组成。宁夏人力资源开发服务局的成立运行标志着自治区本级人才市场、劳动力市场已经整合统一，标志着建立规范统一的人力资源市场的目标已经实现，也标志着自治区公共就业和人才服务工作实现了有机融合。全区预期目标是2015年基本完成政府所属人才市场和劳动力市场的资源整合，提高管理水平和服务效率，健全人力资源市场管理制度，提升公共就业和人才服务水平，促进人力资源服务产业健康发展，规范人力资源市场秩序，建立健全功能完善、机制健全、运行有序、服务规范的人力资源市场体系。

（五）科学规划

在区市人社部门的积极努力下，建立了宁夏人才网和五市人力资源信息网络中心数据库，通过市、县（区）、街道（乡镇）、社区（乡村）"四级"就业服务信息联网,初步实现了人力资源信息广覆盖、多幅射，部分市、县、区实现了就业信息共享和人力资源网上服务。为加快宁夏人力资源市场建设步伐，2010年宁夏4个市县（区）和16个乡镇已争取到国家人力资源市场和社会保障服务的试点建设项目，建设规模分别为5000平方米和300平方米，项目建设今年已全面启动。建设项目的启动为建立统一规范的人力资源市场起到了示范引领作用，推动了人力资源市场的向前发展。

（六）强化培训

加强人力资源市场管理队伍建设，提升公共就业服务机构及民营服务机构从业人员素质。从2011年开始，我们每年6、7月份，组织全区人力资源服务机构的从业人员培训，学员通过考试获得"宁夏回族自治区人力资源服务机构从业人员资格证书"。

（七）严格监管

为了加强人力资源服务机构的监督和管理，保障人力资源服务机构健康发展，我们从三个方面强化日常监管。一是统一换发许可。2010年根据人力资源和社会保障部人力资源市场司《关于做好换发人力资源服务许可证有关工作的函》，对全区职业中介机构和人才中介机构统一换发了全国统一的人力资源服务许可证。为了进一步规范人力资源市场，每年自治区人力资源和社会保障厅都联合自治区公安厅和自治区工商局对全区人力资源市场进行了清理整顿。二是组织单位年检。每年我们都按照属地管理原则和"谁审批、谁发证、谁年检"的原则，规定每年3月31日前对领取了人力资源服务许可证的经营性、公益性人力资源服务机构从人力资源服务业开展情况、从业人员上岗情况、从业人员社会保险缴纳情况、诚信守法经营情况等四个方面进行年检。三是开展诚信服务。我们积极推进市场诚信体系建设，开展诚信人力资源服务机构创建活动，每年组织公共就业人才服务工作人员培训教育，提升工作人员业务能力和服务水平。不断加强人力资源市场监测工作，整顿、清理非法职业中介机构，依法维护劳动者合法权益。通过开展人力资源服务机构违规违法问题专项整治活动，对市场准入、企业年检、行业自律和市场信用体系建设进行了安排部署。

二、存在的困难和问题

宁夏人力资源市场民营服务机构发展刚刚起步，公共服务机构一直主导市场发展，相对而言竞争压力小，业务多为普通的职业介绍、人才招聘、信息广告，人事劳动代理等粗放型服务，服务水平低，功能不健全，社会化程度不高，对人才测评、管理咨询、人力资源开发管理、网络招聘、人事管理、高级人才寻访等新兴业务开展缓慢，高端市场尚未得到开发。一些县（区）服务设施落后，网络建设缓慢，信息传递不灵，与市场信息化发展差距较大。大部分民办服务机构经营条件简陋，信息来源少，目前尚无力和公共服务机构竞争，处于缓慢发展阶段。服务机构从业人员，大多未受过系统的人力资源服务培训，对人力资源政策法规和相关知识缺乏了解，不具备从业人员资格，在职业介绍、职业指导、职业培训、人才配置方面难以胜任高层次服务，影响了宁夏人力资源市场整体水平的提高。

三、改进措施

（一）完善政策

适时开展《宁夏回族自治区人才资源市场管理条例》的立法工作，以立法形式建立人力资源市场的基本管理框架，明确人力资源市场化公共就业服务体系的性质、职能、目标任务、保障制度，确立鼓励市场经营性机构发展的基本原则，细化《劳动法》《就业促进法》《劳动合同法》等法律中的有关人力资源市场管理的内容。制定促进人力资源服务业发展的意见，建立促进人力资源服务业发展的政策体系和支撑体系。

（二）全面整合

努力推动市场机构的整合，加快人力资源市场的建设步伐。重点整合市县人力资源市场，对各市人才交流中心（高校毕业生就业市场）和职业介绍中心我们准备进行合并，整合后统一名称为各市公共就业（人才）服务中心，同时加挂各市人力资源市场牌子，主要业务同自治区人力资源服务与开发局业务相一致。对于各县（区），我们准备在原有服务机构的基础上，成立或整合为综合性公共就业（人才）服务中心机构。其中街道、乡镇、社区（人才）服务机构以公共就业为主，完善劳动保障事务所和工作站工作职责，提高人员素质，完善服务功能，切实承担起基础性人力资源社会保障服务、就业援助、就业与失业登记以及人力资源动态管理等工作职能。组织管理上，自治区本级，业务归厅里人力资源市场处管理指导；市、县（区）公共就业（人才）服务机构分别接受上级人力资源和社会保障部门的监督管理。

（三）强化监管

会同劳动监察局（大队）组织开展人力资源市场清理整顿工作，坚持并积极开展人力资源服务机构年检和诚信服务活动，加大市场监管力度，加强人力资源市场管理队伍建设，制订计划并组织开展市场管理人员培训和市场从业人员资格培训，建立专业化的人力资源管理和服务队伍。

（四）信息共享

信息化网络建设，是人力资源市场建设的基础性工作，是实现劳动力和人才供求联系的重要手段。借助社会保障"一卡通"平台，实现上下联网和区内外互联，使有形市场与无形市场有机结合，实现全区人力资源信息共享。

民族区域自治制度在宁夏的实践及经验

陈凤林

习近平总书记在第四次中央民族工作会议上指出："民族区域自治是党的政策的源头，我们的民族政策都是由此而来，依此而存，必须坚持和完善民族区域自治制度。"在新的历史时期，坚持好、贯彻好、发展好这一制度是民族区域自治地方的重大使命。宁夏作为全国五个少数民族自治区之一，无论是在民族区域自治制度的建立，还是在民族区域自治制度的贯彻与落实方面，都有着突出的贡献。当前，总结好民族区域自治制度的鲜活经验，对于我们进一步深化发展民族区域自治制度具有重要的现实意义。

一、民族区域自治制度在宁夏首创，推动了党的民族纲领的转变

中国共产党解决民族问题的纲领，在新民主主义革命时期经历了由联邦制、民族自决向民族区域自治的转变。党的民族区域自治的思想萌芽最早出现在中共二大前。之后，随着革命历程的发展和对民族问题认识的不断深化，民族区域自治制度在实践中孕育催生。1935年，中央红军长征到达陕北后，由于认识到新疆、西藏、东蒙、满洲等边疆危机及日本侵华给统一多民族国家带来的分裂危难，党对民族纲领开始重新审视，在实践上开始了"民族区域自治"的尝试和探索。1936年6月，红军西征解放了盐

作者简介　陈凤林，宁夏社会主义学院民族宗教理论研究室副主任，教授。

池、豫旺、同心和海原东部、固原北部地区。8月，中央决定筹备在固海地区成立县级回民自治政府。10月20—22日，在同心清真大寺召开陕甘宁省豫海县回民自治政府成立大会，选举产生了豫海县回民自治政府，民族区域自治制度实现了从理论探索到实践建立的历史性突破。

豫海县回民自治政权的建立具有里程碑意义。它是中国共产党把马克思主义民族理论与中国民族问题实际相结合的真正开端，是我们党运用民族区域自治解决中国民族问题有益尝试，使我们党积累了民族区域自治的早期实践经验，从而推动了党的民族纲领彻底由联邦制向民族区域自治转变。它为在少数民族地区全面建立民族区域自治制度开辟了先河、提供了实践经验和历史借鉴，为民族区域自治在全国范围内和更高层次上实施奠定了基础；它也为新中国成立后宁夏坚持和发展民族区域自治制度提供了宝贵的财富。

二、民族区域自治制度在宁夏的实践与发展

1958年10月25日宁夏回族自治区成立，开启了民族区域自治在宁夏的新历程。50多年来，特别是改革开放以来，自治区历届党委、政府坚持以国家统一、民族团结、各民族共同发展为目标，积极探索，走出了具有自身特色的民族区域自治之路，民族区域自治在宁夏焕发出新的活力。

（一）民主政治进程有序推进，少数民族权利得到切实保障

民族区域自治制度的实质是对少数民族的民主。在半个世纪的探索中，宁夏全面落实《民族区域自治法》和《实施〈中华人民共和国民族区域自治法〉的若干规定》（后称《若干规定》），正确处理统一与自治的关系，忠实履行民族自治地方的自治权。自治区重视自治机关干部的民族化建设，大力培养、选拔和使用少数民族干部，一大批少数民族干部在自治机关中发挥作用。自治区成立以来，历届人大主任或副主任、政府主席都由回族公民担任，自治区历届人民代表大会的回族代表与回族人口比例基本适应。目前，宁夏回族聚居的各地、市、县政府主要领导均由回族公民担任。少数民族干部代表本民族行使权利，体现了自治民族在民族区域自治中的重要地位。宁夏始终坚持把"法治"作为落实自治权、实现对少数民族民主

和各民族平等的基本途径。坚持完善自治法的配套法规，先后颁布实施了《殡葬管理暂行规定》《关于尊重少数民族风俗习惯的规定》《实施〈中华人民共和国全国人民代表大会和地方各级人民代表大会选举法〉细则》《清真食品管理条例》《民族教育条例》等地方性民族宗教法规。从宁夏实际出发，研究制定了 35 条落实《若干规定》的具体办法，全区各级人大共制定实施地方性法规和单行条例 162 件。这些地方性法规的制定和实施，使《宪法》和《自治法》规定的民族自治权利和少数民族的基本权利具体化，有力地保障了少数民族的合法权利。

（二）探索符合本地实际的发展路子，实现了各民族共同繁荣进步

宁夏把落实经济自治权的重点放在推进各民族共同繁荣发展上。宁夏是欠发达省区，基础弱，生态脆弱，内部区域间协调发展的任务重。自治区历届党委和政府不断深化对区情的认识，坚持自力更生为主、争取外援为辅，以全面、协调、可持续发展为目标，充分挖掘宁夏自身潜力，积极推进资源优势向经济优势转变，走出了一条独具宁夏特色的各民族共同繁荣进步路子。多年来，坚持走新型工业化道路，重点培育和发展区域特色优势产业，大力发展现代服务业，坚定不移扩大向西开放，建成了具有宁夏特色和区域竞争力的产业体系，着力推进新型城镇化建设，实施区域中心城市带动、沿黄城市带、宁南区域中心城市和大县城建设战略，截至 2013 年底，城镇人口已达 340.28 万人，城镇化率达到 52.01%。基础设施逐步改善，地区生产总值由 1958 年的 3.29 亿元，增加到 2014 年的 2752 亿元；农民人均纯收入由 1978 年的 116 元增加到 2014 年的 8401 元；城镇居民人均可支配收入由 1978 年的 346 元增加到 2014 年的 23285 元。着力破解中南部少数民族聚居区的发展难题。思想上重视：自治区党委形成固原工作会议制度，专题研究少数民族聚居区发展问题。政策上倾斜：全面落实中央民族地区补助费和专项资金。产业上扶持：设立专项资金，实行财政"以奖代补"，扶持发展特色产业，对民族贸易和民族用品定点生产企业实行贷款贴息政策。项目上支持：交通、水利、电力、通信等基础设施项目优先布局，实施中南部大县城建设、危房危窑改造、城乡饮水安全等支持项目。近 10 年来，中南部地区经济年均增速 12% 以上，农民人均纯收入年均增长 15%以上，高于全区平均水平。目前，宁夏内部地区差距逐步缩小，生态环境进入了"整体遏制，局部好转"的新阶段，基本实现了城乡、区域一体化、生态与资源协调发展。

（三）实施多元文化战略，区域多元文化和谐共生

用文化筑民族团结之魂，是民族区域自治在文化领域的战略举措。自治区立足本土文化资源特色，实施多元文化战略。以培育和践行社会主义核心价值观为主线，确立了"小省区办大文化""建设文化强区"的战略，出台《关于加快文化产业发展的若干政策意见》，制定了《关于进一步繁荣发展少数民族文化事业的意见》。本着尊重差异、包容多样的原则，提振回族伊斯兰文化在促进地方发展中的地位，挖掘回族伊斯兰文化的潜力，打造"两区"建设新平台，使回族伊斯兰文化在向阿拉伯国家和地区开放中的文化纽带作用充分发挥。实施文化精品工程，充分发掘、释放黄河文化、回族文化、红色文化、西夏文化内涵，推出歌舞剧《月上贺兰》、影片《同心》等优秀文化精品。实施文化惠民工程，把更多文化资源向少数民族聚居地区倾斜，建成一批博物馆、图书馆、文化馆等文化基础设施。目前已建成 75 座博物馆，26 个公共图书馆，28 个群艺馆和文化馆，224 个乡镇街道文化站，2146 个农村社区文化室。全区公共文化馆免费开放。建立健全民间文化保护体系，回族器乐、服饰等 8 个项目被确定为国家级少数民族文化遗产保护名录。

（四）着力推进以改善民生为重点的社会建设，社会和谐持续发展

民生连着民心。宁夏始终把民生社会建设作为完善民族区域自治的基本着力点。坚持民生为先，每年将 70%以上的新增财力用于改善民生，每年实施 10 项民生计划、为民办 30 件实事，让少数民族群众共享改革发展成果。从 2011 年开始实施 35 万生态移民工程，累计搬迁安置 22.6 万人。实施精准扶贫工程，着力推进基础设施到村、产业扶持项目到户、转移培训到人、帮扶责任到单位的"四到"工程，使 65 万贫困人口就地脱贫，实现了扶贫开发由"输血式"向"造血式"转变。实施中南部城乡饮水安全水源及连通配套工程，到 2016 年可全部解决 100 万贫困人口的饮水安全问题。实施百所回民中小学标准化建设、回族骨干教师建设等工程，在西海

固地区实施义务教育农村学生营养改善计划，高考招生对民族学生在同等条件下给予倾斜，全区少数民族在校生比例达到39%，建成了涵盖基础教育和高等教育的较为完整的民族教育体系。宁夏走上了扶贫减贫、生态建设和社会建设良性互动的路子，基础民生、生态环境持续改善，社会和谐持续发展。

（五）以宗教稳定增进民族团结，民族团结宗教和顺成为宁夏亮丽名片

各民族的团结统一是民族区域自治的出发点和归宿。历届党委、政府始终把民族团结上升到事关宁夏发展全局的高度来推进。坚持定期研究民族宗教工作，坚持从维护民族团结大局出发作决策，广泛听取少数民族干部群众和宗教界代表人士的意见，坚持每逢重大民族节日开展走访慰问活动，连续20多年每年9月作为"民族团结月"。坚持把民族团结作为"一把手"工程，坚持不懈开展民族团结进步创建活动，实现机关、乡村、社区、学校、企业、连队和宗教活动场所等全覆盖，广泛开展各种形式的主体创建活动，形成了维护民族团结的浓厚社会氛围。每五年集中表彰一次民族团结进步先进集体、先进个人，涌现了一大批先进典型。充分尊重少数民族的风俗习惯，专门为区内干部、群众、宗教界人士、高校和中小学编写了民族宗教知识教材。目前在宁夏，回汉节日一起过、婚丧嫁娶互走动、同住一个村一栋楼、同上一所学校、同住一个宿舍，回汉一家亲。"两个共同""三个离不开"思想已深深扎根在宁夏回汉各族干部群众的心中。

宁夏把宗教和顺作为民族团结的重中之重。坚持依法管理宗教事务，出台了《宗教事务若干规定》《宗教活动安全管理暂行办法》等一整套法规，坚决制止乱建、盲目翻修扩建寺庙等行为，依法加强对大型宗教活动的管理，严格按程序做好教职人员认定和选聘工作，实现管人员、管场所、管活动全覆盖。抓早、抓小、抓苗头，妥善处理民族宗教领域矛盾纠纷，防止把一般民事纠纷和刑事案件上升为民族问题、宗教问题。坚决制止"达洼宣教团"渗透，严厉打击"周泽群势力"，坚决抵制宗教极端思想，切实维护了现有宗教格局。坚持寓管理于服务之中，建立领导干部与宗教界代表人士约谈、联系交友制度，研究制定教职人员社会保障办法和生活补贴办法，落实有计划、有组织的朝觐政策。深入开展社会主义核心价值观、国旗、党报党刊、农家书屋进清真寺"四进"活动，引导广大信教群众爱党爱国爱宁夏。注重发挥宗教界人士的积极作用，引导宗教界人士争做"八大员"（政策法规普及员、矛盾纠纷调解员、特殊人群帮教员、健康生活指导员、慈善事业宣传员、民风建设讲解员、党群关系联络员、增收致富引导员），建立教职人员培训学习制度，引导广大信教群众既念教义经、又念致富经，促进各民族共同繁荣发展。

（六）建设了一支过硬的少数民族干部队伍，民族区域自治有了充分的组织保障

少数民族干部是民族区域自治的关键。宁夏把培养、选拔、使用少数民族干部作为管长远、管根本的大事来抓。先后制定了《培养选拔少数民族干部总体规划》《进一步培养使用少数民族干部的意见》等规范性文件。坚持正确用人导向，采取定向公开选拔、竞争任职等方式选拔少数民族干部。有计划选派少数民族干部到中央国家机关和发达地区挂职锻炼，从1990年开始，共向中央国家机关、沿海发达地区选派挂职干部23批356人，其中少数民族干部占30%以上。重视少数民族后备干部选拔培养，选拔应届优秀高校少数民族毕业生到乡镇、街道、村和社区工作，选派少数民族年轻干部担任村党支部书记或农村指导员。近年来，在公务员、事业单位工作人员、大学生"村官"等招录中对少数民族考生给予笔试加10分的优惠政策。建立少数民族后备干部制度，跟踪培养，动态管理，形成完整的少数民族干部梯队。截至2013年底，全区各级党政机关共有少数民族干部1.14万人，占干部总数的比例由1981年的13.5%提高到27.3%，33个区直部门班子有28个配备了少数民族干部，其中13个是主要负责人。5个地级市和22个市、县（区）中21个党委或政府主要负责人是回族干部。少数民族干部担任省级领导职务的有10人，担任厅级职务的达213人。少数民族干部在经济发展、民族团结、宗教和顺、社会和谐稳定中发挥了中流砥柱作用。

三、宁夏贯彻落实民族区域自治制度的基本经验

总结宁夏实行民族区域自治制度的经验，主要有以下几方面：

（一）必须坚定不移坚持和完善民族区域自治制度

宁夏 50 多年民族区域自治所取得的巨大成就，充分彰显了民族区域自治制度的巨大优势:既保障了少数民族当家做主，形成以自治民族为主、各民族共同管理本地区事务的政治局面，又从根本上改变了旧中国许多民族地区存在的不同程度的割据状态，实现了国家在政治上的高度统一；既调动了少数民族的积极性，实现了民族地区经济社会发展，又能够增进各民族间的交往交流交融，巩固和发展社会主义民族关系，有效抵御境内外分裂势力的破坏和渗透。当代中国在苏联解体东欧剧变、世界风云变幻的情况下，保持了民族团结、社会稳定、经济发展、边疆稳固，充分证明民族区域自治制度是符合我国国情的解决民族问题的正确道路。这一独特的"中国经验"，向世界展示和贡献了解决民族问题的"中国智慧"。必须坚定不移地坚持和完善民族区域自治制度，不搞任何形式的"民族自决"，坚决反对"联邦制"。

（二）必须正确认识和把握统一与自治的关系

我国选择单一制下的民族区域自治国家结构形式，是尊重历史、充分考虑国内各民族的特点和利益、符合各民族人民根本利益的必然选择。团结统一是国家最高利益、各民族人民的共同利益，是民族区域自治的基础和前提，实行民族区域自治，必须以团结统一为基础和前提。同时，在确保国家法令政令实施的基础上，必须依法保障民族自治地方行使自治权，解决好民族自治地方特殊问题。宁夏的实践表明，只有处理好统一和自治的关系，民族区域自治制度才能发挥作用。片面强调集中统一或片面强调自治，都会使我们的事业受到损害。一味强调集中统一，忽视少数民族的特点和需要，最终必然造成民族关系紧张；片面强调自治，不顾国家大局和各民族的共同利益，其结果必然损害国家和民族整体利益，最终会损害本民族本地方利益，有时会被敌对势力和分裂分子所利用。

（三）必须走法治之路，逐步健全民族法规体系

宁夏实行民族区域自治最关键的一条，就是以法制建设来保障自治权的落实，通过一系列地方自治立法，推进了民族区域自治的规范化，保障了制度的贯彻落实。依法治国是我国的治国方略，民族事务必须纳入法治

轨道。坚持和完善民族区域自治制度，必须全面正确贯彻《民族区域自治法》。实行民族区域自治的地方和少数民族存在多样性的差异，要从民族地方的实际出发，完善民族区域自治的配套法规，逐步建立比较完备的具有中国特色的民族法律法规体系。民族自治地方要依照本地民族的经济、政治、文化特点，加快制定和完善自治条例等地方自治法规。

(四) 必须坚持各民族共同繁荣进步原则，围绕改善民生促进民族地区经济社会全面发展

实行民族区域自治的出发点就是实现各民族共同发展进步。邓小平同志指出："实行民族区域自治，不把经济搞好，那个自治就是空的。"《自治法》的着眼点是促进民族地方经济社会全面发展，实现各民族共同繁荣进步。宁夏实行民族区域自治的实践表明，只有大力促进民族地方经济社会发展，缩小不同民族间的发展差距，才能为民族区域自治积累物质条件。必须把发展作为解决所有问题的关键，加快民族地区经济社会展，逐步缩小发展差距，实现区域协调发展，最终实现各民族人民共同富裕。民族地区基础设施落后，市场化程度低，产业低端，竞争力和自我发展能力不强，必须走国家扶持、发达地区援助、民族地区自力更生"三位一体"的发展路子。

(五) 必须维护各民族的大团结

各族人民的大团结，是党在民族问题上的根本立场。民族团结既是民族区域自治的目标，也是民族区域自治的基础和前提。宁夏实践证明，民族团结好则民族区域自治的实施就顺利，民族关系发生问题则民族区域自治就没有保障。必须把民族团结作为各民族人民的生命线，巩固和发展平等团结互助和谐的社会主义民族关系。深入在各族群众中开展"两个共同""三个离不开""四个认同"教育，培育中华民族共同体意识，坚持打牢中华民族共同体的思想基础。积极引导和推进各民族交往交流交融，推动建立相互嵌入式的社会结构和社区环境，创造各族群众共居、共学、共事、共乐的社会条件。全面深入持久开展民族团结进步创建活动，扩大参与范围，扎实开展民族团结宣传教育进乡村、机关、企业、社区、学校、军营、宗教活动场所，加强民族团结示范区和民族团结进步教育基地建设。要切实把维护民族团结作为战略性、基础性、长远性工作，绵绵用力，久久为功。

（六）必须加强少数民族干部队伍建设和人力资源开发

一支德才兼备的少数民族干部队伍是宁夏民族区域自治的组织保证。少数民族干部是党和政府联系少数民族群众的桥梁和纽带，培养选拔少数民族干部是管根本、管长远的大事，要大力培养、大胆选拔、充分信任、放手使用。要按照"三个特别"标准建设民族地区干部队伍，强化对少数民族干部的培养和管理，坚持必要台阶、梯进式历练，加大与东部地区、上级机关干部双向交流力度，强化民族干部挂职锻炼和多岗位锻炼。要建设少数民族知识分子队伍，落实民族地区人才支持计划，做好教育、科技、卫生等专业人才支援民族地区工作，建立健全人才激励机制和科技奖励机制，加快培养少数民族专业技术人员、学科带头人，推出一批拔尖人才。建立各级党政领导干部联系少数民族知识分子和代表人士制度。

（七）必须加强和改善党的领导

宁夏民族区域自治的成就，都是在党中央坚强领导下取得的。50多年来，党中央在干部人才培养、基础设施建设、财政转移支付等各方面给予宁夏强有力支持，对宁夏的改革发展起到了决定性作用。自治区历届党委不断加强和改善党对民族工作的领导，始终与中央保持一致，坚决贯彻中央决策部署，维护中央权威，确保政令畅通。宁夏的实践充分证明，没有党的坚强领导，就没有宁夏的繁荣发展，就没有宁夏各族人民的幸福安康。党的领导是民族区域自治必须牢牢把握的政治方向。必须坚定不移走中国特色社会主义解决民族问题的正确道路。必须坚持党的民族政策不动摇，牢牢把握各民族共同团结奋斗、共同繁荣发展的民族工作主题，准确把握新时期民族工作的特点和规律，不断提高做好民族工作的能力和水平。

宁夏实行民族区域自治的50多年，是宁夏经济繁荣、民族团结、社会和谐、生态进步的50多年，只要我们坚定不移地继续坚持和完善民族区域自治制度，就一定能早日建成开放、富裕、和谐、美丽新宁夏，与全国同步进入全面小康社会，共同实现中华民族伟大复兴的中国梦。

关于涉法涉诉信访问题的思考

保建国

党的十八届三中全会审议通过的《中共中央关于全面深化改革若干重大问题的决定》明确提出："把涉法涉诉信访纳入法治轨道解决，建立涉法涉诉信访依法终结制度。"信访工作是维护群众合法权益的重要渠道，只有在法治轨道上运用法治方式，才能充分发挥好职能作用。

近年来，随着体制改革的不断深入，利益格局的重新调整，各种深层次的社会矛盾和社会问题日渐显露，诉之法律的纷争不断增多，涉法涉诉信访问题逐年上升，已成为长期困扰各级党政信访部门的主要问题之一，"缠诉""缠访"问题已到了令不少法院一筹莫展的地步，司法的公信力也受到巨大挑战。

一、涉法涉诉信访问题的现状及特点

涉法涉诉信访是一个综合性的概念，在内涵上具有兼容性，它既是传统意义上信访制度的延伸和发展，又是人民法院审判工作的重要组成部分。单纯从性质上区分，涉法涉诉信访问题具有诉的性质，是人民群众依法行使诉讼权利的重要体现，与行政信访有着本质的区别，因此，涉法涉诉信访问题有其特殊性。从宁夏当前的情况看，涉法涉诉信访问题比较突出，

作者简介　保建国，宁夏回族自治区信访局副巡视员。

在上访群众中所占的比例也比较大，有些已经沉淀为上访老户。仔细剖析近年来发生的涉法涉诉信访问题，主要呈现出以下几方面特点。

（一）上访主体出现多元化特征

当前，法院受理案件的类型出现多样化的趋势，上访人员随着上诉人员的结构变化，也发生较大变化。从涉法涉诉对象的身份看，不仅有工人、农民等传统的信访群体，而且有城市拆迁户、机关企事业分流人员、私营企业主等带有时代特色的信访群体；既有残疾人员、丧失劳动能力者等社会弱势群体，也有军转干部、复员退役军人等特殊群体。甚至一些当事人的亲属及与案件无关的"热心人"、个别"包打赢"的律师等也加入他们的行列。

（二）越级上访出现大幅增长态势

一些上访者对法律、法规、政策断章取义，坚持自己的误解及偏见，对司法机关乃至整个社会产生严重的对立情绪，萌生对当地党委政府不信任的心理，片面认为只有找"大官""大衙门"才能解决问题，把希望寄托于上级部门。还有的就是怀着把事情闹大、制造影响的心态故意进行越级上访，以此给当地党委政府施加压力，解决其诉求。由此形成越级上访恶性循环，直接影响涉法涉诉信访问题的正常办理程序和实效。如：银川市居民刘某，因对其子被他人殴打致死的判决不服，从2007年开始，就多次进京非正常上访。就这一问题，自治区检察院还专门进行复核、举行听证会，并依法析理，但上访人仍然不服，继续进京到重点地区和敏感部位非正常上访，为稳控上访人，各级党委、政府及有关部门花费了大量人力物力财力。据统计，宁夏进京非正常上访案件中，涉法涉诉问题占比达50%左右，是进京非正常上访的重点。

（三）上访手段趋于多样化、复杂化

从组织程度看，通过集资、串联、聚会等形式组织集体上访的现象不断增多；从行为激烈程度看，上访人违犯国家信访条规的行为时有发生，或喊冤叫屈，或静坐、请愿、下跪，或围堵、冲击党政机关，或拦截车辆、堵塞交通，或威胁、侮辱、殴打工作人员，有的甚至扬言自残、自杀，给党委政府施压。如：灵武市居民朱某，其子在戒毒所强制戒毒期间吞食牙刷死亡，其不服公安机关的处理意见，多次进京非正常上访，并到联合国开发署"告洋状"，造成恶劣影响。

二、涉法涉诉信访问题形成的原因

涉法涉诉信访的不断发生，成因复杂，既有司法方面的问题，也有信访人自身原因，更有其他深层次因素。

（一）唯官唯上，谋寻终结捷径，是产生涉法涉诉信访问题的主要原因

由于受数千年来"官就是法""法就是官"等封建法制思想的影响，在部分群众的头脑中，"人治"观念占主导地位，法制思想观念淡漠，国家事务管理中以言代法、以权压法倾向严重，导致人们在涉法涉诉信访活动中存在找"清官"告"御状"的"唯官唯上"心理。遇事便效访古人"拦轿告状""赴京喊冤"，找党委、政府求决断。此外，群众信"访"不信"法"的另一原因是经济能力有限。由于目前我国还处于社会主义初级阶段，贫富差距较大，尤其是广大农村，群众生活水平低，经济条件差，对一些涉法案件，信访人难以支付高昂的律师费和诉讼费。而在处理某些具体问题上，有时信访途径又比诉讼程序解决问题快、成本低，使得部分当事人误认为找"大盖帽"，不如找"乌纱帽"，频频上访，甚至组织集体访、越级访，试图迫使党委、政府介入涉法案件，越权办案或干预司法。

（二）执法不公，监督制约不力，是产生涉法涉诉信访问题的重要因素

众所周知，政法机关是国家机器的重要组成部分，是我们党治国理政的"枪杆子"。因此政法机关执法工作如何，对于解决涉法涉诉问题具有举足轻重的作用。近年来，为加强政法队伍建设，确保公正司法，各地都着力于司法监督机制的建立和完善，但监督约束仍然不是很好。具体表现为：一是内部监督流于形式。一些监督机关对执法的公正性监督作用还没有充分发挥出来。二是外部监督过于宽泛，对司法程序监督往往留停于宏观层面上。内外监督不力，影响到司法程序的公正，事实认定不清、责任划分不明、案审程序不合法、适用法律不当、处理裁判有误等执法不公的问题时有发生，争办抢办"人情案""关系案""金钱案"以及徇私情、枉国法的现象屡禁不止，案件久拖不决、久侦未破，以及执行难等问题仍未得到根本解决，使得群众一些合法权益得不到保障。因诉之法律未果，造成当事人心理失衡，自然会引发涉法涉诉信访问题。

（三）政出多门，管理机制滞后，是产生涉法涉诉信访问题的根源所在

部门繁多、机构庞杂、职能交叉重叠，是我国现行政治体制的一大弊端。首先，因横向不协调，造成一信多投、多访现象普遍存在。以群众对民事案件裁决不服为例，由于长期受部门工作的影响，各级没有将信访工作纳入法制化管理，存在信访、司法"两张皮"的现象。部分法院案件承办人认为案审结束便履职到位，当事人不服则将问题推给上级业务部门或当地信访单位，不愿做、也不会做疏导劝解工作。而作为隶属于行政机关的信访部门，认为司法已做出结论的案件，没有再进行协调处理的权限和责任，遇到涉法涉诉信访案件往往采取"绕道走"的办法，既不立案，也不督办。政法部门不愿管，信访部门管不了，必然造成上访升级，民怨加深。其次，因纵向不沟通，导致缠访、越级上访不断。在具体涉法涉诉信访案的办理中，尤其在伤情鉴定和案件定性等问题上，部分责任单位与上级业务部门之间缺乏沟通，当事人多头上访，接待部门说法不一，多头批示，致使当事人心中生疑，给当事人过多希望，而给问题的解决带来不利，导致上访不止。最后，因信访终结机制缺失，对无理缠诉缠访者处置手段措施不力，助长了信访人获取不正当利益的念头。由于无限申诉缺乏法律约束，无限重复再审难以遏制，涉法涉诉信访步入了"申诉—复查—再审—再申诉"的无休止的怪圈。而地方党政部门出于维护稳定工作考虑，担心上访户赴区进京上访，对无理缠访的人不敢依法处理，害怕造成不好影响，一味妥协迁就的做法，也使得当事人在尝到甜头后动辄以上访相要挟。同时，由于有的案件没有相关的政策与法律作依据，以至于遇到某些无理上访、缠访者，处理结果显得不尽如人意。

（四）思想偏执，法律意识淡薄，是产生涉法涉诉信访问题的客观因素

基层法院面临的绝大部分当事人是广大农民群众，文化水平低，法制观念落后，法律意识淡薄，对法院审判方式的改革不理解，缺乏证据意识、缺乏正确的诉讼理念。对诉讼风险认识不足，不能正确看待法律事实与客观事实的差异，片面地将败诉责任和无法执行的责任归咎于法院。有的信访当事人不听办案人员的法律宣传和劝阻，一意孤行，不是通过正当的渠道依法反映，而是有意将某一事实向多个部门以传单方式散发，对法院或者法官进行攻击报复；有的当事人以自己的得失作为衡量法律的标准，一旦达不到自己的目的，便迁怒于司法机关，无理缠访、闹访、恶访，名副其实地告"刁状"，以此而达到个人的私欲；还有的当事人因生活经历、个性特点、精神状况、健康情况等原因，易钻牛角尖，我行我素，毫无原则地坚持个人观点，不断信访只是为"讨个说法"，或形成骑虎难下的心态，为信访而信访，或自恃有理在行动上无所顾忌，难以客观地看待问题和法院工作，听不进他人劝解，一旦诉讼出现自己不满意的结果就试图通过信访途径解决问题。

三、解决涉法涉诉信访问题的几点建议

涉法涉诉信访问题既是司法问题，也是社会问题，既有司法部门自身因素，也有社会外部因素，不仅需要司法部门自身的不懈努力，同时也需要社会各方的大力支持。总体要求是把涉法涉诉信访问题纳入法治轨道解决，实现从过分依赖行政手段化解涉法涉诉信访问题向依法按程序处理涉法涉诉信访问题转变。

（一）严格实行诉讼与信访分离

涉法涉诉信访混同于普通信访处理由来已久，由此出现了诉讼与信访交织、法内处理与法外解决并存的状况。实践中，由于一些信访案件特别是多年的积案，最终依赖于领导批示得以解决，一定程度上强化了"领导批示大于法"的人治观念，导致部分群众"信访不信法""弃法转访"甚至"以访压法"。这种靠行政途径解决涉法涉诉问题的做法，不仅弱化了司法机关解决涉法涉诉纠纷的主渠道功能，损害了司法权威，而且弱化了群众的法治观念。"法者，治之端也"，法治是治国理政的基本方式。涉法涉诉信访只有回归法治轨道依法解决，才能从制度和机制上推动形成办事依法、遇事找法、解决问题用法、化解矛盾靠法的法治环境。将涉法涉诉信访纳入法治轨道依法解决，与建设社会主义法治国家的目标相一致，是依法治国的内在要求和必然选择。推行涉法涉诉信访改革，在信访与诉讼之

间，架起一个制度的"导流槽"，把"不该管，管不好"的涉法涉诉信访事项剥离出来、分流出去，让信访部门回归本位，切实发挥好了解社情民意、汇集意见建议、分析稳定风险、评估政策得失、排查矛盾隐患、解决合理诉求的职能作用。

（二）充分发挥信访法律顾问的作用

中央政法委 2015 年 6 月 8 日下发了《关于建立律师参与化解和代理涉法涉诉信访案件制度的意见》，从六个方面对律师做好新形势下法律服务工作、履行好社会责任，提出了新要求。这是进一步落实党的十八届四中全会作出的加强律师队伍建设、推动律师法律服务业发展决策部署的新举措。自治区党委办公厅、人民政府办公厅 2013 年下发了《关于法律服务机构和人员参与信访工作的意见》（宁党办〔2013〕25 号文）。自治区和谐信访法律服务中心的律师团队在具体工作中将涉法涉诉信访案件分离出来，引导信访人通过法律途径解决自身诉求。2014 年初至 2015 年 11 月 30 日期间，律师服务团队累计到信访大厅值班 262 人次，接待信访法律咨询 400 余人次，律师服务团队参与接访宁夏兴麟房产公司诈骗案受害群众群体上访、宁夏塞上阳光太阳能有限公司等 5 家太阳能制造企业不服招标结果上访，宁夏有色金属勘察院拆迁安置住户群体上访、金融通投资公司受骗群众上访等重大影响信访案件 45 件；协助信访局处理重大涉法涉诉案件 20 件。通过律师参与信访工作，中立、客观的处理信访事项，依法理性地引导上访群众合理表达诉求，对信访部门依法处理信访问题发挥了重要的作用。

（三）提高司法水平

在现代社会构成的纠纷体系中，人民法院已成为最主要、最权威的纠纷解决主体，广大群众对法院判决寄予很大期望，这对审判质量和审判效率以及法官公正司法提出了更高的要求。为从源头上减少涉法涉诉信访问题，建议司法部门要严格、严肃地考核任用法官，并不断提升现任法官的综合素质。在审理案件过程中，转变审判作风，提升审判质量和审判效率，全面考虑政治效果、法律效果和社会效果，避免因司法不公引发信访问题。同时，进一步完善审判监督联席会议机制，规范司法行为，实行案件判后答疑制度，及时解疑释惑，减少因诉上访的概率。至关重要的是，要提高领导干部运用法治思维和法治方式深化改革推动发展、化解矛盾、维护稳定的能力，绝不允许为解决一时一事而突破底线，破坏社会整体公平正义。要坚持法律至上原则，党政信访部门不得受理诉讼中的案件，防止信访人以访代诉。各级领导干部对于其他途径呈报的涉法涉诉信访案件，一律交由政法机关依法处理。

（四）维护司法的绝对权威

从工作职能上来说，信访机构不是法定的纠纷处理机关，应该只对社会纠纷的解决起补充、辅助作用。信访制度的存在不能挑战或破坏现有司法体系，信访部门不能变成"第二法院"或不开庭的"三审法庭"。从国家的整体利益上讲，处理涉法涉诉信访案件，必须坚持依靠法制解决问题，决不能随意突破法律政策底线，不能以牺牲司法权威为代价，必须维护司法机关做出的公正结论，依法纠正存在的问题，依法维护信访秩序。因此，建议进一步加强信访工作的法制化管理，从立法上明确，信访机构必须坚守不受理、不干预涉法涉诉案件的原则，防止因个案利益的保护而动摇群众对司法权威的信仰，继而损害整个社会的法律制度。

（五）加大调节力度

坚持调解优先的原则，建立和完善司法调解与人民调解、行政调解、仲裁等方式的衔接机制，最大限度地通过自愿协商和调解的方式化解矛盾纠纷，减少涉法涉诉信访问题的发生。公安部门对一般治安案件特别是邻里纠纷、交通事故、损害赔偿等案件，应依法加强调解，尽量通过调解结案，减少硬性裁决，防止引发上访。法院应把调解工作贯穿于诉讼活动的全过程，专门设立人民调解、行政调解、司法调解的窗口，确保调解工作经常化、正常化、规范化，使上诉和申诉、上访数量逐步下降，真正做到输赢皆服，案结事了。

（六）建全完善司法救助制度

建议国家有关部委结合我国司法现状，进一步建立和完善司法救助制度，国家财政设立专项司法救助基金，针对一些"法度之外，情理之中"的信访问题，对客观条件限制难以破案的刑事被害人，对其他确有特殊困难的进京非正常上访人，在讲清情况、做通思想工作的基础上，实行个案救济，促使其息诉罢访。

（七）加大依法处置的力度

当前所谓的涉法涉诉信访问题，多数实际上已经过司法机关的依法审理和复查复核，在司法程序上已终结，从处理程序、方式、方法以及法律依据上不同程度存在一些不公正、不合理的问题。但当事人往往因为个人利益诉求未得到满足，从个人情绪上否认案件的终结，导致长期无理缠诉缠访，有的甚至采取过激行为闹访，此类信访行为已严重干扰了社会秩序，牵扯了各级领导的工作精力。所以，建议国家有关部委从维护稳定的高度，研究制定相关法律法规，对经省级以上政法机关做出终结决定，当事人仍然无理缠访、违法闹访、进行非正常上访或采取极端方式上访的人员和行为，要加大依法处置力度，切实树立起缠访、闹访、非正常上访不但无助于问题的解决，而且要受到法律追究的导向。

宁夏精准扶贫工作中的问题及其解决对策

狄国忠

"十三五"时期，宁夏要与全国同期实现第一个百年奋斗目标、全面建成小康社会，实现党的十八届五中全会提出的扶贫开发战略任务，在我国现行标准下宁夏农村贫困人口实现脱贫，贫困县全部摘帽，解决区域性整体贫困，进一步做好扶贫开发工作意义重大。近期，我们在固原市及盐池县、红寺堡区、原州区、西吉县、泾源县、隆德县等有关县区干部群众中，通过座谈会、调查问卷、个别访谈等形式，对宁夏精准扶贫工作的成效、问题及其解决对策进行了调查研究。从调查的情况看，宁夏精准扶贫工作虽然取得了明显的成效，但依然面临着十分艰巨的任务。各级党委和政府必须增强紧迫感和主动性，在扶贫攻坚上进一步理清思路、强化责任感，采取力度更大、针对性更强、作用更直接、效果更可持续的措施。

一、宁夏精准扶贫工作的基本现状

近年来，宁夏精准扶贫工作成效明显，贫困群众家庭收入增加、生活水平提高，贫困家庭年收入中有近三成是直接来自政府（或社会）的精准扶贫工程，其他收入间接地与精准扶贫工作也是正相关的关系。问卷调查显示，有 62% 的群众认为，近年来宁夏精准扶贫开发工作成效明显；有

作者简介　狄国忠，中共宁夏区委党校社会与文化教研部主任，教授。

146

68.8%的群众认为，近年来他们家的变化大，日子越来越好。其中，变化很大的占 15%，变化大的占 53.8%；有 53.8%的群众认为，他们家的收入有 33.3%直接与政府（或社会）加大扶贫力度有关。

从精准扶贫遵循的原则来看，各地精准扶贫基本按照国家和自治区有关要求，制订了"定标、定户、定策、定档"的"四定"工作法。一是科学定标。在按照国家农村扶贫标准识别的基础上，结合本县、本乡（镇）、本村实际，制定科学合理、操作性强、具体量化的贫困户识别标准。二是严格定户。基本上按照农户申请、民主评议、初选公示、政府审核、县级复审、终审公告等程序对贫困户进行精准识别。三是按因定策。基本上按照每户贫困户的致贫原因和家庭现状，制定行之有效的扶贫措施。四是精准定档。总体上按照家庭情况、致贫原因和帮扶计划等方面对贫困户进行建档立卡、发放《扶贫手册》。

从精准扶贫对象的选择形式看，一是坚持整户识别，防止贫困户扩大化。在确定好扶贫对象基础上，精准识别贫困人口，有计划地做出规划，制订明确的帮扶措施。精准识别以整户识别为原则，以农户收入为基本标准，综合考虑住房、教育、健康等情况开展识别。二是开展逐户摸底工作。贫困县基本上按照"由县扶贫开发机构牵头，乡镇人民政府负责，各行政村具体实施，通过户户见面、调查问卷或座谈交流"等方式，逐户进行摸底调查，初步掌握每家每户家庭基本情况、收入支出构成情况和发展意愿等，摸清贫困家庭的真实底子。三是开展村级民主评议和公示工作。以摸底情况为依据，综合考虑村民住房、教育、健康、外出务工等情况，村民小组召开村民会进行比选，再由村支两委召开村、组干部和村民代表会议进行比选，张榜公示；根据公示意见，再次召开村、社两级干部和村民代表会议进行比选，并再次公示；如无异议，根据村内贫困农户指标数量，把收入低但有劳动能力的确定为贫困农户。村级民主评议结束并进行公示后上报乡镇进行审核，由乡镇党委、政府审核确定帮扶对象并再次进行公示后报县扶贫办复审确认。在比选过程中，能够体现村民在帮扶对象选取中的知情权、参与权、监督权。

从精准扶贫对象选择的实地调查情况看，实践中各地扶贫对象的选择方式不尽相同。有的按照家庭资产状况、家庭收入多少等经济状况选择扶贫对象；有的以家族为基础，按照国家给定的精细扶贫对象的比例，在不同家族中依照比例选择扶贫对象；有的以村委会掌握的信息为基础，综合考虑所辖区域精准扶贫的对象；有的地方村干部说了算，随意性较大。多项选择问卷调查显示，有 66.6% 的被调查者认为，政府按照自上而下从"贫困区域—贫困县—贫困村—贫困户"逐级细化扶贫对象，全面准确地把握贫困对象，锁定每一户人家、每一个人头；有 33.3% 的被调查者认为，基层政府能够做到"户有卡、村有簿、乡有册、县有档"，逐户、逐村、逐县登记造册，录入电脑，建立起贫困户、贫困村、贫困县、贫困区域信息网络系统。另外，也有 16.6% 的被调查者认为，基层政府没有按照老百姓自己的"标准"识别谁是穷人；有 50% 的被调查者认为，村党支部能在精确识别方面发挥好审核把关的作用。

从精准扶贫方式的效果来看，目前，适合于宁夏贫困人口的精准扶贫方式主要是，产业扶贫、教育扶贫和"雨露计划"扶贫。这两种扶贫方式，是从根本上消除贫困人口贫困的行之有效方式。当然，由于各地具体情况不同，选择扶贫的产业也不同，有 72.6% 的被调查者认为，产业扶贫是适合于当地的精准扶贫方式，分别有 55.9%、23.8% 的被调查者认为，教育扶贫、"雨露计划"扶贫是适合于当地的精准扶贫方式。具体情况见表 1。

表 1　适合于当地的精准扶贫方式（多选）

扶贫方式	产业扶贫	担保贷款扶贫	搬迁扶贫	雨露计划扶贫	教育扶贫	旅游扶贫	光伏扶贫	电商扶贫	定点扶贫
所占百分比	72.6%	38.1%	33.3%	23.8%	55.9%	28.5%	10.7%	8.3%	35.7%

二、宁夏精准扶贫工作中存在的问题

"建档立卡"的标准和方式有待完善。目前，"建档立卡"的总体思路是正确的，得到大部分贫困地区干部群众的支持和拥护，但也需要不断地完善。一是"建档立卡"户的标准有待完善。从"建档立卡"的目的来看，"建档立卡"户是重点脱贫致富的对象户，但按照原来的标准，一些地方把没有致富能力的农户（"五保户"、残疾人）也纳入"建档立卡"户，致使扶贫项目无法落实，并存在一定的扶贫方面的矛盾。一些地方以家族为基础分指标"建档立卡"，由于"建档立卡"指标有限，按照这种"建档立卡"标准，一些贫困并有致富能力的人被划在外面。二是"建档立卡"的方式有待完善。"建档立卡"重在"建档"的规范性、合理性，关键是深入调查研究、充分尊重群众意见，以事实为依据，以贫困程度为准绳，不能有半点主观臆断。但现实中存在个别村干部以时间紧任务重为由，在"建档立卡"上有主观臆断现象。

"扶贫项目"的选定方式需要完善。总体上说，贫困地区的"扶贫项目"坚持了"宜农则农、宜工则工、宜商则商、宜游则游"原则，在精准扶贫中为贫困地区选定了适合贫困农户的"扶贫项目"，但也存在一定问题。有些农户认为，政府部门应该提出更多的适合于他们的"扶贫项目"供他们选择，或者在确定"扶贫项目"之前，有关部门最好能够充分征求他们的意见，以尽可能选择适合当地贫困农户脱贫致富的"扶贫项目"。有些贫困群众认为，他们存在着被动接受项目的现象。问卷调查显示，有47.6%的人认为，扶贫开发工作中存在着"农民缺少发言权"（咨询有没有扶贫项目、有什么扶贫项目）的问题。由于贫困群众对于扶贫项目、扶贫资金缺乏知情权、选择权、监督权和申诉权，使得一些地方出现扶贫项目开发偏离地方实际，出现烂尾现象，存在扶贫资金被滥用与挪用的现象，影响了扶贫效率和效果。

扶贫资金的投入、整合与精准发放机制有待完善。近年来，我国社会各方面力量都参与贫困地区的精准扶贫工作，这一现象值得充分肯定。然而，由于各方面力量的整合不够，针对同一贫困地区的精准扶贫资金比较分散，出现精准扶贫资金碎片化现象，缺乏精准扶贫资金使用上的系统性和科学性。同时，精准扶贫资金的分散化，有可能导致一些扶贫资金浪费和不能精准发放的现象。另外，由于贫困农村基础设施建设量大，产业发展规模化程度低，做好这些工作需要大量资金投入，目前的资金投入总量明显不足。同时，金融扶贫难度大，信贷规模小、周期短，信贷门槛高。

贫困农村基础设施建设相对滞后。近年来，宁夏部分农村（整村推进村）的基础设施明显改善，但相当多的贫困村基础设施仍然落后，比如，贫困农村的房屋、道路、水、电以及环境整治等方面都不同程度地存在诸多问题。"十三五"期间，要因地制宜、因村变革，急需加大贫困地区基础设施建设。

贫困地区贫困群众的教育方式方法有待改进。从调查情况看，部分贫困群众仍然存在把扶贫看作是救济的惯性思维和传统观念。他们对于党和政府的扶贫政策和举措，秉持一种应急性、被动性的接受态度，缺乏脱贫致富的长远眼光与创新发展意识。一些贫困群众存在着命中注定贫穷或一定老死于贫穷的思想。这些贫困群众安于现状、听命任命，"习惯于"那种贫穷的生活、贫穷的环境、贫穷的思想文化氛围。一些贫困群众存在着"能力贫困"的困惑。比如，有些人有致富的想法和思路，但没有能力把想法和思路转化为致富的项目，缺乏致富的路径；有些人有致富脱贫的项目，但缺乏有效运用项目致富脱贫的能力；有些人有致富脱贫的项目，但根本上不具备运用项目致富脱贫的能力。

贫困地区特色产业优势发挥不够、特色产业培育不足、产业发展规模化程度低等问题。问卷调查显示，有72.6%的人认为，产业扶贫在当地扶贫中发挥着极为重要的作用。要引导贫困户积极参与产业开发，提高贫困户的自我发展能力，发展特色优势产业，以解决贫困人口脱贫致富。但贫困地区贫困群众存在着特色产业优势发挥不够、特色产业培育不足、产业发展规模化程度低等问题。

探索开展电商、光伏、旅游等新型扶贫方式还不够。电商、光伏、旅游等新型商业和产业，在我国一些有条件的贫困地区已经试行，宁夏的有些贫困地区也具备一定的条件。但在宁夏一些有条件的贫困地区,存在着电商、光伏、旅游等新型商业和产业发展不足等问题。

第一书记的选定与考核制度有待完善。贫困农村的脱贫致富与是否有德才兼备的带头人存在必然关系。实践证明，地理位置和经济发展的具体条件完全相近的两个村子，决定其发展变化的关键是有一个好的带头人。在脱贫致富的过程中，贫困村的带头人能否发挥作用，带领群众艰苦创业极为重要。从这个意义上说，第一书记的选派，理应为贫困地区的发展注入活力，带来新的力量，但实际中存在不尽人意的地方。一是县级选派的第一书记在贫困村发挥的作用有限。从调查的情况看，省、市、县三级选派的第一书记，越是基层选派的第一书记，到贫困村发挥的作用越小。二是单位派出的第一书记缺乏规范机制、奖惩机制和考核机制。三是有些村民对第一书记的职责缺乏正确的认识。有些村民认为，第一书记就是资金或项目的代名词。如果第一书记既无项目又无资金，那么他就失去了存在价值。

贫困地区的一些年老无力者、"五保护"和丧失劳动能力的残疾人等生存能力缺乏保障的问题。

三、解决宁夏精准扶贫问题的措施

完善"建档立卡"户标准，改进"建档立卡"方法。一是"建档立卡"采取排除法。首先，排除达到小康水平的家庭，比如，家中有汽车、有一定限额固定收入的家庭，这些家庭的老人可以按照国家相应的政策每月给以一定的生活补贴。其次，排除贫困但没有劳动能力的家庭，这些家庭通过社会保障或救济的形式"兜底"即可。再次，排除常年在外地打工，但户口仍然在贫困村的农户。这些家庭的老人也可以按照国家相应的政策每月给以一定的生活补贴。二是动态的设计"建档立卡"。一般地，以三年为限度，动态地调整"建档立卡"户，以便使国家的扶贫项目惠及更多的贫困户。三是对"建档立卡"户采取激励机制和能力帮扶机制。对于按要求实施扶贫项目并产生良好效果的农户予以奖励，对于因能力问题延缓扶贫项目实施的农户或个人，有重点地加大培训力度，以帮助提高他们脱贫致富的能力。

完善扶贫项目的确定方式并严格落实监督措施。一是各级政府明确分工、相互支持，使扶贫项目在深入调查研究的基础上确定。要把种什么、养什么、从哪里增收想清楚，帮助贫困村民寻找脱贫致富的好路子。要帮助村民找准致富路子、突出特色。二是要因地制宜、科学规划、分类指导、因势利导，扶贫项目要进一步向革命老区、贫困地区倾斜。三是扶贫项目一旦确定，必须有一定的机构（人大或者审计部门或者相关机构）跟踪监

151

督落实。对于扶贫项目落实不到位或落实不力的责任人要实行问责。

整合扶贫资金。一是在自治区层面，比如，由自治区扶贫开发领导小组整合来自财政、行业、企业以及来自社会各方面的扶贫资金（以恰当的方式标示资金来源），以便把"钢"用在刀刃上，有目的地按规划凭项目配套或奖励扶贫资金。二是以"互助资金"项目为平台，全力抓好金融扶贫工作。继续以生态移民村和整村推进村为重点，实施互助资金"千村信贷"项目。三是继续以互助资金拉动信贷资金参与扶持贫困户发展生产，全力实施好不同层级产业扶贫担保基金试点项目，切实解决贫困户发展生产资金短缺和借款难的问题

进一步加强贫困地方基础设施建设。一是整合或合并、重新规划贫困乡村。针对贫困地区的"空心"村现象，地方政府科学规划（可以根据发展前景重新选址）、积极引导村民进行村组合并。二是在规划新村建设中保护原有村落（具有一定历史文化意义），并进行一定的设计改造，发展文化旅游业。三是继续调动行业扶贫和社会扶贫力量，进一步加大项目整合和资金捆绑力度，按照规划和方案向整村推进重点贫困村安排倾斜，因地制宜，集中力量实施整村推进扶贫工程，集中力量加强贫困村的村组道路、安全饮水、人居环境等基础设施建设。

进一步加大教育扶贫的力度。一是整合教育扶贫资金、实施"雨露计划"项目的资金等，对于贫困家庭的子女免费12年教育（小学、初中、职高）或15年教育（小学、初中、高中、大专）。二是加大农民教育，包括思想政治、道德文化、政策法规、文明礼仪的教育，也包括经常性地技术培训。三是抓好贫困村致富带头人培训和贫困人口实用技术培训力度。认真实施"雨露计划"项目，帮助更多的贫困家庭子女完成职业教育。

大力培育特色产业。一是在一些具备特色产业优势的贫困地区，通过技术培训，提高村民发展优势产业的技能，帮助发展特色种养业和加工业等致富产业。二是鼓励有能力的企业在贫困地区投资发展特色产业优势产业。三是在贫困地区继续探索"合作社+基地+贫困户"等产业扶贫模式。

探索开展电商、光伏、旅游等新型扶贫方式。一是在一些旅游资源丰富的贫困乡村，开展乡村旅游扶贫试点。二是在一些具备条件、特色资源

明显的贫困乡村，积极开展电子商务扶贫试点。三是在一些光能资源充足的贫困乡村，开展光伏扶贫试点。

完善第一书记的选定与考核制度。一是精心选派驻村第一书记。要把有学识有能力的年轻干部选派到贫困村担任第一书记，特别是县级选派的第一书记要真正能够在贫困村发挥作用。二是完善选派的第一书记的相关机制。要在实践的基础上探索单位派出的第一书记的规范机制、奖惩机制和考核机制。三是明晰选派的第一书记的职责。一方面，选派的第一书记自己要明确职责；另一方面，要通过宣传，使民众明确第一书记的职责，解决有些村民心目中的第一书记就是资金或项目的代名词问题。

做好贫困农村特殊人群的社会保障工作。一是对于贫困农村的一些年老无力者，应该按照相关政策，每月给其一定的最低生活保障费。二是对于贫困农村的一些"无保护"（年龄较大、无子女者），由民政部门每月发放生活补助。三是对于贫困农村的一些丧失劳动能力的残疾人，由有关部门每月发放一定的生活补助。

生态移民社会适应问题研究

张铁军

一、问题的提出

在人类社会的发展历史过程中，因生态环境变迁发生过无数次"逐水草而居"的人口迁移活动。这些人口迁移活动，可以从某种意义上看作是最早的"生态移民"。现代生态移民的概念，是由美国科学家考尔斯提出，1900 年他首次将群落迁移的概念导入生态学。生态移民，是指为了保护某个地区特殊的生态或让某个地区的生态得到修复而进行的移民，也指因自然环境恶劣，基本不具备人类生存条件或不具备就地扶贫条件而将当地人民整体迁出的移民。[1]

"迁得出，稳得住，逐步能致富"是生态移民的最终目标。生态移民在当前多是以政府工程的形式实施，生态移民从原居住地搬迁进入安置地往往是一个突变过程，这一过程必将导致生态移民居住的自然环境与人文环境发生深刻的变化，从而引起生态移民的生产方式、生活方式、人际关系等等发生急剧的变迁。根据世界银行的研究，迁移对移民可能产生一系列

基金项目 2015 年宁夏哲学社会科学规划项目"宁夏六盘山区生态移民社会融入问题研究"（15NXBGL07）；2013 年国家软科学项目"国家连片特困地区生态移民社会融入问题研究"（2013GXS4D154）。

作者简介 张铁军，中共宁夏区委党校公共管理教研部副教授。

的影响，其中包括：原有的生产体系被破坏，生产性的收入来源丧失，人们被重新安置到另一个可能使他们的生产技能不能充分发挥、而且资源竞争更加激烈的环境中，乡村原有的组织结构和社会关系网被削弱，家族群体被分散，文化特征、传统势力及潜在的互相帮助作用被减弱等。[2] 当前，"搬得出"对于生态移民而言已是既成事实，我们现在更应关注的问题是：生态移民能否适应迁入地的生产生活"稳得住"进而达到"逐步能致富"，即生态移民在迁入地的社会适应过程。生态移民在迁入地的社会适应是一个综合的社会转变过程，而这个过程对任何形式的生态移民而言都是一个艰难的、渐进的过程。

国际上对生态移民的研究多是从自愿性移民或国家移民的角度出发，与其社会适应相关的概念有：同化、文化适应、社会融入、社会吸纳与社会并入等。代表性的研究主要有：沃斯对"城市性"的分析；帕克对外国移民进入城市后的文化维护与同化问题的探讨；曼吉对违章建筑的"异乡人区"的研究；安德森夫妇对进城农民利用志愿性社团来谋生并适应城市生活的研究等。国内对生态移民的实施与研究兴起于 20 世纪 80 年代，发展于 21 世纪初。目前针对生态移民的研究，主要集中在对生态移民工程实施的必要性与可行性、对迁出地的生态保护作用、安置模式以及与城镇化的关系等问题上，研究多是一般性的描述；而对生态移民社会适应问题的研究则处于起步阶段。本文侧重案例研究与实地调研，从生活环境、收入来源、社会互动等方面对隆德县城关镇峰台村移民安置区的生态移民在安置后的社会适应现状进行分析，揭示出生态移民在社会适应过程中所面临的困境。

二、案例分析：隆德县城关镇峰台村移民安置区生态移民社会适应现状分析

隆德县是国内最早采取异地安置扶贫方式探索生态移民的地区，早在1983 年就按照宁夏回族自治区"以川济山，山川共济"战略要求实施了吊庄移民工程，形成了隆湖开发区的成功典范。隆德县在"十二五"期间计划搬迁生态移民 7409 户 30649 人，其中县内移民 2204 户 9119 人，县外移

民 5205 户 21530 人，其中城关镇峰台村移民安置区在生态移民社会适应方面具有一定的代表性。城关镇峰台村移民安置区于 2011 年建成，占地 82.65 亩，共安置王辛湾生态移民 107 户 390 人。

（一）生产生活环境大为改善

生态移民搬迁前居住在王辛湾，其生产生活条件较差，交通不便，饮水困难。2011 年，按照"近水、沿路、靠城"的要求，将其安置在离县城 4 公里的城关镇峰台村移民安置区。每户政府给建设 54 平方米的住房，通水通电，户均配套 1 台太阳灶、1 套太阳能热水器、1 架户户通卫星电视接受器，培训 1 门实用技术，并通过土地流转的形式扶持每户发展 1 亩苗木。

（二）以务工为主的收入来源

在实施生态移民搬迁之前，王辛湾村民的收入来源主要是"季节性"外出务工及粮食种植（小麦、玉米、马铃薯等）。在迁入迁入地之后，村里 90% 以上的青壮年劳动力都选择了长期外出打工，村里留下来的主要是老人、儿童以及身体残疾者。由于离城较近，村里留下的有劳动能力的老人也多选择在县城或周边农业示范园区打零工，或在家里看小孩、管护苗木。

（三）逐渐向现代转变的生活方式

王辛湾生态移民实施搬迁以后，由于迁入地离城镇较近，村民的"衣、食、住、行"等生活方式逐渐向现代转变。由于靠近乡镇，村民唱戏、电影等文化活动也逐渐多了。在生活方式发生转变的同时，生活支出（水、电、粮食等）也在逐日增加。

（四）向多重型转化的社会互动

王辛湾生态移民由一个相对封闭的由本村村民构成的传统农村社区搬迁进入新的安置区，在这个新的生活共同体中，原先单纯的村民交往已演变成原住村民、周边居民和外来人员之间的多重互动。一是生态移民之间的社会互动。搬迁进入新的安置区后，生态移民之间的交往深度虽然已远不及过去，但是，村民之间原有的社会关系网络并没有彻底断裂，当外来人员与本村村民发生矛盾时，村里人无一例外地偏向村民，表现出其对"王辛湾村民"身份的强烈认同。二是生态移民与周围居民的社会互动。生态移民与周边居民的社会交往逐渐增多。在交往过程中，两者存在一定的隔阂。生态移民虽然已经迁入城关镇峰台村移民安置区，但是周边居民仍然把他们当作"王辛湾村民"。生态移民在穿衣打扮、行为方式方面渐渐地向周边居民靠拢，但价值判断上并不认同。认为周边居民，特别是"城里人"冷漠自私，"自以为高人一等，其实没什么了不起"。生态移民与周边居民之间缺乏相互的角色认同，尽管他们之间许多人已开始了交往，但这些交往并不密切，缺乏深层次的沟通和互动。

三、生态移民社会适应面临的现实困境

生态移民的社会适应是一个综合的社会转变过程，其不仅仅是居住地的改变，还存在人力资本的提升、社会关系的重塑以及思想意识的变迁等困境。

（一）人力资本较低

所谓人力资本，就是通过投资形式，由劳动者的知识、技能和体能所综合构成的体现在劳动者身上的资本。西奥多·舒尔茨曾经指出，人力资本的取得要靠投资才能获取，这种投资主要有五种形式：正规教育、在职培训、成人教育、保健支出、为就业需要所引起的必需的迁移。其中，正规教育和在职培训是主要的两种投资。[3] 人力资本与社会适应之间的内在联系逻辑是："受教育程度越高—人力资本越高—职业价值越高—经济收入越高—越容易适应社会"。经济收入是人们生存的基本保障，或者说是适应社会的物质基础。外出务工是生态移民家庭经济收入的重要来源。移民外出务工属"亦工亦农"型，具有明显的兼业性和"候鸟型"的特点。随着经济社会的发展，用人单位对劳动力素质的要求越来越高，务工需求呈现出由"体力型"向"智力型""技能型"方向转变的趋势。生态移民总体上受教育程度低，缺乏文化知识或一技之长，大多就业属于体力劳动，属于"生存型"就业，没有时间、精力和财力实现自身的提高和发展，就业只能在获得性要素较低的劳动力市场中徘徊。虽然生态移民在迁入地获得了较以前更高的绝对收入，但移民劳动者的人力资本与现实需求存在着较大差距，阻碍了其适应并融入当地社会。

（二）社会交往困难

社会交往具有多种功能，除了最重要的建立社会关系网络以外，还有交友、交流信息、情感交流、心理宣泄、共同娱乐、价值认同、解决日常生活麻烦等多方面功能。从移民的社会交往来看，社会交往（社会关系）越广泛和越深入，越容易适应与融入当地社会；反之，社会交往越封闭越狭窄，越不容易适应与融入当地社会。移民要在一个新的地方生存与发展，必须借助社会交往这一渠道所建立社会网络，来获取有利社会适应的各种资源。总体而言，生态移民与周边城市或农村居民交往中存在较大的局限性。一是社区隔阂。生态移民的安置以县外移民为主，县内移民为辅，迁入地比较集中，多远离中心城区，相对独立，与外界现代化城市社区联系较少。这就人为造成了生态移民和周边市民交往的空间障碍。二是社会隔阂。当前，我国贫富差距日益拉大，社会各阶层之间的边界已经形成。不同阶层之间在居住区域、生活方式以及文化品位上表现出明显的差异，各阶层之间的交往也日趋减少。在此背景下，生态移民在进入新的迁入地后在社会交往的对象和范围上虽有所变化，但与周边城市及农村居民交往之间仍存在社会隔阂，在总体上仍改变不了其交往的内倾性和同质性强的特点。正如美国社会学家彼特·布劳所说，"有着相近的社会位置的人们之间的社会交往要比其位置相差大的人们之间的交往普遍些"。[4] 三是心理隔阂。由于社区隔阂和社会隔阂的存在，使得生态移民在与周边城市与农村居民交往过程中存在心理隔阂，交往困难，难以较快适应并融入当地社会。

（三）传统文化观念转变困难

美国社会学家威廉·奥格本的"文化堕距"理论认为，"由相互依赖的各个部分所组成的文化在发生变迁时，各部分变迁的速度是不一样的。一般来说，总是物质文化先于非物质文化发生变迁，价值观念的变迁是最难的"。[5] 生态移民在由原居住地到迁入地后，虽然居住环境、物质生活得到了改善，但其职业观念、生育观念、消费观念、政治观念、教育观念、宗教文化以及生活习惯等内在的思想意识仍停留在过去，没有及时跟上环境的变化，影响了移民与周边社会的交往与互动，阻碍其社会适应的速度。

（四）生态移民村落空巢化、老龄化问题严重

生态移民工程多是通过整村推进，以户为单位实施的。生态移民在进入迁入地后，绝大多数的青壮年生态移民都选择了进城务工，安置点留下来的基本上都是老人、儿童以及身体残疾者，生态移民村落的空巢化、老龄化问题严重。生态移民村落里的老年人由于本身存在的身体和认知特性，以及交往的对象也都是老年人，使其比年轻生态移民面临更多社会适应困难。如老龄生态移民迁入新的社区后，有强烈的孤独感，会产生生活不适甚至焦虑等状况。

四、研究结论与对策建议

生态移民在迁入地的社会适应是一个综合的社会转变过程，而这个过程对任何形式的生态移民而言都是一个艰难的、渐进的过程。面对生态移民在社会适应过程中面临的诸多困境，需要从政府层面、主体层面、社区层面和社会层面采取措施，突破其社会适应的困境，让其在迁入地"落地生根"。

政府层面。生态移民的社会适应，政府具有不可推卸的责任。首先，政府要统一生态移民政策，并加大政策的宣传、监督、检查的力度，避免同一时期、同一区域内的生态移民政策前后不一致的现象，避免人为地造成生态移民的不适应。其次，加快产业结构调整，促进协调发展。要推行效益型种植结构以解决移民农业效益低下的问题，发展高效生态农业，倡导"一村一品"的主导产业经营模式。再次，积极推进土地流转，解除生态移民外出务工的后顾之忧。最后，政府需要加强对生态移民的职业技能培训，提高其市场竞争力和就业能力。迁出区至少安排一次培训，主要从基本素质、思想观念、法律常识、道德行为、务工常识等方面进行培训。迁入区至少再安排一次培训，主要针对就业岗位开展技能培训，提高移民岗位适应能力，提高收入水平。

主体层面。美国社会学家格斯柴德指出，移民的社会适应是作为适应主体的移民对变化了的政治、经济和社会环境做出反应的一个过程。移民社会适应的程度是与移民的能动性、积极性紧密联系的。[6] 对于生态移民

"移得出"已是既成事实，"稳得住，逐步能致富"是其必由之路。生态移民在其社会适应的过程中，需要主动顺应社会发展的潮流，积极采取行动，迎接变革与挑战。首先，在思想上，必须转变传统观念，培养自身的创业意识、市场意识、风险意识，提升其社会适应的意愿。其次，在行动上，必须主动学习，参与实践，增强自身技能。为此，需要不断学习文化知识、各种生产，学会遵守城市的规章和法纪，学会和周边居民友好相处，改变生活陋习，增强自身社会适应的能力。

社区层面。社区是人们进行社会活动的第一场所，人们参与社会生活首先要从社区开始，生态移民每天生活的迁入地社区构成了他们日常生活的场域，政府应当充分重视"接受社区"在生态移民社会适应中的重要作用。首先，通过开展社区文化活动来增强社区的凝聚力和生态移民的归属感。由于生态移民进入迁入地后，脱离了原来建立在血缘和地缘关系上的社会网络，而新的人际网络尚未建立起来，心理上难免会产生焦虑不安和失落感，而且他们的思想意识、生活方式等还深受传统社会的影响，不可能马上适应和融入当地。为此，需要所在社区开展丰富多样的文化活动，动员和吸引广大生态移民参与其中，增进社区居民之间的相互了解、沟通和信任，培育生态移民对社区的认同感和归属感。其次，通过社区教育，培养生态移民的现代意识和文明行为。社区部门可以通过专栏、板报和广播等多种形式和途径，发挥社区对于生态移民的知识传播和思想教育引导作用，让生态移民心理上接受现代文明与城市生活方式，在潜移默化中改造他们的思想意识和价值观。

社会层面。从社会的层面来看，需要全社会的人都来关心生态移民的社会适应，消除社会偏见。首先，大众传媒应当率先起到舆论导向作用，呼吁广播、电视、报纸等媒体树立公平理念，在评价生态移民时，要使用同一标准。同时注重对生态移民勤奋、淳朴和勇敢的传统美德的宣传，增加生态移民对社会贡献的报道，引导社会客观评价生态移民农民，消除偏见，在心理上接纳生态移民，避免生态移民"污名化"。其次，倡导人文关怀，让全社会都来关心生态移民的生产和生活。生态移民在迁入地的生产和生活，需要得到社会各界的关心、支持和帮助。政府要本着公平正义的理念在制度设计上充分考虑到生态移民的需要；企业要在接受和安排生态移民就业方面承担应尽的社会责任；城市市民或农村居民需要以开放、宽容的心态对待生态移民并与之交往。

参考文献：

［1］梁福庆.中国生态移民研究[J].三峡大学学报,2011(4).

［2］风笑天."落地生根"？——三峡农村移民的社会适应[J].社会学研究,2004(5).

［3］朱力.中外移民社会适应的差异性与共同性[J].南京社会科学,2010(10).

［4］[美]彼特·布劳.不平等和异质性[M].北京:中国社会科学出版社,1998:395.

［5］李培文,张铁军.城镇化过程中失地农民市民化现状研究[J].中国井冈山干部学院学报,2009(4).

［6］朱力.中外移民社会适应的差异性与共同性[J].南京社会科学,2010(10).

宁夏政府向社会组织购买公共服务的
现状及政策建议

马丽娟

政府购买公共服务，又称公共服务"合同外包"，最早可以追溯到 18—19 世纪的英格兰，公共服务由私人部门签约承包，所涉及的领域包括监狱管理、道路维护、公共税收、垃圾收集、路灯的制造和修理等。到 20 世纪 70 年代，以英国、美国为代表的西方发达国家，面对不断扩大的社会需求、公共服务开支的急速膨胀与政府服务低效之间的矛盾，对社会公共服务体制进行了大规模的改革。在行政改革中开始重视公共服务合同外包的民营化途径，在公共服务领域引入竞争机制，提高公共财政资金使用效率和公共福利的效果。到 80 年代，在新公共管理理论的推动下，德国、日本等世界发达国家也纷纷推行政府购买服务机制，政府购买公共服务成为一种世界性的潮流。在我国，随着改革开放的深入和服务型政府建设的推进，具有中国特色的政府购买服务体制开始逐步形成。

一、相关概念及背景

公共服务是指建立在一定社会共识基础上，一国全体公民不论其种族、收入和地位差异如何，都应公平、普遍享有的服务。公共服务是由政府运用公共权力和公共资源向公民提供各项服务，包括科学、文化、教育、卫

作者简介 马丽娟，宁夏社会科学院社会学法学研究所助理研究员。

生等无形产品，也包括基础设施、道路交通等有形产品，区别于私人企业使用私人资源提供的私人服务。

政府向社会组织购买公共服务（Purchase of Service Contracting，POSC），是指政府将原来直接提供的公共服务事项，通过直接拨款或公开招标方式，交给有资质的社会服务机构来完成，最后根据择定者或者中标者所提供的公共服务的数量和质量来支付服务费用[1]。政府购买服务涵盖大多数公共服务领域，特别是教育、公共卫生、文化、社会服务等领域，非营利组织是公共服务购买的重要承接主体。

政府购买公共服务在国际社会已经普遍存在,在我国尚属于方兴未艾。从 20 世纪 90 年代部分地区的试点，到"十二五"政府购买公共服务已成为我国一些发达地区如上海、北京、深圳等公共服务改革的主要思路之一。政府以"购买"方式提供必要的补助向社会力量购买公共服务，一方面有助于增加公共服务产品，更好满足百姓需求；另一方面政府可以减少机构运行和养人的支出，节省行政成本，提高资源配置效率。实践中，小到社区一老一小的照顾、一花一草的建设，大到教育、医疗、住房的"民生三大件"，都是政府购买公共服务的内容。这种政府付费购买社会组织提供服务的合作模式，能明确社会组织的相应职能，也能使社会组织获得稳定的服务项目和经费来源，使 NGO 发展获得实质性的内容和更大的空间，即"新公共管理学"倡导的"政府出资，定向购买，契约管理，评估兑现"的公共服务供给方式。

党的十八大强调，要加强和创新社会管理，改进政府提供公共服务方式。十八届三中全会提出要加强社会治理，转变政府职能，建设服务型政府，而"购买公共服务"正是有效措施之一。政府向社会组织购买公共服务，是政府减负、社会组织受益、百姓受惠的"三赢"模式。2013 年 7 月国务院总理李克强主持召开国务院常务会议，研究推进政府向社会力量购买公共服务。会议明确了将适合市场化方式提供的公共服务事项，交由具备条件、信誉良好的社会组织、机构和企业等承担。2013 年 9 月国务院办公厅《关于政府向社会力量购买服务的指导意见》出台，要求政府向社会力量购买服务所需资金在既有财政预算安排中统筹考虑，"政府购买公共服务"上升为国家决策。

在宁夏，随着经济快速增长，社会发展飞速进步，建立新型的政社合作模式已成为社会治理的重要内容，如何建设服务型政府，提高政府公共服务的质量和效率，让广大民众共享改革开放所带来的成果，是摆在我们面前紧迫又重大的课题。

二、宁夏政府向社会组织购买公共服务发展现状

近年来，宁夏结合实际，积极探索政府向社会购买服务，取得了较好效果，积累了宝贵经验，但总体上仍处于起步和探索阶段。

（一）宁夏政府向社会组织购买公共服务的内容

从总体上来看，宁夏各级政府向社会组织购买公共服务的主要内容集中在：社区类服务、行业性服务和行政事务类服务。

1. 社区类服务。早在 2006 年宁夏卫生厅就为解决区内各地开展"零利润药品进社区"后社区卫生服务机构运转经费问题，自治区政府通过按成本购买社区卫生服务的形式为市民健康买单。根据地区差异对社区卫生业务费实行补助，并且规定公共卫生经费要随地方经济的发展逐年有所增加。从 2006 年开始，各级政府在每年新增财力中安排一定比例的资金用于发展城市社区卫生事业。政府对举办的社区卫生服务中心（站）工作人员的工资按照全额预算单位予以补助。同时，安排财政经费免费对全科医师、社区护士和管理人员进行岗位培训 [2]。到 2015 年，宁夏多地的城市社区卫生服务机构开展了政府购买社区卫生服务工作，逐步建立城市社区基本医疗和基本公共卫生服务补偿、激励、约束机制，解决困扰社区卫生服务站人员紧缺、服务不到位的问题。

2015 年 9 月以来，宁夏中卫市推行政府购买为老服务工作新模式，在沙坡头区文昌镇、滨河镇等社区开展试点，有近 900 名老人受益。试点工作由中卫市智能化为老服务信息中心联合 50 多个社会组织实施，中卫市民政局投资 20 万元，联合第三方企业介入，为沙坡头区 9 个城镇社区的困难老年人发放政府购买为老服务代金券，提供生活照料、家政服务、康复等6 类 20 多项服务，老人拨打热线 12349，就会有服务人员上门提供服务。

2014年4月，中央多部门联合下发《关于做好政府购买残疾人服务试点工作的意见》，提出政府购买残疾人服务应突出残疾人服务公共性和公益性，优先设立受益面广、受益对象直接的项目。自治区政府根据《意见》精神和《宁夏回族自治区实施〈中华人民共和国残疾人保障法〉办法》的规定，要求各级政府相关部门开发适合残疾人就业的岗位，政府通过购买公益性岗位的方式，为乡镇（街道）、社区配备残疾人工作人员，做好残疾人服务工作。并实施"阳光家园计划"，投入资金资助智力、精神和重度残疾人托养服务机构，在社区开展居家托养服务。

2. 行业性服务。在购买行业性公共服务中，宁夏各地取得了许多进展，尤其是在为政府决策提供专业咨询方面工作较为突出。早在2012年底，石嘴山市政府就聘请8名律师,成立了法律顾问团。2013年，宁夏石嘴山市委、市政府通过了创建法治城市建设三年规划，石嘴山市以及辖区县、区都聘请了法律顾问团，法律顾问团不仅要列席政府常务会、专题会，而且参与行政决策，替政府把脉，使政府行为合法、合理，经得起实践和群众考验。法律顾问团就有关行政部门的协议，出具法律咨询意见，避免行政违规的发生。律师团通过参与政府重大项目、民生工程等，提供了富有实践性的法律意见和建议，成为政府依法行政的助推器。如在星海湖综合开发引资项目中，顾问团律师与企业方代表和律师具体商洽，帮助政府完成了项目的签订。政府花钱并建立制度购买法律服务，使得法律服务从无偿到有偿，从无序到有序，政府也做到了依法决策、依法行政。2013年，石嘴山市政府为推动法律援助工作，投入资金100万元；保障律师参与信访化解矛盾，律师每半天的值班费用从原来的无偿到100元，再上涨到150元，法律援助案件1000件。 [3]

3. 行政事务类服务。行政事务类的公共服务，主要涉及市政管理、特定咨询、日常管理、民办学校的委托管理等。从2014年开始，宁夏银川金凤区以城市环卫公共服务市场化改革为突破口，实行"效益优先，有偿服务"的环境卫生清扫保洁市场化运作，为营造城市优美市容环境打下坚实基础。把公共服务推向市场，由政府向市场购买公共服务，实行"谁经营，谁管理，谁受益"的管理模式，让政府财政由过去"养人"向"养事"转变。如今金凤区已建立起城市环境卫生社会化管理、企业化管理、市场化管理的新格局 [4]。2015 年 10 月，宁夏教育厅、财政厅发布了政府购买学前教育服务幼儿园名单，通过发放助学券、购买学位等方式向 60 所幼儿园购买服务，以扩大普惠性学前教育资源。在行政管理方面，政府在向社会非营利组织购买的同时，也与其他符合条件的社会机构进行合作，如 2014 年 9 月，银川市政府向深圳玉禾田环境事业发展集团有限公司，购买阅海湾中央商务区物业综合运营管理，利用社会资源提高公共服务水平和效率。另外，银川市政府从 2009 年至今已对 1000 多公顷绿地养护管理实行公开招标，引入社会上具有相应资质的园林绿化企业参与竞争，为政府节约了 900 多万元资金，为园林绿化养护管理的社会化运作进行了有益探索。

（二）政府向社会组织购买公共服务的方式

1. 合同制。宁夏在政府购买服务中，较多的采用了合同制，由购买者与社会组织签订服务合同，根据合同约定购买者向社会组织支付费用，由社会组织承接合同规定的特定公共服务项目。银川市从 2011 年开始，在 3 个城区投资建设了 24 所幼儿园，采取公有民办的方式，向社会招标，由中标的企事业组织、社会团体及其他社会组织和公民个人与政府签订承办合同，公有民办幼儿园减轻了政府的运营成本，能节省 2000 多万元财政支出 [5]。

2. 凭制。政府通过消费券的方式来购买公共服务，提高公共服务的效率。从 2013 年开始，银川市兴庆区为老人购买生活服务，向辖区 5 类共 678 名城镇"三无"老人、60 岁以上烈属、60 岁以上享受低保的老人、80 岁以上享受民政部门高龄津贴的老人以及 90 岁以上所有老年人发放 600 元服务券。老人可以通过拨打 96890 热线，借助社区智能化服务平台，联系专业服务团队或社区周边加盟服务商，上门进行家政、维修、代购、代缴、生活照料、医疗保健、紧急救助等服务，用服务券进行支付，服务商持服务券到政府部门兑换现金 [6]。

3. 补助或奖励。对于提供公共服务的社会主体，政府也采用了补助或奖励的购买方式。2014 年 9 月教育厅出台了《自治区政府购买学前教育服务试点工作实施方案》，试点选择 20 所幼儿园购买学前教育服务，之后两年每年增加 10—20 所，采取发放助学券、购买学位、补贴教师工资、提供管理服务等方式购买服务。

(三) 政府购买公共服务的机制开始起步

2013 年 9 月，国务院印发了《关于政府向社会力量购买服务的指导意见》，标志着在国家层面上我国政府购买公共服务开始进入全面推开与创新的阶段。2014 年 5 月，自治区主席刘慧主持召开自治区政府第 22 次常务会议，研究审定关于推进政府购买服务工作的指导意见。会议指出，要结合实际，有序推进，使群众享受到丰富优质高效的公共服务。自治区政府出台了《政府向社会力量购买服务暂行办法》，2014 年 8 月，自治区民政厅、财政厅印发《宁夏回族自治区政府购买社会工作服务实施办法》。政府购买公共服务通过试点探索，正由点及面的全面展开，搭建起相应制度平台。2015 年 5 月，宁夏全区政府购买服务工作会议召开，以自治区政府办公厅名义下发了《宁夏回族自治区关于推进政府购买服务工作的指导意见》，自治区财政厅下发了配套的暂行办法、指导目录、流程规范、建立信息报送机制的通知等，初步搭起政府购买服务的制度平台。自治区建立了"政府统一领导，财政部门牵头，民政、工商管理以及行业主管部门协同，职能部门履职，监督部门保障"的工作机制，推动建立项目申报、项目审定、组织采购、资质审核、合同签订、履约监管、绩效评估、经费兑付的规范化购买流程，强化绩效评估和监督管理，逐步形成行业化、专业化的政策体系，探索多元化的政府购买服务模式和路径。按照突出公共性和公益性的原则，重点选取民生关注度高、适合由社会力量承担的养老、教育、就业、医疗卫生、文化体育、社区服务、住房保障、残疾人服务等公共服务项目。

目前，宁夏在各市、县逐步推行政府向社会力量购买服务工作，并力争到 2020 年，在全区建立比较完善的政府购买服务制度，形成与经济社会发展相适应、高效合理的公共服务资源配置体系和供给体系。

(四) 政府向社会组织购买公共服务的成效

宁夏积极探索政府向社会购买服务，总体取得了较好效果。经过一些领域的试点，宁夏的政府购买服务工作已逐步推开，到"十二五"末统一有效的购买服务平台和机制初步形成，相关制度法规建设取得明显进展。

在市、县（区）层面上，政府购买服务工作开展快，试点已全面推开，主要集中在购买公益性岗位、法律服务、城市保洁、垃圾处理、社区服务、技能培训等方面。其中，银川市和石嘴山市工作开展的较为突出。银川市的政府购买服务工作深入推进，领域不断拓宽，目前主要集中在安老服务、社区卫生服务、残疾人托养服务、园林绿化养护、民办教育、公共文化服务等方面，基本形成了政府主导、部门负责、社会参与、共同监督的工作机制，效果已经显现，取得了较好的社会效益。

通过政府购买公共服务工作的逐步拓展，在公共服务领域取得了实质性的效果，主要表现为：一是政府购买公共服务提高了公共服务质量，满足了多层次的公共服务需求；二是政府购买公共服务促进了政府职能转变，推进了政府机构改革；三是政府购买公共服务提高了公共服务供给效率，减少了财政支出压力；四是政府购买公共服务为社会组织的成长提供了更多空间，推动了社会治理创新。

三、宁夏政府购买社会组织公共服务存在的问题

政府购买公共服务是提高政府服务效率、节约成本的一条有效途径，但目前各级政府还处于探索阶段，仍存在许多不足。

（一）政府购买力度不够，受惠人群较少

目前，宁夏的政府购买服务在多数地方的实践还处于个案的水平，向社会购买服务的范畴大多停留在部分因人手或专业技能缺乏，政府无力胜任的方面。财政对购买服务的经费划拨还较为有限，受惠人群也比较有限，而且多集中于城市，农村的投入不足。购买哪些服务、怎么购买，还需要相关部门深思熟虑和认真研究。

（二）制度不健全，需加以不断完善

尽管从中央到地方都提及政府购买服务，有政策性的文件，但没有专门的法律来规范这一行为，许多工作处于探索和实验阶段，存在着操作缺乏规范性，服务质量标准不明确，合同条文不够严谨，核定服务价格方面存在过大的自由定价空间，监管不到位等问题。

（三）非营利组织薄弱，缺乏竞争力

社会组织发育不足是目前宁夏第三部门的基本状态，作为社会服务提供者的社会组织，无论是数量还是质量都不能满足社会需求，非营利组织的能力不足也制约了公共服务的提供。同时，存在着竞争度不够的问题，如在选择服务提供者时较多地使用"定向"方式而不是市场化程度更高的"招投标"方式。

（四）绩效不足，需要严格监督

在宁夏政府购买公共服务的过程中，各部门还没有严格落实对承接主体的监管责任，以及需要各部门之间通力合作建立的一套行之有效的监督、评估、惩戒体系，还存在绩效评估不足的问题。动态监管不及时、不规范，致使一些不合规定的社会组织影响了公共服务购买工作的推进。

四、推进政府购买公共服务的政策建议

现代社会的发展，需要一个善于调动、开发和利用各种社会资源及其能动性的治理新体制，政府与社会共生共长、相辅相成的良性互动关系是这个体制的核心内容。通过政府购买公共服务，促进社会观念转变、制度创新和机构素质提升，推动社会的和谐发展。

（一）政府应切实转变观念

政府部门应从根本上转变观念，视社会组织为良好的合作伙伴，而不是"洪水猛兽"。政府在转变职能的过程中，要认识到政府不是提供公共服务的唯一主体，要为非营利组织的发展提供空间。积极推动购买服务成为现代政府发展的新趋势，精简政府机构，提高行政效率。社会组织在作为公共服务的提供者时，应当得到足够的政府支持，通过政府的倡议和激励，发挥自身优势，满足社会需求。

（二）构建政府购买服务的制度体系

党的十八届四中全会提出要全面建设"法治国家、法治政府、法治社会"的目标，十八届五中全会又指出："要加快法治经济和法治社会建设。"要促进政府向社会组织购买公共服务的常态发展，必须形成相应的管理体制，制定相关法律法规，规范政府购买行为。通过对《政府采购法》

《招标投标法》的完善，明确各部门政府的职责，在面向公民的公共服务没有成为《政府采购法》的专门内容之前，应继续出台完善指导政府购买公共服务的地方性法规。

(三) 政府应增加公共服务财政预算

政府应准确界定购买服务的对象，明确购买服务的内容，引导社会参与。加大购买服务的力度，在资金配置上增加预算，进行系统规划。购买公共服务是复杂的系统工程，要根据社会经济发展水平做全盘考虑，对政府购买公共服务的总量规划、财政支出上的刚性预算、近期和远期目标以及推进公共服务的方式、途径等，进行统筹规划和整体运作[7]。

(四) 建立严格的监督评估体系

在购买社会组织公共服务的过程中，政府要建立起服务项目实施的动态管理与动态监督机制。服务项目的申请、评审、立项、招标、订约、实施、调整、结项、评估、反馈等一系列环节都要有相应的管理办法和监督部门。除却政府部门内部的监督，应积极采纳独立的第三方监督机构，如会计事务所、法律事务所、审计事务所等机构。

(五) 加强社会组织培育能力建设

政府应根据形势的变化出台政策法规，指导、培育、发展社会组织，提高社会组织的自我管理、自我服务、自我教育、自我监督和综合服务能力，有效承接政府转移职能，研究制定鼓励社会组织参与民生服务的扶持政策，不断壮大公共服务实施主体，充分发挥社会组织承担公共服务职能的作用。增强社会组织的"自立、自主、自律"功能，加强其能力建设，提高社会组织的综合服务水平。

参考文献：

[1] 王浦劬，[美]莱斯特·M·萨拉蒙，等.政府向社会组织购买公共服务研究——中国与全球经验分析[M].北京：北京大学出版社，2010：4.

[2] 曹健.宁夏：政府按成本购买社区卫生服务送给市民[N].新华每日电讯，2006-03-22.

[3] 申东.石嘴山政府花钱购买法律服务[N].法制日报，2013-08-21.

［4］张晓慧.金凤区试水政府购买公共服务［N］.宁夏日报,2014-10-9.

［5］［6］李继学,唐夕建.探索公共服务提供的新方式——宁夏推进政府购买服务纪实.中国财经报,2014-11-20.

［7］李育波.政府购买社会服务体制的新探索——以政府自我管理与维护社会稳定为视角.广州社会主义学院学报.2011(3).

宁夏县级公立医院岗位与成本核算研究报告

王维成

为全面推进县级公立医院综合改革试点工作，根据国家卫生计生委的要求，自治区卫生计生委信息中心组织相关机构专业人员成立课题组，基于医院信息系统组织开展了我区县级公立医院岗位与成本核算研究。

一、资料来源与方法

采取整群抽样调查方法，选择宁夏平罗县医院和中医医院、贺兰县医院和中医医院、海原县医院和中医医院，在医院信息系统（HIS）增加"岗位与成本核算"模块，对临床科室和医技科室每个工作岗位每天的工作日志进行记载；对行政科室、后勤科室和其他辅助科室无法使用电脑的工作人员建立手工工作量日志和统计台账；基于HIS查询医院决策的每一个事项和每一笔支出并记载。建立医院岗位与成本核算数据库，对6家医院2016个岗位工作量、工作质量、工作效率进行分析，全部数据经Excel录入，采用SPSS20.0统计软件进行统计学处理，探索医院岗位设置数量与成本的关系。应用卫生统计学"动态数列及其分析指标"理论和方法对医院工作量（门急诊、住院、手术）、业务指标、经济指标变化情况和发展趋势

作者简介　王维成，宁夏回族自治区卫生和计划生育委员会信息中心主任，主任医师。

进行分析并与全国平均水平对比做出结论。利用文献检索法和德尔菲（Delphi Method）法研究结果对调查医院岗位成本做出判断，掌握医院收支规律和成本控制情况，为科学核定县级公立医院岗位提供依据。

二、研究结果

（一）三县医疗服务需求基本得以释放，医疗资源利用率较高

2014 年，贺兰县年总诊疗人次 809287 人次，人均每年就诊 3.5 次，住院 26385 人次，住院率 11.2%；平罗县年总诊疗人次 1255635 人次，人均每年就诊 4.6 次，住院 27531 人次，住院率 10.3%；海原县年总诊疗人次 1065811 人次，人均每年就诊 2.7 次，住院 32291 人次，住院率 8.2%。

（二）医院经济核算制度存在利益化倾向

目前县级医院成本核算方法是临床科室将出院结账收入扣除药品收入、上月退费等与"各科室直接成本表"中的该科室成本费用项目（不含药品成本）配比得到收支结余；医技科室将出院结账收入中的检验检查收入与"各科室直接成本表"中的该科室成本费用项目配比得到收支结余；药剂科将出院结账收入中的药品收入与"各科室直接成本表"中的该科室支出项目（含药品成本）配比得到收支结余；供应室按出院结账收入中的材料收入、各科室医疗耗材领用成本价一定比例提取的管理收入与"各科室直接成本表"中的该科室支出项目（含材料成本）配比得到收支结余。通过上述办法计算出收支结余总额后，各业务类科室根据医院确定的风险系数对应不同的收支结余提取比例，形成科室的奖励性绩效工资，科室再根据每个职工的医疗风险、业务技术要求的高低、工作量、病人满意度等进行综合评价考核分配。管理类科室根据各业务科室人均绩效工资进行算术平均后，得到平均奖励性绩效工资，再根据医院绩效工资考核管理办法确定的系数标准进行各职能岗位的考核分配。这种核算制度过分注重科室创造的利益，难以体现不同岗位的真实劳动投入，在客观上形成了"利益驱动"理念，把医院作为创收的工具，不注重医院成本核算管理的实效性，而是将居高不下的成本转嫁到患者身上，助推了医院盲目扩张趋势，恶化了医患关系，导致了看病贵问题。

(三) 县级医院不同岗位工作量不均衡

县级医院临床科室每日工作时间均大于有效工作时间 6 小时，行政后勤岗位每日工作时间小于 6 小时。一线医（技、药）师每日工作时间最长的科室为外科（8.14 小时）、妇产科（7.28 小时）、儿科（7.23 小时）；一线医（技、药）师每日工作时间最短的科室为内科（检验科 5.40 小时）。HIS 提示的工作日志发现，县级医院临床科室的一线医师周六、日平均投入 2.1 小时在工作上，且手术科室一线医师周末工作时间比非手术科室多 1.3 小时，手术科室二、三线医师的临床工作时间也显著多于非手术科室。调查医院病床与工作人员之比，贺兰县医院为 1:1.53，平罗县医院为 1:1.81，海原县医院为 1:0.76（工作人员配备不足）。调查医院当前的床医比，贺兰县医院为 1:0.31，平罗县医院为 1:0.44，海原县医院为 1:0.28。按照 1978 年部颁标准推算，平罗县医院工作人员和医师配备数量大于实际需求，工作人员富余 120 人，医师富余 53 人。贺兰县医院基本符合要求，海原县医院工作人员总量配备不足。基于 HIS 对三所综合医院开展的 63 项直接护理项目与 17 项间接护理项目进行频数测定，直接护理时间占护理总时间的 61.80%。以静脉输液工作量为 0.1 对护理操作项目进行加权处理，对综合医院护理人员配备数量进行分析判断，贺兰县医院护士超员 32 人，平罗县医院护士超员 47 人，海原县医院护士缺乏 27 人。中医医院依据《国家中医药管理局关于中医医院发挥中医药特色优势加强人员配备的通知》精神，人员配备基本符合实际需求。医技、检验、药剂等功能科室的专业技术人员工作量经过 HIS 提取 2014 年的基数，换算成标准工作量后比较，6 所医院差异没有显著性意义，且每日工作时间均大于有效工作时间 6 小时，总体上属于配备合理。行政后勤科室人员配备与管理体制关系密切，公立医院效率较低，管理成本高，但体制内原因导致无法裁减。

(四) 县级公立医院医师工作效率存在明显差异

贺兰县医院医师人均每日担负 18.94 个诊疗人次，4.09 个住院床日；平罗县医院医师人均每日担负 7.85 个诊疗人次，2.57 个住院床日；海原县医院医师人均每日担负 5.18 个诊疗人次，3.36 个住院床日。贺兰县中医医院医师人均每日担负 18.56 个诊疗人次，2.76 个住院床日；平罗县中医医

174

院医师人均每日担负 7.96 个诊疗人次，3.30 个住院床日；海原县中医医院医师人均每日担负 7.58 个诊疗人次，1.86 个住院床日。依据国内同级别医院医师人均每日担负 6.6 个诊疗人次、2.2 个住院床日来判定，贺兰县医院、贺兰县中医医院医师效率较高。

（五）县级医院诊疗项目和护理操作项目比较规范

贺兰县医院开展了 1229 个诊疗项（均为常规诊疗项）、63 个护理操作项；平罗县医院开展了 1665 个诊疗项（92.1%为常规诊疗项）、162 个护理操作项；海原县医院开展了 2157 个诊疗项（96.2%为常规诊疗项）、84 个护理操作项，基本符合《二级综合医院评审标准（2012 年版）实施细则》和《临床护理实践指南（2011 版）》规定的二级综合医院临床科室基本诊疗技术标准和护理技术要求。

（六）县级医院工作质量基本符合二级甲等医院要求

按照年门诊人次、年急诊人次、年住院患者入院出院例数、出院患者实际占用总床日、年住院手术例数、年门诊手术例数、恶性肿瘤手术前诊断与术后病理诊断符合例数、住院患者死亡与自动出院例数、住院手术例数、危重抢救例数、死亡例数、出院患者平均住院日、平均每张床位工作日、床位使用率%、床位周转次数等指标衡量，平罗县医院、海原县医院达到了二级甲等医院服务水平，平罗县中医医院、海原县中医医院达到了二级甲等中医医院的服务水平。

（七）县级医院患者负担逐步减轻

贺兰县医院次均门诊费用 119.9 元，次均住院费用 3068.9 元；平罗县医院次均门诊费用 134.1 元，次均住院费用 4056.2 元；海原县医院次均门诊费用 111 元，次均住院费用 2734.1 元。贺兰县中医医院次均门诊费用 42.9 元，次均住院费用 1839 元；平罗县中医医院次均门诊费用 132.5 元，次均住院费用 3095.7 元；海原县中医医院次均门诊费用 46.4 元，次均住院费用 2720 元。按照现行医保报销比例，患者在县级医院住院可以报销 65% 的合规医疗费用。

（八）县级医院资产运营管理有待精细化

医院资产运营情况一般选择医疗收入/百元固定资产、业务支出/百元业务收入、医疗收入中药品和医用材料收入比率三项指标进行分析评价。HIS 数据分析显示，贺兰县医院三项指标分别为 327.53、75.74、48.39，平罗县医院三项指标分别为 202.12、92.20、44.41，海原县医院三项指标分别为 119.60、101.61、46.34；贺兰县中医医院三项指标分别为 57.58、132.19、48.52，平罗县中医医院三项指标分别为 159.99、122.54、48.10，海原县中医医院三项指标分别为 242.81、119.00、47.91。综合医院和中医医院、同类医院之间差别具有显著性意义，海原县中医医院成本效益明显优于其他医院。

（九）中医医院具有西医化倾向

HIS 提示，抗生素处方和中医处方比例，贺兰县医院分别为 20.0% 和 0.7%，平罗县医院分别为 27.4% 和 35.4%，海原县医院分别为 9.8% 和 24.4%，贺兰县中医医院分别为 22.0% 和 40.7%，平罗县中医医院分别为 36.6% 和 33.1%，海原县中医医院分别为 22.6% 和 30.2%。按照世界卫生组织"抗生素使用不超过 150 种、使用比例控制在 30% 以下为宜"的建议，6 家医院抗生素使用基本合理，但中医医院中医处方比例均低于 50%，中医医院西医化倾向明显。

（十）县级医院大型医疗设备配置不均衡

HIS 收集 3 所综合医院 8—10 月 CT 检查和 X 射线检查人数为 12690 人次，检查阳性 10794 人次，阳性率为 85.1%。从大型设备配置情况来看，50 万元以上设备除平罗县医院外，贺兰县医院、海原县医院均有 6 台，贺兰县中医医院有 2 台，平罗县中医医院和海原县中医医院一台也没有。10 万元以上设备配备只有平罗县医院能够满足要求。按照国家卫生计生委的要求，县级医院的大型医疗设备配置应由财政安排专项资金解决，实际除平罗县医院依靠贷款购买之外，其他医院大型医疗设备缺乏。

（十一）县级医院债务负担较重

6 所调查医院总债务为 22131 万元，其中，流动负债 10930 万元，主要是药品回款和医用耗材欠费；非流动负债 11201 万元，主要是医疗设备购置和基本建设贷款。负担最重的是平罗县医院，其次是平罗县中医医院和海原县医院。贺兰县医院和贺兰县中医医院因承包经营，没有流动负债。

（十二）县级医院财政补助比例偏低

贺兰县医院财政补助收入占总支出的 7.1%，相当于人员经费的 27.4%；平罗县医院财政补助收入占总支出的 33.1%，相当于人员经费的 74.7%；海原县医院财政补助收入占总支出的 35.5%，相当于人员经费的 67.7%；贺兰县中医医院财政补助收入占总支出的 27.4%，相当于人员经费的 64.7%；平罗县中医医院财政补助收入占总支出的 36.0%，相当于人员经费的 98.0%；海原县中医医院财政补助收入占总支出的 29.5%，相当于人员经费的 95.1%。县级财政对公立医院的补助只计算离退休人员和实际在编人员，占在职职工 60% 的聘用人员由医院自筹资金支付薪酬，故此医院希望增加编制只是为了增加财政补助，这是现行财政补助模式导向作用下的一个"伪命题"。事实上，医院只是希望能够提高财政补助标准。

（十三）县级公立医院专业技术人员待遇偏低

6 所县级医院工作人员月均工资为 3506 元，年薪 4.21 万元，专业技术人员月均工资为 4387 元，年薪 5.26 万元，专业技术人员（主任医师级别）年薪最高（不含贺兰县中医医院院长）8.4 万元。与自治区内三级甲等医院比较，相差近 50%。从 6 所县级医院专业技术人员工资构成来看，基础职务工资占 44.5%，基础绩效工资占 32.2，奖励性绩效工资占 17.7%，其他津贴补贴占 5.6%，奖励性绩效工资比例偏低，难以调动专业技术人员的积极性。贺兰县中医医院实行年薪制，除院长为兼职之外，在编人员年薪也高于其他同类医院。

三、改革建议

（一）进一步加强顶层设计，构建医疗机构管理运行新机制

进一步明确县级公立医院的功能定位，加速实施住院费用包干预算制，通过经济杠杆引导其提高诊疗水平，在实行医师年薪制并保持与三级医院同等收入水平基础上，结合医保基金补偿比，确定县级医院住院"服务包"，实行包干预付制，将医保基金按季度预拨 70% 医院，剩余的 30% 年底根据绩效考核结果兑现，开发卫生管理应用平台及其实用软件，全程通过医保专网和医院管理信息系统实现医疗服务行为、质量和费用的实时监管，

使医方和患方获得最大收益，使主办者、监管者取得最大的效率和效益。

（二）调整县级公立医院医疗服务价格，从根本上破除以药养医机制

公立医院改革的切入点是调整提高医疗服务价格，最简单实用、科学合理的办法，就是在保持其他医疗服务收费价格不变情况下，让试点城市和试点县公立医院的诊疗费、手术费、护理费、床位费上浮50%执行收费，边试点边测算，逐步降低大型设备检查费和检验费，取消药品加成不再补偿，使医疗服务收入足以弥补医院全部药品收益，真正废除以药养医，实现医药分开。

（三）逐步弱化县级公立医院事业编制，实行备案制和人事管理新模式

成立县域医疗卫生人员人事管理中心，所有在编、非在编人员全部集中在人事管理中心进行管理，由县级医院、乡村社区卫生机构从中心聘任所需岗位人员，实现人员身份置换，由身份管理向岗位管理转变和过渡，破解卫生事业单位人事管理瓶颈和桎梏，推动医疗卫生机构人事改革创新突破。

（四）进一步明确政府履行公立医院举办主体责任，全面落实政府对公立医院财政保障政策

将公立医院离退休人员费用纳入年度财政预算足额及时拨付；将符合规划的基本建设及大型设备购置、重点学科发展、人才培养、政策性亏损、承担公共卫生任务和紧急救治、支边、支农公共服务等支出纳入预算统筹安排；加大对公立医院日常运行支持力度，提高财政对公立医院人员工资保障水平；化解县级医院的长期债务，纳入同级政府性债务统一管理。继续推进政府职能转变，明确公立医院法人治理机构职责。厘清政府与公立医院在人事、资产、财务等方面的责权边界与关系，建立公立医院理事会领导下的院长负责制，院长可实行任期制和聘任制以及年薪制，年薪标准为医院职工工资平均水平的3~5倍，由地方财政单列预算安排，聘任期内院长不享受医院奖金。院长可采取民主推荐、公开选拔、组织考察等多种方式产生。医院副院长由院长提名，医院理事会投票表决并报卫生行政部门审批，党委组织部备案。

（五）改革现行医院奖励性绩效工资分配办法

禁止以科室收入为基础实行经济核算，推行以 RBRVS （resource based relative value scme） 为基础的奖励性绩效工资分配制度。是以资源消耗为基础，以相对价值为尺度，来支付医师劳务费用的方法，主要是根据医师在提供医疗服务过程中所消耗的资源成本来客观地测定其费用，也可以实行医师年薪制。具体操作方法是按照医院不同的工作性质，对医师、技（药）师、护理、行政 4 个岗位进行测算，在奖励性绩效工资分配时首先依据医院的具体情况设定一个基本工作量，各个工作岗位上的工作人员在完成基本工作量的前提下才能参加奖励性绩效工资分配，可以设定医（技、药、护）师职务奖，再根据当月的工作量多少，质量高低，难度系数来分配，坚持"按劳分配，效率优先，兼顾公平，倾斜临床，优劳多得"的分配原则，依据不同科室的业务内容、学术和技术水平、风险和劳动强度等制定不同考核内容与分配办法，逐步建立重学术和技术、重效率和贡献的奖励性绩效工资分配机制，重点向关键岗位、业务骨干和做出突出贡献的人员倾斜，合理拉开收入差距，调动医务人员积极性。

（六）加强对县级公立医院的成本核算管理

建立相互协作的成本核算管理组织，对医院成本核算中的基础性工作加以完善，对在账的财产物资进行清产核资，对房屋、设备、低值易耗品等物资逐一核实，对日常发生的水电煤等费用数据进行仔细核对登记，根据对这些日常消耗数据分析制订出合理的消耗定额。严格控制费用支出，对医院日常消耗比较大的费用项目要制定成本计划和成本费用开支标准，杜绝不合理开销；对库存医用材料加强管理，针对医用材料在医院的流转程序，制定严格的管理制度，杜绝浪费行为。对物资采购的来源与采购程序加强管理，严格按照投资预算进行招标，对医院现有大型医疗设备派专人进行管理，并制化操作流程，建立信息完整的专项设备技术档案，推广使用报告制度，以便医院及时得到设备使用情况的反馈信息，实现资产使用管理过程的全程监控。加强定额管理，将医院所有的费用成本按照事先确定的消耗定额，根据床日和诊次进行成本核算，有条件的可以按疾病诊断分类定额预期支付制（DRG）或单病种进行成本核算，对大型医疗设备进行效益评价，促使医院由粗放扩张向精细化管理的方向转变。

（七）加快推进县域卫生综合改革，促进基层医疗机构全面发展

推广海原、盐池两县创新支付制度改革试点项目经验，将乡村门诊包干预付模式、医保报销比例调整政策等创新项目核心内容作为推进县域卫生综合改革的主要内容和抓手，重塑和构建基层医疗卫生机构运行新机制。推行县乡村医疗卫生人员与服务一体化管理，完善疾病应急救助制度，发展医疗集团和医疗服务共同体，整合学科优势，实施集团内一体化管理。全面推行"先看病后付费"的诊疗模式，增强急慢分治、分级医疗、双向转诊的可操作性。促进健康服务业和健康产业的发展，建立覆盖全生命周期、内涵丰富、结构合理的健康服务业体系，打造一批知名品牌和良性循环的健康服务产业集群，满足广大群众的健康服务需求。

（八）全面提升县级医院医疗服务能力

建立医疗服务及管理人才培养制度，公立医院新进医师必须经过住院医师规范化培训方可上岗。建立医疗卫生人才培养机制，优先遴选县级公立医院优秀骨干人才参加培训，自治区财政安排专项经费给予支持。推进医院信息化建设，在自治区统一规划下，加快推进县级医药卫生信息资源整合，逐步实现医疗服务、公共卫生、计划生育、医疗保障、药品供应保障和综合管理系统的互联互通、信息共享。提高中医药（回医药）服务能力，利用宁夏当地中医药资源，充分发挥中医简便验廉特色优势，加强对基层卫生机构支持和指导，促进中医药进基层、进农村，为群众防病治病。

国内美丽乡村建设模式与
宁夏实现美丽乡村建设关系研究

王红艳　马忠莲

党的十六届五中全会提出"生产发展，生活富裕，乡风文明，村容整洁，管理民主"的社会主义新农村建设目标。"十八大"将生态文明引入"五位一体"的社会主义建设总布局，提出建设"美丽中国"的目标。然而贫穷落后的山清水秀不是美丽中国，强大富裕但环境污染也不是美丽中国。由此可见，美丽中国建设目标的实现，重点和难点在农村。

建设"美丽乡村"是指依托农村空间形态、遵循社会发展规律、坚持城乡一体发展、农民群众广泛参与、社会各界关爱帮扶、形象美与内在美有机结合、不断加强农村经济、政治、文化、社会和生态建设，不断满足人们内心感受和实现其预期建设目标的一个循序渐进的自然历史过程。从自然层面来讲，它意味着绿色发展、循环发展、低碳发展，是资源节约型和环境友好型社会的结合体。从社会层面来讲，它蕴含着自由、平等、公正、法治。从个人层面讲，它要求爱国、敬业、诚信、友善。追求的是富强、民主、文明、和谐。在快速工业化、城镇化背景下，美丽乡村建设对空心村整治、乡村空间重构、农村人居环境改善、城乡差距缩小和城乡一体化发展具有重要的现实意义。

作者简介　王红艳，中共宁夏区委党校经济管理教研部副教授；马忠莲，宁夏区委党校哲学教研部教授。

一、国内美丽乡村建设模式比较分析

自中央明确提出建设"美丽乡村"奋斗目标后，全国各地积极开展"美丽乡村"建设的探索和实践，涌现出一大批各具特色的典型模式，积累了丰富的经验。

（一）主要模式分析

1. 产业发展型模式。主要出现在东部沿海等一些经济相对发达的县区，其特点表现为，产业化水平高，农业生产聚集、规模经营，产业链条不断延伸，带动效果明显。典型代表为江苏省张家港市南丰镇永联村。改革开放前，其为张家港市面积最小、人口最少、经济最落后的乡村；改革开放期间，由村领导组织村民挖塘养鱼、开办企业，陆续办起了水泥预制品厂、家具厂等七八个小工厂以及村集体轧钢厂，为农民创造了巨大财富，跨入该县十大富裕村的行列。

2. 生态保护型模式。大多聚集在生态优美、环境污染少的地区。主要做法是把生态环境优势变为经济优势，发展生态旅游。浙江省安吉县建立生态立县模式，以生态建设为载体，将自然生态与美丽乡村完美结合，提升环境品位。在保护生态环境的基础上，充分利用环境优势，把生态环境优势转变为经济优势。

3. 城郊集约型模式。其做法是把经济条件较好，公共设施和基础设施较为完善，交通便捷，农业集约化、规模化经营水平高，土地产出率高，农民收入水平相对较高的城市郊区，打造成为大中城市的后花园。上海市松江区泖港镇依托"气净、水净、土净"的独特资源优势，大力发展环保农业、生态农业、休闲农业，成为上海的"菜篮子"，为上海及周边大中城市提供了便捷服务。

4. 社会综治型模式。天津市西青区大寺王村镇利用良好的区位条件和经济基础实现了农村城市化。村里生活环境和谐有序，基础设施完善，家家户户住进新楼房，电脑、电话、汽车走进农家，村民过着"干有所为，老有所养，少有所教、病有所医"其乐融融的城市化生活。

5. 文化传承型模式。这种模式的特点是乡村文化资源丰富，具有优秀民俗文化以及非物质文化，文化展示和传承潜力大。具有代表性的是河南省洛阳市孟津县平乐镇平乐村。该村村民千百年来有着崇尚文化艺术的优良传统，按照"有名气、有特色、有依托、有基础"的"四有"标准，平乐村以牡丹画产业发展为龙头，扩大乡村旅游产业规模，探索出一条依靠文化传承建设"美丽乡村"的发展模式。

6. 环境整治型模式。广西恭城瑶族自治县莲花镇红岩村以前环境卫生较差，围绕新农村建设"二十字方针"，大力发展休闲生态农业旅游，积极启动生活污水处理系统建设工程，成效显著。浙江省永嘉县以"千万工程"为抓手，进行环境综合整治。通过推进垃圾处理、污水处理、卫生改厕、村道硬化、村庄绿化等基础设施建设，大力实施立面改造、广告牌治理、田园风光打造、高速路口景观提升等重点工程，全面改善了农村人居环境。

7. 休闲旅游型模式。江西省婺源县江湾镇是一个天蓝水净地绿的美丽江湾，该地以旅游转型升级为拓展空间，加快乡村旅游发展，促进乡村旅游与农业、农民和农村发展有机相结合。使乡村旅游成为当地农民解决就业、增加收入、劳动致富的主渠道。休闲旅游型发展模式主要适宜在旅游资源丰富，住宿、餐饮、休闲娱乐设施完善齐备，交通便捷，距离城市较近，适合休闲度假，发展乡村旅游潜力大的地区采用。

8. 高效农业型模式。其特点是以发展农业作物生产为主，农田水利等农业基础设施相对完善，农产品商品化率和农业机械化水平高，人均耕地资源丰富，农作物秸秆产量大。典型地区三坪村，在创建美丽乡村过程中充分发挥森林、竹林等林地资源优势，采用"林药模式"打造金线莲、铁皮石斛、蕨菜种植基地，以玫瑰园建设带动花卉产业发展，壮大兰花种植基地，做大做强现代高效农业。

（二）经验启示

由于各地美丽乡村建设的理念、资源禀赋和经营方式不同以及城镇化和经济社会发展水平的差异，形成了特色各异的美丽乡村建设模式。通过比较，存在以下几点共同经验：

1. 政府主导，社会参与。政府的主导作用主要体现在组织发动、部门协调、规划引领、财政引导上。通过成立主要领导、相关部门成员构成的领导小组，全面负责美丽乡村建设的组织协调和指导考核工作。同时，通过蹲点调研、走村入户、走出去请进来等方式，广泛开展宣传引导，吸引社会各界群众积极参与，进而形成美丽乡村建设的强大合力。

2. 规划引领，项目推进。按照思路规划化、规划项目化、项目资金化的理念，以项目化建设为抓手，强化涉农资源的整合利用是美丽乡村建设的一条重要经验。安吉县美丽乡村建设规划从本地实际出发，自觉地跟区域内的产业规划、土地规划、城乡建设规划等相结合，形成覆盖城市乡村、涵盖经济社会文化的规划体系，构建了从宏观到微观、从全域到局部、从综合到专项、从指标到空间、从用地到景观的整体衔接的规划格局。按照"专家设计，公开征询，群众讨论"的办法，确保了村庄规划设计科学合理。

3. 产业支撑，乡村经营。美丽乡村建设需要产业支撑，发挥生态优势，坚持可持续发展道路，把青山绿水转化为金山银山。无论是浙江的永嘉县、安吉县，还是江苏南京市的高淳区、江宁区，在美丽乡村建设中产业发展都体现了因地制宜，综合考虑农村山水肌理、发展现状、人文历史和旅游开发等因素，宜工则工、宜农则农、宜游则游、宜居则居、宜文则文乡村经营理念。永嘉县发挥本地生态、旅游、中国"长寿之乡"品牌等资源优势，重点发展现代农业、休闲旅游业和养生保健产业，促进农村产业发展。安吉县按照"一乡一张图，全县一幅画"的总体格局，加快现代农业园区、粮食生产功能区建设，大力发展生态循环农业、休闲农业，推进"产品变礼品、园区变景区、农民变股民"进程。江宁区则大力发展高附加值生态农业、特色农业、特色农产品加工，发展集乡村休闲度假、观光旅游、科普教育、娱乐健身为一体的现代农业新业态。

4. 政策落实，绩效引导。一是建立专项考核奖励基金。实行财政以奖代补，在县级财政已有的支农政策和资金保持不变的基础上，对经考核验收达到标准的乡镇、村根据人口规模大小实行以奖代补。对在实施"中国美丽乡村"建设工作中做出显著成绩的先进单位和个人进行奖励表彰，有效调动了单位和个人的参与积极性。二是制订相应的配套补助激励政策。在建设过程中，县级财政共向乡镇(开发区)预拨启动建设资金，建立"中国美丽乡村长效物业管理基金"。在资金使用和筹措上，注重发挥财政资金"四两拨千斤"的撬动作用，县财政拨一点、乡镇财政拿一点、村民自筹一点，有效推动和加快建设进程。

5. 合作共建，形成氛围。对内发动到底，对外宣传到位。浙江安吉县召开了推进建设"中国美丽乡村"万人动员大会。各创建乡镇、村和重点职能部门以创建工作为抓手，结合各自工作职责，精心设计工作载体，合力推进美丽乡村建设。开展了"中国美丽乡村安吉行"外宣活动、实施了"美丽乡村文化繁荣"工程，进一步扩大了创建工作影响，引起新闻媒体的高度关注；群团部门以开展"美丽家庭"创评、社区广场文化演出、征文评比等活动，激发基层主体活力；全面提升了美丽乡村建设的"知名度"和"美誉度"。

但是，中国美丽乡村建设还存在一些共性问题，应该引起我们高度重视。

1. 要素流动不协调问题。农村基础设施建设是发展现代农业、建设美丽乡村的重要物质基础。资金短缺是农村基础设施建设的重要制约因素之一。一些乡村虽然在短期内建成美丽乡村，但这样的美丽乡村建设模式却难以持续长久。随着美丽乡村建设的不断推进，财政支撑将难以为继。加之，政府资金投入交易成本高，严重影响了财政支农的政策效应。基础设施建设内在发展活力不足、布局不合理，区域差异明显等问题突出。

2. 农村生态环境退化问题。随着社会经济的转型、区域要素重组与产业重构，一些农村点源污染与面源污染共存、生活污染与工业污染叠加、工业污染加速向农村转移，人居环境质量普遍较差，垃圾、污水处理问题日益凸显。

3. 古村落文化遗产保护与传承不足。传统村落的消失意味着中国传统农耕文化载体的消失。过去30多年快速城市化进程中，由于缺乏相关法律法规及管理不到位，城市扩张、乡村城市化辐射影响了众多的传统村落、街区、旧街巷、古建筑，历史遗存面临危机。根据住房和城乡建设部统计数据，在过去几十年的工业化、城镇化过程中，传统村落大量消失，现存数量仅占全国行政村总数的1.9%。

185

4. 建管并举问题。美丽乡村建设，一半靠建设，一半靠管理和维护。因此，一方面要立足于改变村容村貌，通过规划引导和环境整治，实现道路硬化、路灯亮化、河塘净化、卫生洁化、环境美化、村庄绿化，使村庄布局更加合理、村容村貌更加优美。另一方面也要加强对环境的管理与维护，健全组织，落实建设工作的推进机制。

二、宁夏美丽乡村建设的现实情况

自 2013 年中央一号文件明确提出建设美丽乡村任务以来，宁夏开始全力推进美丽乡村建设，各地开展了美丽乡村建设的探索与实践，并取得阶段性成效。一批与群众生活密切相关的乡村道路联网工程、"十万农民饮用水改造"工程、"两双"工程等基础设施项目基本完成。各项生态建设工程实施成效显著。现代家庭工业、农村休闲旅游等产业得到长足发展和提升。多数创建村面貌焕然一新，农民收入增加，生产生活条件得到极大改善，农村发展活力明显增强，为建设美丽乡村打下了坚实的基础。

但宁夏总体经济基础薄弱、生态环境较差，山川、城乡差异大，美丽乡村建设仍面临诸多发展难题，具体表现为：生态脆弱，自然环境制约大；科学规划不足，空间布局不合理；投入不到位，基础设施薄弱，公共服务滞后；城乡发展不均衡，区域间差距较大；产业支撑不足，发展特色不明显；群众观念落后，参与动力不足。宣传不到位，典型引领示范作用缺位；农村"空心化""空巢化"，整体合力不够等。

三、借鉴经验，构建宁夏美丽乡村建设模式

《宁夏美丽乡村建设实施方案》明确提出美丽乡村建设的战略方向是实现城乡一体化，发展思路是构建布局合理、功能完善、质量提升的美丽乡村发展体系，到 2017 年，宁夏 52% 的乡（镇）和 50% 的规划村庄达标；到 2020 年，全区所有乡（镇）、90% 的规划村庄将达标。"美丽乡村"建设将成为当前和今后一个时期宁夏做好农业、农村和农民工作的指导思想和行动指南，但美丽乡村建设没有统一的模式可循。我们必须立足实际，找准定位，选择适合自身特点的发展道路。借鉴国内发达地区经验教训，宁夏

美丽乡村建设可从以下几方面着手。

（一）科学规划，实现布局美

按照生态环境优、产业支撑强、现代气息浓、承载能力大、宜业宜居的发展目标，以当地经济发展、产业结构、居住水平、生产要求为基础，综合考虑农民生产生活的根本需求，聘请一流的专家团队，高起点、前瞻性地做好规划编制工作，并邀请村民共同参与规划，保留原有的乡村味道。把美丽乡村建设规划，放在全省区域发展的大局中去谋划，放在新型城镇结构形态中去布局，并纳入即将制订的"十三五"规划之中，实现各项规划的无缝对接。

（二）挖掘内涵，打造特色美

要依托和放大区域发展优势，走错位式、差异化发展之路。针对现代城市人向往农村田园风光，农村特色美这一情况，在主抓生产方式和管理模式现代化的过程中，传承与保留原有建筑风格、乡村人文情节和历史风貌，让大家记得住乡愁，留得住乡愁。依托农村生态山水、田园风光和人文历史等资源，建成一批布局合理、环境优美、平安和谐的山区特色乡村。同时，有重点地完整保留一批传统村落，实现保持传统与改造提升有机融合。

（三）整治环境，拓展外在美

促进农村人口向中心村镇集聚，城市基础设施、公共服务和现代文明向农村延伸与辐射，形成公共资源城乡共享机制，让城乡群众共享改革发展成果。一是加快完善农村基础设施，提升村庄建设品位。创新农村环境治理新机制。全面实施农村环境清洁、基础设施提升、旧村危房改造、垃圾污水治理行动，提升村庄绿化美化水平，引领农村生产和生活方式现代化。二是着力完善农村公共服务体系建设。深入推进集党员活动、就业社保、卫生计生、教育文体、综合管理、民政事务于一体的农村社区服务中心和综合用房建设，加快农村通信、宽带覆盖和信息综合服务平台建设，不断提高公共服务水平。三是坚持建管并重，创新管理运营体制，确保各项设施正常运转、永续使用。引入城市物业管理模式，建立完善农村卫生保洁机制，提升城乡共建水平。

（四）发展产业，激发动力美

按照健全城乡发展一体化体制机制的要求，充分发挥城市在资源、人才、技术、信息、服务等方面的优势，在更高层次、更广领域支持美丽乡村建设。注重产业支撑，以美为形，以业为基，以经营乡村为抓手，优势互补促进地方经济社会长远发展。加大对农村产业发展的支持指导力度，建设现代农业园区，引进科技人才，打开产品市场，发展富民产业，壮大集体经济，实现产业升级换代。具体做法是实现由传统农业向现代农业的转变，提升农业产业化水平，提升农产品精深加工，延长农产品产业链、增加农产品附加值。

（五）倡导文明，塑造生态美

在农村培育和践行社会主义核心价值观就是以民风建设和环境整治为重点，弘扬以文化人，统分结合，崇德向善、守望相助、风淳物厚的乡风文明为主线，变革农民生产、生活、思维、行为方式，塑造和顺民风。对宁夏而言，建设美丽乡村还需要把当地经济发展与民族传统文化、生态文明建设联系起来。宁夏美丽乡村建设必须秉持"绿水青山就是金山银山"的发展理念，牢固树立保护生态环境就是保护生产力，改善生态环境就是发展生产力的理念，坚持资源循环利用，人与自然和谐相处，生产生活方式与生态有效结合生态立区的思路，积极探索生态与产业、环境与民生互动并进的绿色崛起、幸福赶超之路，才能实现环境保护与生态文明相得益彰、与转变方式相互促进、与建设幸福城市相互融合的美丽乡村建设。

（六）稳定投入，发展后劲美

宁夏美丽乡村建设同样需要发挥好区财政资金"四两拨千斤"的作用，拓宽融资渠道，形成有效投入。一是建立财政投入机制，扩大公共财政覆盖农村的范围，使用好美丽乡村建设专项资金。二是加强农村金融创新。鼓励金融机构不断推出适合农业农民的小额信贷金融产品，可探索土地承包经营权及林地使用权等抵押贷款方式，但不能乱举债摊大饼。三是动员发动各类企业、社会组织和热心人士通过捐助、认建、冠名、结对等多种方式参与支持美丽乡村建设和服务。四是继续完善"一事一议"制度，引导农民自觉筹资建设美丽乡村。对试点镇街、美丽乡村示范区内土地出让收益，市、县区留成部分可考虑全额返还优先用于社会保障和农民安置、创业就业。五是积极盘活整合村庄存量资产、闲置资源，增大农村集体经济的投入比重。让农民通过拿"四金"（薪金、租金、股金、保障金）实现增收致富。整合各类资金，集中用于美丽乡村建设，发挥资金合力。

（七）创新制度，实现效果美

一是搭建有机衔接的工作架构，建立健全有序推进的工作机制。成立建设美丽乡村工作领导小组，实施县级领导、县级部门与创建村结对共建制度。分批、分层、分类推进美丽乡村创建。建立一套完整的美丽乡村考核指标和验收办法。要严把建设标准，按照"四改、五化、六通"要求不断完善基础设施。加强工作督查和考核，构建动态评价机制，提升常态化管理水平。二是构建完善的配套保障体系。首先，加快农村产权、户籍、社保制度和基层治理机制创新，培育新型农民。通过土地集约化、资产化倒逼农村土地制度改革，探索农村土地使用权股份化和宅基地确权流转市场化模式。推进农村空废土地整治与配置，促进城乡发展转型。其次，深入开展常态化的宣传教育活动，调动乡村创建与农民参与的积极性。在经济比较发达、生态资源良好、文化底蕴浓厚的地区打造一个新农村建设典型，发挥典型带动作用。加大对农村弱势群体和生活困难群众的帮扶力度，着力解决农村空巢老人、留守儿童、留守妇女等特殊群体实际问题，促进农村社会和谐稳定。最后，加强项目管理，推动美丽乡村建设。提高项目市场化、社会化运作水平。以项目调动农民群众和社会各界参与的积极性，以项目检验美丽乡村建设的工作成效。

2016年宁夏社会蓝皮书
BLUE BOOK OF NINGXIA'S SOCIETY

调 研 篇

关于宁夏技工院校改革发展的调查报告

俞学虹　吴灵捷　牛彦文　郜　贤

技工教育是技能人才培养的重要基地，职业教育的重要组成部分，转移就业的有力抓手，扶贫开发的重要途径。多年来，技工院校为宁夏培养了大量技能人才，对促进宁夏经济社会发展发挥了重要作用。新形势下提高技工院校的吸引力、竞争力和影响力，对于新常态下宁夏经济转型和产业升级，建设开放富裕和谐美丽新宁夏、与全国同步进入全面小康社会意义重大。

一、基本情况

宁夏第一所技工学校始建于 1978 年。经过 30 多年的发展，从小到大，由弱到强，经历了由计划经济向市场经济转变的崎岖之路，实现了由数量扩张向质量提升的艰难蜕变，形成了具有宁夏特色的技能人才培养的教育体系。截至 2015 年，宁夏共有技工院校 21 所，其中，公办 14 所，民办 7 所。从办学主体来看，主要以行业办学为主，13 所在职业院校加挂牌子的

作者简介　俞学虹，宁夏回族自治区党委政策研究室副主任；吴灵捷，宁夏回族自治区党委政策研究室社会发展处处长；牛彦文，宁夏回族自治区党委政策研究室信息中心主任，《宁夏工作研究》常务副主编；郜贤，宁夏回族自治区党委政策研究室社会发展处副处长。

公办技工院校，无事业单位主体，无独立法人资质，各行业部门和教育部门负责人事和资产管理，教育部门负责教学经费管理，人社部门负责协调中央项目资金和业务指导；银川市技工学校由银川市劳动就业局管理，已连续多年没有招生，基本上名存实亡。5 所民办技工学校在民政部门实行非企业注册登记，人社部门负责业务指导，法定代表人负责综合管理。2 所企业办学的电力培训中心和能源培训中心，分别由宁夏电力公司和神华宁煤集团负责管理，主要承担企业职工短期培训。从办学模式看，主要采取校企合作办学模式，把技工培养和企业人才需求以及职业技能鉴定结合起来，通过顶岗实习的技能训练，实现院校与企业互利共赢。比如，银川大学技工班与宁夏福埃沃楼宇设备有限公司签订了校企合作协议，开办了银川大学电梯学院。从专业设置来看，主要有汽车维修、路桥、电子电工、机电技术应用、机械制造与加工工艺、机电一体化、焊接技术等 10 多个专业。宁夏交通学校（加挂宁夏交通技师学院牌子）在职业教育中开设有 16 个专业，其中汽车运用与维修、道路桥梁工程施工是自治区级骨干专业，在校生 3500 人；依托职业教育资源优势，在全日制技工教育也只开设汽车运用与维修、道路桥梁工程施工这两个专业，在校生近 200 人。从技能人才培养来看，全区技能人才总量达到 66.18 万人，其中，技师 17828 人，高级技师 1783 人。技工院校年均开展各类职业技能培训 12 万人次。

二、改革发展的有益探索

多年来，宁夏技工院校围绕实施就业优先和人才强区战略，坚持"高端引领，校企合作，多元办学，内涵发展"的办学理念，努力提高人才培养与经济发展需求的契合度，逐步形成了技工教育、职业培训和职业技能鉴定相结合的"三位一体"的技能人才培养模式。

（一）坚持就业导向，明确办学目标

以促进就业为导向，以服务经济发展为根本，以提高学生实操能力为目标，把高层次技能人才的培养作为办学宗旨，紧紧围绕经济社会发展和企业生产实际，为宁夏培养和输送了大批高技能人才。2009 年以来共培养毕业生 1.6 万人，就业率达 99%，比职业院校高出 3.5 个百分点。

（二）开展校企合作，创新办学模式

把与企业开展合作作为谋求发展的长远大计，把技工培养和企业人才需求以及职业技能鉴定结合起来，切实加强在专业设置、学生培养、教师交流等方面的合作与交流，实现互利共赢。银川大学技工班与宁夏福埃沃楼宇设备有限公司签订了校企合作协议，开办了银川大学电梯学院，改变了原有招生、教学和就业模式，走出了一条校企合作办学的新路子。

（三）突出专业特色，适应市场需求

始终坚持为地方经济社会发展服务，瞄准市场设专业，突出特色办专业，按照"市场需求什么人才，学校就办什么专业"的原则开设专业，围绕新兴和特色优势产业调整专业，基本形成了与宁夏产业发展相适应的专业格局，服务宁夏经济社会的能力不断增强。交通技师学院的汽车修理、公路与桥梁，银川大学技工班的石化、电力，西北机械技师学院的机械、机电，轻纺技工学校的纺织、纺机保全等特色专业，受到了企业的普遍欢迎和高度认可。

（四）坚持工学一体，深化教学改革

实施以能力标准为核心的工学一体化培养模式，推广一体化课程教学，将相关理论知识学习和技能训练相结合，能够在最短时间内胜任工作岗位需要。如，交通技师学院把汽车专业的学习放在了汽车维修车间里，车间即课堂，大大提高了学生的实操能力。

（五）探索多元办学，开展职业培训

面向企业在职职工、农村转移就业劳动者、失业人员、未就业高校毕业生、退役士兵等群体开展大规模职业培训，融职业教育、职业培训、公共实训、技师研修、技能竞赛、人才评价等功能为一体，综合培养技能人才。截至目前，全区已建立国家级高技能人才培养基地 4 个，建立国家级技能大师工作室 9 个，技能鉴定所达 59 个，涉及工种 115 个，行业职业技能鉴定站 31 所，涉及技能鉴定职业（工种）596 个。2010 年至今，全区技能鉴定取证人次达 37.02 万，其中，初级工取证人次 19.1 万，中级工 12.3 万，高级工 4.3 万，技师 1.09 万，高级技师 1438 人。

（六）注重职业素养，加强师资建设

重视以加强思想品德、社会公德和职业道德教育为主要内容的校园文化建设，着力培养学生的诚信品质、职业精神和职业素养，着力培养身心双健的技能人才和高素质劳动者。不断深化人事制度改革，健全完善教师专业技术职务（职称）评聘办法，不断提高教师的专业能力和教学水平。

三、面临的困难和问题

目前，尽管宁夏技工院校的发展取得了一定的成绩，但从总体上来看，仍然在艰难中前行，在困境中奋进，在夹缝中生存。这既有社会发展大环境的影响，也有内生动力不足等问题。从全国来看，国企改革剥离了企业办社会职能，断开了技工院校与企业的联系，"误伤了"技工院校的发展，给技工院校以致命打击；市场经济的快速发展使得技工人才培养成本越来越高，办学难度越来越大；民营企业只管用人不管培养，整个社会"文凭崇拜"导致生源紧张。从宁夏来看，一些技工院校招生难、办学难并存，教学模式、专业设置、技能培养、职业培训和技能鉴定以及管理体制和运行机制等方面问题凸显，不容忽视。

（一）办学理念跟不上市场变化的需要，导致办学陷入困境

办学理念的差距，导致宁夏技工教育步履维艰人气不旺，底气不足，在校学生呈逐年减少趋势。一些技工院校程度不同地存在"等靠要"思想，办学理念仍然停留在管理学校的层次上，没有树立围绕市场需要经营学校的理念。加之技工院校没有列入中职和高等教育招生计划，全日制教育生源主要是在大中专院校和职业院校招生之后，未被录取的学生，也有初高中未毕业学生，目前在校生仅有1428人；短期培训班生源主要是农村转移就业劳动者、失业人员、在职职工、退役士兵、未就业高校毕业生等群体。宁夏工商职业技术学院加挂宁夏机电技师学院、宁夏化工技师学院、宁夏商业技工学校三块牌子，全日制职业教育在校生9030人，但全日制技工教育在校生不到300人，大量学生都选择了职业院校，使得技工学校与职业院校竞争中处于劣势。

（二）校企合作不紧密，办学模式创新不够，特色不明显

技工教育主要采取校企合作办学模式，把技工培养和企业人才需求以及职业技能鉴定结合起来，通过顶岗实习的技能训练，实现院校与企业互利共赢。目前，校企合作制度不够完善是宁夏技工院校最大的"诟病"，也是发展陷入困境的"短板"。调研中了解到，由于经费投入不足，企业在参与办学中投入的人力、物力、财力较大，加之各项优惠政策尚未出台，存在企业介入不深入、合作不紧密的现象，"校热企冷"较为普遍。学校与知名企业、大牌企业联合不够，企业参与办学的积极性不足，校企合作还停留在"企业用人时找学校"的订单、定向合作阶段。一些技工院校教育手段滞后、教学模式单一，专业设置与企业岗位需求不紧密，职业素养与综合操作能力不强，校企合作缺乏共同的基础和平台，也就难以实现"企业得人才、职工得技能、学生得就业、学校得发展"的多赢目标。

（三）专业设置不够合理，人才培养跟不上企业发展需求

与职业院校相比，技工院校在办学方向、专业设置、课程改革、培养模式等方面日益趋同，其特色越来越不明显，竞争压力越来越大。办学的硬实力和软实力都普遍不强，加之专业设置趋同性使得竞争进一步加剧，直接导致技工人才的培养层次不高，质量不优。目前，宁夏技工教育在全日制教学中开设的专业主要有汽车维修、路桥、电子电工、机电技术应用、机械制造与加工工艺、机电一体化、焊接技术等10多个专业。全区有9所学校都开办了汽车维修专业，有10所都开办了计算机应用专业，低水平重复建设造成了资源设备浪费，学生实操能力下降。宁夏交通学校（加挂宁夏交通技师学院牌子）在职业教育中开设有16个专业，其中汽车运用与维修、道路桥梁工程施工是自治区级骨干专业，在校生3500人；依托职业教育资源优势，在全日制技工教育也只开设汽车运用与维修、道路桥梁工程施工这两个专业，在校生近200人。

（四）受"重学历，轻技能"传统观念影响，生源逐年减少

由于技工教育实行职业资格评定，经职业技能鉴定考试，毕业时颁发初级工、中级工、高级工、预备技师等职业资格证，没有学历证。受"重学历，轻技能"传统观念影响，企业招工看学历，学生上学唯文凭，职称评定论学历，导致技工教育生源逐年减少。目前，宁夏部分技工院校，鼓励在校生上学期间报考外省区成人（函授）院校，解决学生毕业后没有学历的问题。调研中了解到，宁夏交通学校（加挂宁夏交通技师学院牌子）设有长安大学宁夏函授站、北京交通大学现代远程教育宁夏教育中心；宁夏水利学校（加挂宁夏水电技师学院牌子）设有河海大学、南昌工程大学、北京工业大学、华北水利水电大学等4所大学驻宁夏函授站，开展成人学历教育，但是函授学历与全日制学历在就业方面有很大差距。

（五）一体化教学模式没有形成，重理论轻实操的现象仍然存在

现阶段，大多学校仍沿用"理论为主线，课堂为中心，教师为主体"的单一教学模式，教学标准、课程设置、实训场地和师资队伍等一体化改革步伐缓慢。学校培养的学生实操能力不能适应企业的技术操作要求，企业急需的人才学校提供不了。问卷调查显示，71%的学生认为自己的专业技能一般，22.5%的学生认为自己的专业技能较强。

（六）师资力量薄弱，专业教师严重短缺

全区公办技工院校除银川市技工学校核编教师20人外，其余均没有教师编制，完全依托职业院校教师开展教学。民办和企业办学的技工学校共有教职工329人，其中专职教师235人，兼职教师94人。从师资力量来看，宁夏技工院校师资力量薄弱，专业教师短缺，待遇无保障，严重制约了技工教育发展。

（七）投入不足，教学设备设施老化

技工院校由于开设的专业实习实训设备和耗材投入量大、成本高、更新换代快，需要大量投入，但目前严重不足。一是项目投入少，普遍缺少基础设施建设、设备购置资金。二是一些技工院校无法享受到同层次职业院校生均经费拨款、教育费附加等资金支持。三是部分学校缺乏改建、扩建或新建校区的建设资金筹集渠道，不能享受到高职类院校的有关扶持政策。问卷调查显示，有35.5%的学生认为需要改善教学硬件设施。

四、对策建议

根据《国务院关于加快发展现代职业教育的决定》（国发〔2014〕19

号）和人社部《关于推进技工院校改革创新的若干意见》（人社部发〔2014〕96号）精神，结合宁夏实际，就技工院校改革发展提出如下建议。

（一）明确办学理念

树立市场导向的理念，一切要围绕企业需要和市场需求；树立科学经营的理念，实现由管理学校向经营学校转变；树立主动作为的理念，不等不靠抢抓机遇多方争取支持；树立奋力创新的理念，根据经济社会发展变化不断创新办学理念，靠创新增活力，以创新促发展。把技工院校办成面向初、高中毕业生开展学制教育、培养后备技能人才的主阵地；成为企业在职职工、青年求职者、退役士兵、农村转移劳动力等群体开展岗位培训、再就业培训、技能提升培训和劳动预备制培训等综合训练基地和重要载体。紧紧围绕企业人才需求导向，谋求技工院校的发展改革，逐步形成专业结构适应产业发展、校企融合贯穿培养过程、课程教学体现工学结合、技能人才培养层次和规模与经济社会发展更加匹配的现代技工教育体系。

（二）理顺管理体制

按照国务院确定的部门"三定"方案要求，人社部门应对技工院校及培训机构全面履行综合管理职能，重点做好技工院校发展规划、招生宣传、专业设置、师资培训、教材规范、科研督导、争取项目、经费管理等工作，彻底改变人社部门对技工教育管理的从属地位。对13所在职业院校加挂牌子的公办技工院校，人社部门与行业部门、教育部门，组建技工院校领导班子，实行"一套领导班子、职业院校和技工院校两块牌子"，教育部门和各行业部门负责职业院校教学管理工作，人社部门负责技工院校教学管理工作。

（三）整合教育资源

依托职业教育资源优势，对13所在职业院校加挂牌子的公办技工院校，能够承担通过学制教育培养高级工以上技能人才任务的学院定位为技师学院；能够承担中级工、高级工培养任务的学校定位为高级技工学校；能够承担初中级技术工人培养任务的学校定位普通技工学校。要进一步推进资源整合，对办学特色鲜明、专业设置科学、教学设备齐全的技工院校，给予大力扶持，扶优扶强一批与我区产业布局相配套、特色优势明显、实训设备先进、教学模式创新的高水平技工专业，做强品牌专业，打造成国家级技工院校；加大技工教育资源优化整合力度，对招生规模小、专业设置重复、教学设备落后的技工院校，进行技工院校之间整合，引导社会力量、吸引更多资源向技工教育汇聚，鼓励组建技工教育集团或联盟，增强市场竞争力，提升办学效能。对名存实亡的技工学校进行撤销，腾出编制和教学设施，解决教育资源浪费的问题。

（四）深化校企合作

坚持把校企合作作为基本办学制度，促进学校与企业深度合作。一是自治区出台政策，规范校企双方权利义务，引导行业企业特别是大型企业参与举办或直接举办技工院校，保障企业办学与公办学校享有同等待遇。二是健全校企合作法规政策，规范校企双方权利义务，指导校企双方从人才需求预测、专业建设、课程开发、师资培养、教学组织、内部管理、技术研发、质量评价、招生就业等方面探索有效的校企合作模式，形成联合培养机制，形成校企利益共同体。三是选择1—2所技工院校开展以"招工即招生，入企即入校，企校双师共同培养"为主要内容的企业新型学徒制试点，鼓励技工院校与企业共同合作开展学徒培训，加快培养企业青年技能人才，逐步实现由校企合作向校企联动转变。四是鼓励企业行业积极开展技能人才培养，组织开展"技能大师进校园"活动，允许企业工程技术人员和高技能人才到技工院校、职业院校担任实习指导教师。

（五）推进继续教育

认真落实国家关于面向行业企业开展职工继续教育的精神，所有技工院校和培训机构充分利用教学资源，与行业企业共同开发培训项目，并采取送教进企、引训入企等多种途径，为行业企业提供多层次、多类型，立足岗位需求的技术技能教育培训服务。积极承接行业企业委托的班组长、农民工、复转军人、女职工等特定群体的专项培训。技工院校要主动为企业提供知识讲座、课程资源开发、技术辅导等服务，共同开展和承担课题研究、技术研发、应用技术咨询、新技术培训和推广等服务。

（六）改进办学模式

推动多元办学，探索弹性学制教学，试点推行技工院校在校生和企业在职职工参加非全日制学习，提倡分阶段完成学业（学分制），建立学分积累和转换制度，学生修满规定学分即可毕业，取得技工院校毕业证书。完善职业培训补贴制度，建立有利于劳动者接受技工教育和职业培训的灵活学习制度。探索发展股份制、混合所有制技工院校，允许以资本、知识、技术、管理等要素参与办学并享有相应权利。切实加大教材内容、形式的研发和创新力度，重点开发一体化教材，不断完善和提高教材质量。每年组织编制和公布优质技工教育和职业培训教材目录，加强技工院校教材规范使用和管理。

（七）强化师资建设

创新技能人才培养模式，加强专业建设、推进教学改革，更好地对接企业用人需求。引入竞争和激励机制，促进教师队伍能力提升。采取"走出去，请进来"的办法，全面提升教师队伍技能水平和学历层次。选派骨干教师赴国外交流合作和学习深造，鼓励参加国家级培训和组队参加世界技能大赛，大力培养学科带头人。加强技工教育科研教研机构和队伍建设，组建技工教育专家咨询委员会和课程专家队伍。允许从高技能人才中招聘实训指导老师，提高技工院校办学水平。

（八）畅通发展通道

自治区制定出台政策，取得高级工、预备技师职业资格的高级技工学校、技师学院毕业生，在参加宁夏公务员、企事业单位招聘、"三支一扶大学生""大学生村官"、参军入伍等方面，可比照大专学历享受相应政策。用人单位在确定其初次就业工资水平时可比照同岗位大专学历人员执行。在职称评定中，技师和高级技师等同于工程师和高级工程师。将高级技工学校、技师学院毕业生纳入军队士官招收对象范围。

宁夏技工人才队伍发展调研报告

杨永芳

党的十八届五中全会就当前如何坚持创新发展做出了全面部署，指出要"塑造更多依靠创新驱动、更多发挥先发优势的引领型发展"，要"构建产业新体系，加快建设制造强国"。实现引领型发展和从制造大国迈向制造强国，离不开一流的技工队伍和大国工匠人才，习近平总书记也多次指出，"作为一个制造业大国，我们的人才基础应该是技工"，为此，全会提出要深入实施人才优先发展战略，提高技术工人待遇，充分表明党中央对技工人才队伍建设的高度重视。宁夏作为西部欠发达地区，人才特别是高技能人才短缺是我们发展的短板，我们必须从人才工作的战略性系统性出发，高度重视技工人才队伍建设，着力在工业上打造一批数量充足、门类齐全、结构合理、素质优良的高技能产业工人队伍，这对于建设开放富裕和谐美丽宁夏，与全国同步进入全面小康社会具有十分重要的意义。

一、当前宁夏技工人才队伍发展的基本状况

据统计，截至 2014 年底，宁夏持有国家职业资格证书的技能劳动者已达 82.5 万人，其中，初级工 38.1 万人，中级工 31.8 万人，高级工 10.4 万人，技师 2 万人，高级技师 1752 人。目前，为培养高素质的技工人才队伍

作者简介 杨永芳，宁夏社会科学院社会学法学研究所副所长、副研究员。

宁夏主要采取了以下举措。

（一）政府把技能人才培养作为"人才高地"建设的战略任务

1.从政策上鼓励推动技能人才队伍建设。自治区先后出台了《关于贯彻落实中共中央办公厅、国务院办公厅〈关于进一步加强高技能人才工作的意见〉的实施意见》《自治区人民政府关于进一步加强职业培训促进就业的意见》《宁夏回族自治区高技能人才队伍建设中长期规划（2012—2020年)》等文件，明确提出要根据自治区产业发展需要，加大技能人才开发投入，鼓励扶持技工学校、技师学院发展，加速培养急需的技能人才。

2.多部门联手打造技能型人才梯队。2015年自治区党委组织部、人社厅、财政厅等多部门联手，出台6项技能人才政策，以空前力度支持技能人才培养。主要包括：围绕自治区重点产业、重点项目开展技能大师工作室项目建设，拟建立5个自治区级技能大师工作室。开展评选20名"塞上技能大师"、40名"自治区技术能手"活动。开启1万人规模的岗位技能提升培训工程，涵盖农民工和高校毕业生。开展"民间高手"技能人才评选活动，挖掘能工巧匠、土专家、田秀才。开展全区人才助农计划，选拔600名农村优秀实用人才，在区内外开展高层次培训。为使一揽子人才工作落地，自治区财政安排资金予以支持，每个工作室一次性给予10万元支持；对技师的培训补贴为每人2000元到3000元，高级技师为4000元到5000元。自治区还将开展"技能人才塞上行"活动，力求在全区上下形成尊重人才、学习技能、创新工作的良好氛围。

3.搭建高技能人才培养平台。2013年以来，根据国家《开展百家城市技能振兴专项活动》的要求，自治区在银川市、中卫市、石嘴山市开展技能振兴专项活动。三个市紧紧围绕新型城镇化发展和产业转型升级，以优势特色产业为重点，加强高技能人才培养交流。石嘴山市根据与天津滨海新区签订的人才培养开发合作协议，选送100多名高技能人才、职业院校技师以上"双师型"教师到滨海新区相关院校、企业实习深造。特别是西北奔牛集团充分发挥国家级"技能大师工作室"的传帮带作用，建立了高技能人才津贴和薪酬待遇制度，在企业形成了学习钻研技能、岗位练兵、岗位成才的良好局面。

4. 创新技能人才培养模式。技工院校是技能人才培养的重要载体。近年来，在发展职业技术学院的基础上，形成了技师学院、高级技工学校和民办职业培训学校为支撑的办学格局，建立了技工教育、职业培训和技能鉴定"三位一体"的人才培养模式。目前，全区有技工院校 19 所，其中技师学院 6 所，高级技工学校 2 所，技工学校 11 所。全区建立"国家级高技能人才培训基地" 4 个，"国家级技能大师工作室" 9 个。建立通用职业（工种）职业技能鉴定所 58 所，涉及职业（工种）115 个；行业职业技能鉴定站 31 所，涉及职业（工种）596 个。

（二）企业对技能人才队伍建设重视程度不断提高

近年来，宁夏企业把培养高素质的技工人才队伍作为是增强企业核心竞争力和创新驱动的重要途径。企业通过建机构、定制度、强机制、增投入等举措不断提升职工技能素质。调研显示，大多数企业设立了技能型人才管理部门、制定技能型人才培养目标或发展规划、实施持证上岗制度、岗前培训制度、定期举行各类技术培训等。在受访的 496 名企业职工中，有 84% 的受访者认为企业对职工培训和技能型人才培养工作是比较重视的，有 53% 的受访者表示企业经常组织职工培训。在企业职工看来，企业对技能人才培养工作非常重视。

（三）企业培训内容、方式日益多元化，"蓝领"的创新能力显著增强

目前，企业的培训项目主要包括岗位专业技能培训、职业资格认证培训，培训方式主要有岗位培训和技能比赛，在受访的 496 名企业职工中，有 71% 的受访者表示参加过企业组织的厂内在岗培训。此外，有 50% 的管理人员表示所在企业已建立了首席技师或技术带头人制度，有 62% 的受访者表示企业与高校或职业院校已开展了校企合作或订单式培养，有 49% 的受访者认为现行的技能人才培养模式成效是显著的。可以说，在技能人才培养上企业正发挥着主导作用。近年来，宁夏企业通过与高校联手或建立首席技师、建立大师工作室等举措，不断创新培训方式，技能人才培养成效越来越显现。以神华宁煤集团公司为例，自 2012 年以来，公司以 3 个劳模（技能人才）创新工作室为示范，相继创建了 100 个劳模（技能人才）创新工作室，累计获得国家专利 92 项，123 项创新成果获各级表彰奖励，累计创效 5.4 亿元，"蓝领创新"已成为企业增效的新动力。

（四）产业工人越来越重视技能素质的深度提升

调研表明，宁夏技术工人的学历层次明显提升，绝大多数职工表示愿意参加企业组织的培训，也会经常开展多种方式的自学。在培训需求上，职工最希望开展的培训项目，排在前四位的是"本岗位专业技能培训""职业资格认证培训""特色产业培训"和"创业培训"，而"学历教育"和"理论文化知识"的选择比例最小。在技能素质提升方面，最好的途径是"参加培训班"和"岗位培训"。表 1 反映了近年来宁夏职业技能鉴定的情况，从历年数据来看，参加职业技能鉴定和取得职业资格证的人数逐年增加，每年获证率达 70% 以上。调研中最大的感受是企业职工更加务实，在技能素质培训方面更加注重工作的实用性、岗位可操作性和技能素质的深度提升。

表 1　2006—2014 年宁夏职业技能鉴定情况

单位：人

年份	当年鉴定考核人数	当年获取证书人数					
			高级技师	技师	高级工	中级工	初级工
2006 年	64228	51504	38	664	3685	20191	26926
2007 年	82804	64168	21	945	5059	18789	39354
2008 年	87536	67328	94	1148	5865	20849	39372
2009 年	102123	79095	87	4246	7670	20674	46418
2010 年	98621	69893	73	1410	6966	21476	39968
2011 年	99726	67543	127	1745	8268	21815	35588
2012 年	96552	68873	458	2118	7266	22968	36063
2013 年	100186	75325	351	2757	9653	25686	36878
2014 年	96871	77346	404	2655	10654	27842	35791

数据来源：自治区职业技能鉴定中心。

二、当前宁夏技工人才队伍发展中存在的主要问题

（一）对技能人才价值的认识还有偏颇，技工教育事业发展困难较多

1. 对技能人才价值认识高度还不够。技术工人是万众创新的支撑，大国工匠是迈向制造强国的保障。目前，整个社会还存在"重学历轻技能"

的现象，技术工人的社会地位、经济待遇不高，技术工人的成长通道不畅，对技能人才的重视还远远不够。

2. 技工教育事业发展面临重重困难。主要表现在五个方面：一是从管理体制来看，公办职业院校属在编事业单位，由教育部门和各行业共同负责管理，管理体制顺畅，而技工教育在管理体制上属于人社部门管理，不能享受教育部门隶属学校的同等办学政策。二是从师资力量来看，全区职业院校共有在职教师 3196 人，公办技工院校除银川市技工学校核编教师 20 人外，其余均没有教师编制，完全依托职业院校师资开展教学，专业教师短缺，待遇没有保障。三是从招生和学历教育来看，职业教育列入全区统一招生计划，毕业后获得中专、大专学历，在校期间也可参加技能资格考试，获得职业资格证，学生毕业后就业率高。而技工教育没有列入全区统一的招生计划，学生需经技能鉴定考试，获取不同等级的职业资格证。四是从专业设置来看，职业院校紧密结合宁夏经济发展实际，开设了电子、数控机床、烹饪、建筑、机械、物流等 100 多个专业，教育体系完整，而技工院校主要依托职业院校开展教学，专业设置与职业院校重合，未能突显技工教育的优势。

（二）技能人才总量不足，高技能人才偏少且分布不平衡

近年来，宁夏劳动力资源逐年递增，劳动力资源占全区总人口的比重一直达 70% 以上（见表 2），说明宁夏仍处于人口红利期。根据自治区人社厅统计数据来看，2013 年底全区持有国家职业资格证书的技能劳动者达 74.8 万人，也就是说，目前宁夏取得技能资格的劳动者仅占全部劳动力资源的 15%。另外，本次问卷结果显示，受访的 496 位技工从低到高的持证比例分别为：30%、23.7%、10%、3% 和 0.1%。这些数据说明，宁夏技能人才总量偏少，高技能人才占技能人才的比例仅为 14.6%，与我国发达地区高技能人才 30% 的占比和发达国家 45%~50% 的占比还有较大差距。从技能人才的等级结构来看，初级工和中级工占比较大，分别为 53% 和 32.4%。技能人才在不同所有制企业分布不合理，高技能人才大多聚集在国有企业，非公企业高技能人才比例低，企业技术工人持证率也较低。

表 2　2006—2013 年宁夏总人口及劳动力资源

单位：万人

	宁夏总人口	劳动力资源	
		人数	劳动力资源占总人口比重
2006 年	603.73	422.6	70.00%
2007 年	610.25	427.6	70.10%
2008 年	617.69	432.3	69.99%
2009 年	625.20	437.9	70.04%
2010 年	632.96	473.6	74.84%
2011 年	639.46	478.5	74.82%
2012 年	647.19	487.9	75.39%
2013 年	654.19	494.0	75.51%

数据来源：《宁夏统计年鉴》。

高技能人才短缺或培养难的主要原因：一是一些企业培训的针对性、实效性不强，培训内容缺乏层次性、灵活性和个性化。有 49% 的职工认为所在单位的技能培训效果"一般"和"不好"；二是部分企业职工教育培训经费提取和使用存在不规范现象。有 56% 的管理人员认为企业在经费提取使用上存在不规范现象。三是职业技能鉴定"门槛"较高。有 74% 的受访工人认为目前取得国家职业资格证书"比较难"，有 53% 和 16% 的受访工人认为在技术等级晋升方面"比较难"和"很难"。

（三）技能培训的实效还不强，职工创新驱动力没有完全发挥出来

目前，职工对个人技能素质提升的意识越来越强，有 94% 的受访者表示"愿意"和"非常愿意"参与技能培训。针对"单位组织的培训效果如何？"这一问题，选择"好""一般""不好"的分别为 51%、44% 和 5%。此外，随着新材料、新技术、新设备、新知识更新频率加快，职工普遍反映原有知识结构和劳动技能已跟不上知识更新的速度，一部分职工反映自身技能已不能满足当前岗位需求。在受访工人中，有 17% 的受访者表示参加过企业组织的技术攻关、技术创新或技术研发等活动，而有 83% 的受访者表示没有参加过此类活动，这说明，一方面普通技术工人参与企业技术创新研发活动的机会不多，另一方面，广大技术工人的科研热情和创新驱动力没有完全激发出来，企业内部要形成"万众创新"的局面还需假以时日。

（四）企业技术工人政治经济待遇总体偏低

技术工人的待遇问题直接影响着对技能人才的认同及技工人才队伍建设，特别关系到对高技能人才的选拔使用。从全区来看，企业技术工人的整体待遇较低。首先，从政治待遇来看，技术工人当选或成为人大代表或政协委员的比例非常低。其次，经济收入不高。在受访的496名技术工人中，工资收入在3000元以下的达68%，4000元以下的达91%，有65%的受访者对自己的收入不满意。

造成技能人才地位不高的原因，一是多数企业没有参照企业管理人员的管理办法和待遇标准，制定在聘高级工、技师、高级技师管理办法。二是收入分配制度方面，一些企业实行以岗定薪的岗位工资制度，在执行中存在不同工作年限、不同技能等级的职工收入差别很小的现象。一些企业虽然制定了技能人才技术津贴，由于津贴级差较小，或难以落实，很难体现出其激励作用。三是部分企业的人才激励政策分量不足。在受访者中，有58%的职工认为企业对高技能人才在工资、津贴、评优等方面不够重视，有54%的受访工人对企业现行的技能人才激励政策表示不满意。

（五）农民工的文化素质和技能素质总体偏低

随着宁夏城镇化进程加快，农村转移劳动力主要是农民工的数量大幅度增加，年均达70万人以上（见表3），他们整体文化程度偏低，取得职业技能资格证的人所占比例也较低。在庞大的农民工群体中，新生代农民工文化程度普遍较高，以高中或大中专学历为主，适应性强，已基本融入城市生活，是未来新增劳动力的主力。他们对技能素质的提升愿望非常迫切，要高度重视这一群体技能素质的提升，使他们成为宁夏产业发展创新的骨干力量。

表3　2006—2013年宁夏农村转移劳动力基本情况

单位：万人

年份	转移就业总数	文化结构		年龄结构		技能结构	
		初中及以下	高中及以上	35岁以下	35岁以上	有技能证书	无技能证书
2006年	77.04	68.31	8.73	44.73	32.31	9.08	67.96
2007年	77.17	66.88	10.29	45.13	32.04	11.14	66.03

续表

年份	转移就业总数	文化结构		年龄结构		技能结构	
		初中及以下	高中及以上	35 岁以下	35 岁以上	有技能证书	无技能证书
2008 年	75.30	65.0	10.30	43.27	32.03	11.13	64.17
2009 年	76.12	65.81	10.31	48.85	30.27	15.70	60.42
2010 年	75.53	61.41	14.12	31.95	43.58	21.99	53.54
2011 年	72.27	60.23	12.04	29.23	43.04	25.94	46.33
2012 年	70.95	58.68	12.27	34.05	36.90	15.92	55.03
2013 年	70.33	54.51	15.82	25.04	45.29	22.90	47.43

数据来源：自治区就业与创业服务局。

三、加快推进宁夏技工人才队伍建设的对策建议

（一）从战略高度提高各级政府对技工人才队伍建设的重视程度

各级政府要把打造高素质的技工队伍与"四个"宁夏建设紧密结合，切实解决好当前技工队伍发展和技能素质提升面临的实际问题。

1. 做好技工人才队伍发展的顶层设计。建议出台"自治区进一步加强技能人才工作的实施意见"，高度重视技能人才培养。围绕煤化工、电子信息、有色金属、葡萄产业等自治区重点产业发展技工教育。坚持"校企双制，工学一体，多元办学，内涵发展"的办学理念，探索建立"招工即招生，入厂即入校，企校双师联合培养"的新型学徒制度，满足新型城镇化背景下产业发展对技能人才的需求。此外，应加大技工教育事业投入，财政征收的城市教育附加费和地方教育附加费，凡是用于职业教育部分，应划出 30% 用于技工教育和培养高技能人才。其他用于职业教育和实训基地建设的专项经费、扶持项目也应向技工教育倾斜。

2. 打通技能人才成长通道。一是制定关于高技能人才引进、使用等方面的优惠政策。二是技工院校取得高级工、技师职业资格证书的毕业生应比照大专毕业生享受同等待遇，技工院校毕业生按同等学历评聘专业技术职称。三是用人单位在与技工院校毕业生协商确定初次就业工资水平时，分别按照全日制中高职毕业生执行。四是允许技工院校实习指导老师从高技能人才中招聘。启动技工院校设置正高级教师职称评聘，提升技工院校

办学水平。

3. 提高技能人才地位。十八届五中全会明确提出要提高技术工人待遇，建议政府有关部门在制定工资指导线时，提高技能岗位特别是高技能岗位标准，体现岗位的技术含量。借鉴外地做法，对在技术上有重大发明创造、技术革新或在科研成果转化和新技术推广中做出突出贡献的高技能人才，给予政府特殊津贴。在评选劳动模范时，要明确企业高技能人才应占一定比例。在参政议政、提高话语权方面，适当增加技能领军人物或有参政议政能力的高技能人才当选各级党代会代表、人大代表、政协委员的比例，形成有利于技能人才成长和发挥作用的制度环境和社会氛围。

4. 保障各项制度的实效。进一步落实《职业技能培训和鉴定条例》规定的"用人单位应按职工工资总额的1.5%~2.5%提取职工教育培训经费"，区分不同企业情况，出台具体实施办法，保证职工教育培训经费足额提取、规范使用落在实处。

（二）强化企业在职工技能素质提升方面的主体责任

企业是技能人才成长的摇篮，最了解职工的诉求，应该担负起职工技能素质提升的重任。

1. 要把技能人才培养纳入企业发展战略规划中。企业要根据自身的发展战略，将员工培训与企业生产相结合，大力推行现代企业职工培训制度、企业新型学徒制度和技能人才校企合作培养制度。在推进与职业院校合作办学上，要把职业培训与岗位技能提升相结合，形成产学研紧密结合的局面。政府可探索建立新生代农民工专项培训基金，加强新生代农民工的职业技能培训和创业培训，满足他们在职业发展上的诉求，加快他们与城镇人口的融合进程，为宁夏新型城镇化建设提供人力支持。

2. 完善企业技能人才考核评价机制。要遵循技能人才的成长规律，建立健全以职业能力为导向、以工作业绩为重点，以职业道德和知识水平为根本的企业技能人才评价体系。完善技能人才职业资格证书制度，完善技师、高级技师聘任制和高技能人才带头人制度，实现能力与岗位相匹配，真正让有技能的人有稳定岗位，有绝活的人有施展舞台，有创造的人有价值体现。要充分发挥高技能人才在技能创新中的引领示范作用，在职工队伍中的先锋楷模作用。

3. 健全企业技能人才激励机制。企业要建立健全"培训—考核—使用—待遇"的一体化激励机制，充分发挥经济利益和社会荣誉的双重激励作用，不断提高企业技能人才经济待遇和社会地位。在薪酬分配上，应体现出技能对工资待遇的影响，提高技能人才岗位津贴，适当拉大技术等级的工资级差，通过较明显的激励措施提高职工学技术的积极性。畅通技能人才成长通道，建立职工凭技术技能得到使用提拔、凭业绩贡献确定收入分配的企业用人制度。实现一流人才一流待遇、一流贡献一流报酬，形成重视、尊重、珍惜技能人才的社会氛围。

（三）整合全社会力量，持续推进技能素质提升工程

技能素质提升是一项系统工程，需要各部门互相配合，全社会共同参与。

1. 形成政府主导，各部门配合，全社会参与的培训格局。鼓励社会力量广泛参与，形成政府相关部门、各类高等院校、职业技术院校、技工学校、社会培训机构、行业协会及企业培训机构全方位参与合作的技能培训新格局。

2. 建立技能人才信息库，完善技能培训及鉴定模式。人社部门要积极与企业对接收集信息，建立技能人才信息库、企业教育培训信息库等，为各类培训机构提供市场所需的准确订单，做好技能人才资源的储备与开发。要加强对宁夏 58 家职业技能鉴定所（站）的监督管理，通过政府补贴的方式，降低或减免鉴定费用，体现鉴定的权威性和便利性。制定并定期发布各行业、各工种技能工人工资指导线，引导全社会尊重劳动者的技能价值。

3. 不断提升办学质量。教育部门要利用当前职业教育转型发展的大好时机，通过扩大职业院校招生计划等办法，引导优质生源进入职业院校学习，为企业输送高素质的技能劳动者。

4. 营造重视技能人才的社会氛围。宣传部门要深入企业一线，挖掘技能劳动者创新的先进事迹，对评选出的"塞上技能大师""技术能手"等高技能人才要深入地宣传报道，在全社会形成崇尚劳模重视技能人才的良好氛围，引导全社会树立新的人才观。

宁夏专业社会工作发展调查报告

彭荣军　李艳军

　　为了推动社会工作事业发展，2006 年党的十六届六中全会通过的《中共中央关于构建社会主义和谐社会若干重大问题的决定》中提出"要建设宏大的社会工作人才队伍"，给全国社会工作人才队伍建设指明了方向。2015 年 3 月，李克强总理在《政府工作报告》中提出了"发展专业社会工作"的要求，不仅明确了当前及今后一个时期社会工作人才队伍建设的思路，而且为社会工作整体发展提供了战略指导。

　　作为西部民族地区，宁夏为了探讨和破解专业社会工作发展存在的问题和障碍，研究和提出推动专业社会工作发展的思路和路径，宁夏民政厅和北方民族大学组成了联合课题组，开展了深入细致的研究工作。

一、宁夏专业社会工作存在的问题与障碍

　　为了解宁夏专业社会工作发展存在的问题，课题组设计了《宁夏专业社会工作者基本状况调查问卷》，涵盖了个人基本情况、工作状况、薪酬福利与生活状况、进修培训与职业发展、内部晋升与职业流动五个方面的内容。问卷设计完毕后，课题组发放了 20 份问卷开展了预调查。针对预调查

　　作者简介　彭荣军，宁夏回族自治区民政厅社会工作处处长；李艳军，北方民族大学管理学院副教授。

中发现的问题，进行了修正和完善。

5月15—20日期间，按照非随机抽样原则，课题组从宁夏5个地市22个县区所有通过社会工作者职业水平考试，且取得初级社会工作师和中级社会工作者证书的322名注册社会工作者中抽取120人开展问卷调查，由被访者自行填写问卷后回收整理。

除过问卷调查之外，为了更深入了解结构化调查背后的信息，我们组织了一场由8名一线社会工作者参加的焦点小组，同时对社会工作行政主管部门领导和民办社工机构负责人开展了关键人物访谈。可以发现，目前宁夏专业社会工作发展主要存在如下四个方面的问题：

（一）专业社会工作的认同之困

认同是一个心理学概念，通常指个体或群体对于某一工作的肯定性评价。专业社会工作认同既包括个体对于自己所从事工作的肯定性评价，即自我认同。也包括他人对社会工作的肯定性评价，即外部认同。更进一步地，按照主体区分，专业社会工作外部认同又可区分为政府认同和服务对象认同两种类型。

高度的自我认同不仅能带来较高的工作绩效，而且也能带来积极的内在体验。而高度的外部认同不仅能够带来较多的外部资源支持，也有助于服务对象主动寻求帮助，增强社会工作的效果。

1. 专业社会工作自我认同之困。从统计数据可以发现，宁夏专业社会工作者的自我认同感不强，当问到"您对目前从事的社会工作职业是否认同"时，超过51.6%的专业社会工作者选择"不太认同"和"一般"。选择"非常认同"的只占1.67%。较差的自我职业认同度通常与工作环境满意度、个人的兴趣、愿望匹配度和自我效能感密切相关。从工作环境满意度来看，在被调查对象中，超过65.5%的社会工作者对自己的工作环境不满意。这主要是由于社会工作者大多就职于基层社区和民办社工机构，办公条件简陋，服务对象以弱势群体为主，工作压力和心理压力较大。从职业期望来看，超过1/4的专业社工认为自己当前从事的工作与本人愿望不太吻合，从事本专业只是一种谋生的手段，而非兴趣、愿望所致。自我效能感不强也是导致专业社会工作者认同度不高的重要原因，正如一位专业社工在焦点小组中提到"服务对象境况改善并不明显或效果显现过于缓慢，使得我们对自己的工作效果持怀疑态度"。

2. 服务对象对专业社会工作的认同之困。服务对象对社会工作的认同是社会工作专业化的重要组成部分。只有当服务对象认可了社会工作的专业性和有效性，才会积极地接纳社会工作者及所提供的服务，服务效果才能充分显现。我们简单地将服务对象对社会工作职业认同操作化为"是否了解社会工作"。从统计结果可以发现，73.4%的被访对象完全没有听说过社会工作，也不知道社会工作为何物。18.3%的被访对象表示仅仅听说过，但不是很清楚。3.4%的被访对象表示听说过，且有一定了解。只有1.2%的被访者听说过，且非常了解。

3. 基层政府对专业社会工作的认同之困。基层政府对社会工作的支持是专业社会工作发展的重要保证。只有当基层政府领导认同了社会工作的价值观、专业方法和效果，才会积极主动地投入资源，推动社会工作专业发展。从关键人物访谈中我们发现，区县一级民政部门负责人、社区居委会负责人均对社工了解不多。虽然，大多数领导认为本地区的社会工作发展比较落后，缺乏足够的社会工作服务机构，社会工作人才匮乏，政府财政支持力度不够，需要得到上级政府更多地支持。但是，当中央财政支持的社会工作"三区项目"落地辖区时，很多基层官员并不积极接纳。一名曾经参与过三区项目的社工提到，当她们把社工服务方案交给县民政局分管领导时，对方告诉她们"既然你们是上级派来的，爱怎么整就怎么整，别向我们要钱就行"。

（二）专业社会工作的人才之困

社会工作者人才队伍建设是社工事业健康、快速发展的前提条件。只有建立起一支数量充足、专业过硬、梯次合理的社会工作者人才队伍，社会工作服务才会成为有源之水，有本之木。

1. 专业社会工作者数量不足且分布不平衡。截至2014年12月底，宁夏全区范围内取得国家社会工作者职业水平证书的人员仅为322人，占全区总人口的0.05‰。与之相比，作为社会工作发展先行地区的广东省，截至2014年底，全省取得国家社会工作者职业水平证书的人员已经达到了

3.3 万人，约占全省总人口的 0.31‰，占比为宁夏的 6 倍。除过数量不足之外，专业社工区域分布也不均衡。银川人口只占全区总人口的 1/3，却拥有全区接近 2/3 的专业社会工作人才。占全区人口 2/3 的石嘴山、吴忠、固原和中卫四个地市却只容纳了 1/3 的专业社工人才。专业社会工作者行业分布亦不均衡，超过 90% 的专业社会工作者分布在民政领域，医疗、教育、司法、工会等专业领域社会工作者人数过少。

2. 专业社会工作者专业化程度不高。社会工作专业化意味着受过社会工作专业培训的人员，能够遵照社会工作的价值观，采用社会工作专业方法开展服务。从这一概念可以看出，社会工作专业化包含三个方面的内容：(1)接受过社会工作专业训练；(2)遵循社会工作的价值观；(3)掌握了社会工作方法。然而，问卷调查结果表明，在 120 名被访对象中，社会工作专业本科毕业 8 人，专科毕业 2 人。接受过专业系统性训练的社会工作者仅占调查对象总数的 8.3%。除过学校教育之外，专业培训也是提高社会工作专业化水平的重要途径。但是，由于培训经费投入不足，培训机会缺乏，导致 46.6% 被访者在过去的一年没有参加过社会工作专业培训。即使参与过专业培训的社会工作者，绝大部分的平均培训时间也只有 1—5 天。培训不足致使社会工作者工作方法和技能提升缓慢。46.6% 的被访者认为自己掌握的工作技能只能基本满足服务对象的需求。48.3% 的被访者认为自己不能满足服务对象的需求。

3. 专业社会工作者职业化水平较低。社会工作职业化是对社会工作职业的确定及认同，包含社会工作职业资格、岗位设置、职业认证、工作激励、职业评价等一系列要素。尽管民政部、人事部于 2006 年发布了《社会工作者职业水平评价暂行规定》和《助理社会工作师、社会工作师职业水平考试实施办法》等规定，推动了宁夏社会工作职业评价制度的建立，但是社会工作岗位设置和任职资格问题一直难以解决。无论是区级行政单位、事业单位，还是基层社区均很少专门设置社会工作岗位。在招聘与录用相关工作人员时，也很少明确要求具备社工职业资格，使得社会工作专业毕业生求职无门，就业困难。

4. 基层专业社会工作者薪酬待遇过低。薪酬是员工因向所在组织提供劳务而获得的各种形式的酬劳，有竞争力的薪酬能够有效地激励员工，提高员工的职业自豪感和工作绩效，避免人员流失。从问卷调查结果来看，宁夏专业社会工作者年平均收入为 25956.4 元，远远低于城镇单位就业人员 50476 元的平均工资水平。其中，58% 的被访者月收入不足 2000 元。过低的工资报酬造成了社会工作者工作满意度不高，也导致了人员流失。

（三）专业社工机构的发展之困

发达地区社会工作事业之所以繁荣，并非由政府或事业单位单独支撑，而是由大量的民间社会工作机构共同推动。民间社会工作机构能否发展壮大，关系到一个地区社会工作事业发展的成败。

1. 专业社会工作机构发展迟缓。从发达国家和地区社会工作发展经验来看，受人员、经费和能力等因素的制约，政府单位很少直接提供社会工作服务，而是依托社会化的专业社会工作机构来开展社工服务。然而，由于地处西部民族地区，市场化程度相对较低，宁夏民间社会工作机构发展缓慢。经过多年的培育，截至 2014 年底，在民政部门注册的民办社工机构只有 9 家。这些机构主要分布在银川和石嘴山两个经济较为发达的地市，固原、吴忠等落后地区还是空白。每家民办社工机构平均聘用 5 名专业社工。大多数社工机构没有独立、固定的办公场所，只能租用住宅作为临时办公场所。

2. 专业社会工作机构能力不足。由于本地社工机构处于发展的初期阶段，能力弱是各个机构存在的共性问题。在人才培养方面，各个机构招聘的均是社工专业的应届毕业生，缺乏实务工作经验。在技能提升方面，机构既无力聘请专业督导对年轻社工进行指导、培养，也无力经常性选送年轻社工到发达地区参加培训，制约了社工专业水平的提升。在项目管理方面，机构通常缺少能够完成项目设计、基线调研、项目评估等一系列活动的专业人才，影响了服务项目的质量。在机构管理方面，由于人数过少，分工不明确，每个社工既要从事专业服务，又需要承担大量的行政工作，限制了专业社工机构能力的提升。

（四）专业社会工作的保障之困

1. 投入社会工作发展的资金不足。从发达国家和地区的经验来看，虽然社会工作机构的经费是多元筹集的，但政府的财政拨款始终是主要渠道。以香港地区为例，社会工作的异常发达，与政府的主导作用，特别是财政支持密不可分，社工机构 70% 的资金来源于政府拨款。而在毗邻香港的广东地区，2014 年政府亦投入社工发展资金 7.3 亿元，支持民办社工机构 700 余家。尽管宁夏回族自治区于 2014 年 8 月出台了《宁夏回族自治区政府购买社会工作服务暂行办法》，明确了政府购买社会工作的原则、程序和内容。但是，受地方财政资金约束，具体的社会工作服务购买工作尚未开展。

2. 服务社会工作发展的平台建设相对滞后。社工机构是吸纳、使用社工人才的重要载体，其作用显而易见。而建立社会工作组织服务平台，则是培育和发展民办社会工作机构的重要手段。然而，当前宁夏服务社会工作发展的平台建设相对滞后。一方面，社会工作机构孵化和扶持基地尚未成立。全区仅有的 9 家已注册社工机构普遍存在无办公场所和无服务场所的问题。一些有意注册成立社会工作机构的负责人，面对政府不能免费或低价提供办公与服务场所而需要自己出资租赁时，往往出现畏难、退缩现象。另一方面，以社会工作师联合会为代表的社会工作机构自治组织还未成立。社会工作机构内部的交流、合作、自律等工作难以开展。

二、推进宁夏专业社会工作发展的路径及政策建议

通过对宁夏专业社会工作发展经验的反思和梳理，存在问题的调查与分析，社工需求的评估和预测，使得我们对宁夏专业社会工作发展的历史和现状有了整体的把握，对未来发展的目标和路径有了更清晰的认识。

(一) 加大社会工作顶层设计推进力度

所谓顶层设计就是运用系统论的方法，从全局的角度，对某项任务或者某个项目的各方面、各层次、各要素统筹规划，以集中有效资源，高效快捷地实现目标。对于专业社会工作发展而言，顶层设计就是坚持全局视野，抓住牵一发而动全身的关键问题进行筹划，为解决其他问题铺平道路。

首先，推动社会工作组织机构建设。组织机构既是推动工作的平台，亦是完成工作的保障。建立规格高、统筹能力强的组织机构是推动社会工作事业快速发展的重要保证。尽管 2014 年宁夏在机构改革时，自治区民政

厅设置了社会工作处，统筹全区社会工作发展。但是，作为民政厅的行政处室，其权威性、协调能力仍然较弱。因此，建议成立由组织、机构编制、发展改革、教育、公安、司法、财政、人力资源和社会保障、卫生计生、信访、扶贫、工会、共青团、妇联、残联等部门为成员的自治区社会工作领导小组，办公室设在民政厅社会工作处，由其来具体统筹全区社会工作事业发展。

其次，加大政策法规创制力度。政策法规是发展的依据，也是发展的保障。只有建立和完善社会工作政策法规，才能推动社会工作依法有序开展。建议从人才教育培训、社工机构监督管理、社会工作的服务标准、岗位开发、评估机制和财政保障机制等多个方面开展政策法规创制，完善社会工作政策法规支撑体系，推动社会工作持续健康发展。

（二）加快社会工作专业人才队伍建设

加快社会工作专业人才队伍建设，应该以人才使用为根本，以人才培养为基础，以专业社工、民族社工和本土社工为重点，以解决民族地区社会问题为目标。

首先，加大社会工作岗位开发力度。在组织、编制和人力资源与社会保障部门的支持下，协调各级党政机关、企事业单位，特别是以社会服务为主的党政、事业机关要按比例设置社会工作岗位。当岗位空缺重新招录时，应明确社工专业条件，在同等条件下优先录用社工专业毕业或具有社会工作证书的大学生，为具有社工背景的大学生就业创造条件，激发全区各大、中专院校开设社工专业，培养社工人才的积极性。通过政府购买服务方式，在社会福利、社会救助、残障康复、公益类民间组织和家庭生活服务等领域积极开发、合理设置社会工作岗位，优先聘用社工人才，力争社工数量的配备与服务人群的需求相适应，全面提升社会服务管理能力。

其次，推进社会工作人才增量计划。针对当前全区社会工作专业人才数量过少的现状，鼓励引导全区各领域人员积极报名参加全国社会工作者职业水平考试，加强考前辅导培训，借鉴其他省份对取得社会工作师证书的人员给予适度奖励的做法，对参加年度全国社会工作者职业水平考试并取得社会工作师、助理社会工作师的人员分别奖励2000、1000元，促进报考率和通过率的稳步提高。

最后，实施社会工作人才能力提升工程。积极争取地方政府支持，加大财政投入和资源整合力度，实施社会工作人才能力提升工程。一是推动社会工作课程进党校。将社会工作核心课程纳入培训内容，丰富领导干部社工专业知识，提升组织管理能力。二是有计划、有步骤地实施社会工作从业人员大规模教育培训活动。采取开展专题培训、经验交流、案例分析、观摩学习、督导服务等形式，不断提升其职业素质和专业水平。三是通过组织实施"百、千、万社工行动计划"，以民族社工和本土社工为重点，加快社会工作人才培养，服务民族地区社会经济发展。

（三）支持民办社会工作机构培育发展

从国内外社会工作发展的先进经验来看，民办社工机构是吸纳社会工作人才的重要载体，是有效整合社会工作服务资源的重要平台，是社会工作服务的直接和主要提供者。支持和推动民办社会工作机构的发展对于繁荣社会工作事业具有基础性的作用。

一是通过整合现有资源，推进民办社会工作机构孵化基地建设。综合运用公益创投、提供场所、成长陪伴、专业培训等多种方式，支持民办社会工作服务机构的创立和初期运作。优先孵化以老年人、残疾人、青少年、城市流动人口、农村留守人员、特殊困难人群、受灾群众等为重点服务对象的民办社工机构。计划到 2020 年，建立 1 个区级和 5 个地级民办社会工作服务机构孵化基地。

二是通过争取优惠政策，启动民办社会工作机构运营扶持工程。争取设立扶持民办社会工作服务机构发展专项资金，积极协调有关部门落实促进民办社会工作服务机构发展的各项财税优惠政策，加强对民办社会工作机构人员的督导和实训，通过以奖代补、免收税费、免费培训的方式，降低其运行管理和服务提供成本，提升服务质量。

三是通过加大财政投入，推进政府购买社会工作服务。以《宁夏回族自治区政府购买社会工作服务实施办法》为政策依据，尽快在全区范围内选择社会工作基础较好的街道、社区分别成立社会工作服务中心和社工站，以城市流动人口、农村留守人员、困难群体、特殊人群和受灾群众为服务重点，通过政府购买社会工作岗位和服务的形式，委托民办社会工作机构具体运营。与此同时，强化政府购买社会工作服务的监督管理和绩效评价，确保服务的数量与质量。

（四）积极推进社会工作发展机制创新

社会工作机制创新是指为了优化社会工作各个参与主体之间的组合、提升工作绩效，推动科学发展而开展的创新活动。只有建立新的科学的、先进的工作机制和方法，以制度化的管理和服务模式取代临时性的、随机性的管理和服务模式，以科学化的管理和服务模式取代主观的、盲目的管理和服务模式，才能推动社会工作事业健康、快速发展。

首先，建立社会工作财政投入自然增长机制。所谓财政投入自然增长机制是指各地投入社会工作的财政资金应当逐年增长，增长幅度不低于当年财政收入增长水平。随着当前经济发展进入"新常态"，地方财政面临着较大的支出压力。为了确保自然增长机制能够出台和落实，建议由自治区民政厅与财政厅主动协商，争取共识，以政府文件的形式出台并加以落实。

其次，建立社会工作"三工联动"机制。当前，社会工作服务提供主要来自于三支力量。一是专业社会工作者，他们具备专业价值观，掌握科学方法，在社工服务中处于主导地位。二是社区工作者，他们长期在社区服务，熟悉社区基本情况。三是义工，他们人数众多，参与志愿服务的愿望强烈。通过整合这三支力量，建立"社工主导，社区工作者协助，义工参与"的联动机制，可以有效地解决社工数量不足、对社区状况不熟和义工参与志愿服务渠道不畅的问题。

最后，建立社会工作机构考评机制。公开、公平、公正的考评机制是推动社会工作机构完善内部治理结构，改善服务质量，提升品牌意识的有效手段。建议在自治区民政厅的主导下，聘请独立的第三方评估机构，对社会工作机构的管理、服务、财务进行全面的考评，并将考评结果作为政府购买社会工作服务的重要依据，促进社会工作机构健康发展和良性竞争。

（五）营造宣传社会工作发展的良好环境

社会工作及其人才队伍建设在我国尚属新生事物，社会各界对其认知程度较低。尤其对于西部民族省区，上至领导干部，下到普通百姓，对社会工作知识了解不多。因此，需要让各级领导干部和社会大众了解和熟悉社会工作，在政策和资金上支持保障社会工作，在行动上推动和接纳社会工作，宣传是必不可少的重要环节。

首先，创新宣传形式，推动集中宣传与分散宣传相结合。从 2014 年开始，民政部在全国范围内组织国际社工日宣传活动，宁夏民政厅按照民政部的安排，连续两年组织各个社工机构开展了内容丰富、形式多样的集中宣传活动，取得了良好效果。在坚持和完善集中宣传形式的同时，应将宣传的重点转移到日常宣传。通过委托宣传的方式，鼓励社会工作机构在日常服务过程中，以群众喜闻乐见的方式，广泛宣传社会工作知识和方法，帮助社区居民和被服务对象了解、参与和支持社会工作。

其次，善用宣传工具，推动传统宣传方式与新媒体宣传相结合。随着新媒体的异军突起，其传播的快捷性、交互性、广泛性得到了普遍的认可。因此，在充分发挥报刊、广播、电视等传统媒体的宣传主体作用的同时，应该创新社会工作宣传方式，采用网络、微博和微信等新媒体，及时占领宣传阵地，扩大社会工作的影响力。

最后，丰富宣传内容，推动宏观政策宣传与基层典型宣传相结合。近年来，宁夏专业社会工作者深入基层，服务群众，涌现出了一批坚守社会工作价值理念、掌握社会工作方法技巧、献身社会工作事业的典型人物和感人事迹。这些先进人物和优秀事迹具有很强的宣传价值。因此，在坚持对社会工作宏观政策宣传的同时，应该丰富宣传内容，加大对基层社会工作服务中涌现出来的先进人物和感人事迹的报道力度。通过树立和宣传典型，提升社会工作及社会工作者的形象和地位。

宁夏女性人才资源开发现状及对策研究

何银玲　张晓风　桑敏兰

开发女性人才资源是提升女性素质、促进妇女发展、实现性别平等的需要，也是实施人才强国战略的必然要求，开发女性人才资源对民族地区加快实现全面小康社会目标具有重要意义。本文以宁夏女性人才资源开发为主题，根据《宁夏回族自治区中长期人才发展规划纲要（2010—2020年)》的要求，依据宁夏第六次人口普查资料和第三次中国妇女社会地位调查宁夏数据资料，以及相关管理部门的数据资料，在描述分析宁夏女性人才资源的规模、素质、结构、分布、使用等方面的基本状况基础上，运用人力资源开发和人力资本投入及社会性别相关理论分析存在的问题及原因，探讨提出加快宁夏女性人才资源开发的思路和对策。

一、宁夏开发女性人才的主要作法和经验

近年来，宁夏把实施人才强区战略，开发人才资源放到突出地位，先后制定出台了《宁夏自治区中长期人才发展规划纲要（2010—2020 年)》《宁夏回族自治区妇女发展规划（2011—2020 年)》等文件，2014 年 12 月 16 日，自治区党委、政府又出台了《关于创新体制机制促进人才与经济社

作者简介　何银玲，中共宁夏区委党校哲学教研部教授；张晓风，北方民族大学商学院教授；桑敏兰，中共宁夏区委党校经济管理学院教授。

会协调发展的若干意见》，为包括妇女人才在内的各类人才的成长创造了较好的条件和环境。

（一）重视发挥女性人才的作用

贯彻实施《宁夏人才资源开发条例》，加强对女性人才的开发，积极推动尊重女性人才、关心女性人才、保护女性人才、使用女性人才的各项工作。实行专家服务团计划，打破地区、行业限制，选拔各行各业高层次优秀人才，组建面向自治区重点产业和各市、县的专家服务团，对口到各市县（区）和生产、教学、科研等基层一线，进行技术咨询、科技攻关、项目论证和人才培养，充分发挥了高层次人才的专长和才能，其中，也包括女性专家人才。

（二）多方引进人才，扩大人才队伍

自治区党委、政府在北京召开引进海内外高层次人才需求信息发布会，热忱欢迎各界专家才俊到宁夏这方热土上放飞激情梦想、施展抱负才华，共柔性引进院士、全国知名专家、及多名高层次人才，其中，包括引进女性人才。

（三）加大力度专门培养女性人才

全区各级党组织将女干部培训纳入各级干部培训总体规划、列入各级党校主体班次中，有计划地选派女干部到中央单位、经济相对发达地区、国内知名企业、基层艰苦地区挂职锻炼，提高她们的工作能力和领导水平。自治区党委组织部对纳入重点培养的女性高级管理人才，实行多岗位锻炼，帮助她们上台阶，补经验，补阅历，选派优秀高级经营管理人才到国外培训学习、到经济发达地区挂职锻炼、到沿海企业挂职招商、引导她们在经济建设主战场建功立业。

（四）激励各类女性人才干事创业

各级妇联积极开展"妇女发展促进行动""巾帼创业之星"、评选"全国女职工建功立业标兵"、连续多年进行全区"三八红旗手"的评选等活动，培养和树立了一大批先进典型，引导和激励女性人才在经济社会发展中发挥作用。

二、宁夏女性人才资源的现状分析

根据《国家中长期人才发展规划纲要（2010—2020 年)》，将人才划分为党政、经营管理、专业技术、高技能、农村实用和社会工作六大类型，女性人才资源即是这六大类人才中的女性，是我国全部人才资源中的重要组成部分。本课题采用 2013—2014 年宁夏各类人才数据，对宁夏女性六类人才状况进行全面的描述分析。2013 年，宁夏全区人才总量为 60 万多人，其中女性占总数的 30%左右。六大类人才队伍的具体构成情况如下：

（一）党政人才

据 2015 年宁夏回族自治区妇女儿童工作委员会提供的妇女发展规划实施评估报告显示，宁夏党政部门处级以上领导职务共有 6461 人，女性 1187 人，占比为 18.37%，比 2011 年提高了 1.47%；事业单位处级以上干部 899 人，其中女性 171 人，占比为 18.23%；全区厅局级公务员正职共有 817 人，其中女性 28 人，占比为 3.13%；自治区政协委员有 432 人，其中女性 121 人，占比 28.01%；自治区人大常委会委员 62 人，其中女性 12 人，占比为 19.35%。

（二）经营管理人才

据宁夏人社厅的统计数据显示，2014 年底，宁夏企业经营管理人才总数为 33500 人，区属国有企业经营管理人才占职工总数的 14.5%，其中女性经营管理人才占企业经营管理人才总数的近 30%；截止到 2014 年底，宁夏国企经营管理人才总量为 9831 人，其中女性经营管理人才达到 2783 人，占宁夏国企经营管理人才总量的 28.31%。由自治区国资委直管的 9 户大中型企业中，共有企业领导班子高级经营管理人才 56 人，其中女性高级经营管理人才仅有 2 人，占 3.57%。宁夏非公有制企业数量众多，由于缺乏新的统计数据，这里仍以 2011 年自治区统计局对非公企业进行的抽样调查数据为依据进行分析，非公有制企业女性从业人员为 136602 人，占非公有制企业从业人员总数的 33.9%；女性高级管理者有 3955 人，占高级经营人员总数的 24.7%；女性中级管理者 7391 人，占中级管理人员总数的 32.6%；女性初级管理人员 10288 人，占初级管理人员总数的 34%。

(三) 专业技术人才

据宁夏人社厅统计数据显示，截至 2014 年底，国有企事业单位专业技术人才共有 126645 人，女性为 63450 人，占 50.10%。其中，事业单位专业技术人才为 112922 人，女性有 58456 人，占事业单位专业技术人才总数的 51.77%；全区国企专业技术人才有 13723 人，女性 4994 人，占国企专业技术人才总数的 36.39%。

(四) 高技能人才

据宁夏人社厅统计数据显示，2014 年底，宁夏高技能人才有 94879 人，仅 2013—2014 年就新增高技能人才 11140 人，其中女性有 4005 人，占新增高技能人才的 35.95%。

(五) 农村实用人才

据宁夏农牧厅统计数据显示，2014 年底，宁夏农村实用人才总数为 13.5 万人，比 2010 年增长 4.39 万人，其中女性增长 30%以上。2014 年，自治区农牧厅实施的两期新型农民培训项目共培训农村实用人才 19841 人，其中女性为 8237 人，占 41.52%；2013—2014 年自治区人社厅培训优秀农村实用人才 1295 人，女性有 273 人，占 21.08%。

(六) 社会工作人才

据宁夏民政厅统计数据显示，截至 2014 年底，宁夏社会工作人才包括专业社工和非专业但实际从事社会工作的人员共 11261 人。其中，通过职业水平考试和具有专业学历的社会工作人才有 622 人，仅占 5.52%，女性占比为 81.68%；非专业人员则占 94.48%，女性占比约为 80%左右。

三、宁夏女性人才队伍建设存在的主要问题及原因分析

(一) 宁夏女性人才队伍建设存在的主要问题

1. 女性人才总量小，比例低。各类人才中，女性总体占比不超过 35%。如，2014 年底，宁夏处级以上领导职务的党政公务员中女性占 18.37%，厅局级公务员中女性正职占比为 3.13%，可以看出，女性领导干部整体比例偏低。

2. 女性人才层次较低，结构不合理。各类女性人才在人才队伍的层次

结构中，多数处于较低层次，层次越高，女性比例越低。例如，女性高层次经营管理人才偏少，由自治区国资委直管的 9 户大中型企业中，女性高级经营管理人才仅占 3.57%。在自治区区属 40 余户大中型企业中，女性高级经营管理人才仅占 5.2%，说明在区属国企领导班子中，女性数量微乎其微，而且 2013—2014 年女性经营管理人才的比例不升反降。

3. 女性人才知识技能水平较低，年龄老化。据笔者调查，宁夏各类女性人才多数为本科及以下学历，研究生学历不到 20%，整体占比较低；女性人才的年龄结构整体偏老化，40—60 岁占 70% 多，30—40 岁占比为 30% 左右。女性处级领导干部年龄以 45—50 岁的中年居多。

4. 女性人才资源行业分布不均衡。在宁夏六大类人才中，党政人才、企业经营管理人才、高技能人才和农村实用人才的性别比例都是男多女少；只有专业技术人才男女比例持平，这是由于专业技术人才构成中，教师和医师的女性比例较高；仅有社会工作人才的比例是女高男低，这是由于社会工作人才是一个新型的但还比较弱势的职业。据此可以看出，社会地位越高的行业女性人才的比例越低，而社会地位越低的行业女性人才比例越高。例如，从宁夏企业经营管理人才的行业分布情况看，宁夏区属国有大中型企业和中央驻宁企业的高层女性经营管理人才中，金融业占 42.8%，工业和建筑业占 19.1%，地方传媒业占 14.3%，其他各种行业占 23.8%。近年来，我区各个行业发展迅速，但高新技术产业、信息产业、物流业等多个行业严重缺乏女性高级经营管理人才。

5. 对女性人才开发培养力度不够。据笔者调查，近五年来的累计数据显示，国有企业中只有 20% 左右的女性管理经营人才赴国外接受过培训学习，频繁参加国外培训的更少，因此很少了解国际先进的企业管理经验。而非公有制企业女性经营管理人才出国培训的机会寥寥无几。女性经营管理人才中精通外语、熟悉国际经营规则，了解海外市场和资本运作、市场营销、人力资源管理，能够采用与国际接轨的手段将我们的企业推向世界，增强国际影响力的女性人才凤毛麟角。再比如，宁夏的农村实用人才与全国一样，绝大多数都是自学成才，2013—2014 年只有近 3 万人经过正规的职业技能培训。尽管自治区农牧厅和人社厅及各级妇联针对农村实用人才进行了多种培训，但基本上以短期培训为主，对于农村女性来说难以接受系统、专业、全面的培训。

6. 女性人才得到社会的认定和评价程度较低。据笔者对宁夏获各种奖励的核心人才的分析显示，截至 2013 年底，享受自治区政府特殊津贴专家中女性仅占 17%；自治区"313 人才工程"人选女性占 16.7%；"塞上英才"评选女性占 16.7%；百千万人才工程国家级人选女性占 7.1%；自治区宣传文化系统四个一批人才，女性占 30.8%；全国四个一批人才中没有女性。总体看，各种人才荣誉称号中，女性占比都比较低。

（二）原因分析

1. 人才开发工作社会性别意识淡漠，对女性人才资源的开发重视不够。一是虽然近年来全国和宁夏地方党政部门在加强人才开发和使用方面制定和出台了一系列政策、措施和办法，但专门针对女性人才开发的规划和政策还比较缺乏。现有人才开发规划和政策没有关注到女性人才成长的特殊性，在促进女性人才开发和使用方面的效果也就不太理想。二是不注重对女性人才信息的收集、整理和使用，缺乏分性别统计数据的收集和分析。许多行业的人才统计，较缺乏分性别的登记数据，致使女性人才数据缺乏，底数不清。三是在人才开发工作中，无论是宏观决策规划工作中还是在微观的培养、使用和激励政策中，都不同程度存在"重男轻女"现象。

2. 传统性别观念和意识制约女性成才。受封建思想观念和道德规范的影响，现实中不平等的性别观念依然是阻碍女性成长的重要因素。根据第三期中国妇女社会地位抽样调查宁夏数据资料显示，对近年来社会上流行的"干得好不如嫁得好"的说法，男性的支持率是 37.3%，而女性的支持率则高达 53.8%。这说明还有相当数量的女性认可上述传统观念，部分女性比男性在观念上更加保守，还容易产生畏惧、依附、自卑、封闭等心理；而成才意识较弱，缺乏对事业的追求和进取心，制约了女性潜能的发挥，难以成长为高层次人才。

3. 女性成才受到各方面的制约因素更多，困难更大。一是女性受教育的机会和条件比男性差，造成女性文化水平整体偏低。二是女性由于在青年时期承担生育和抚养孩子的任务较重，使她们投入工作和事业的精力和时间整体上不及男性，能力和才华难以在组织中得以展示。三是由于受到"男主外，女主内"的传统家庭分工模式的影响，职业女性由于承受工作和家务"双重负担"的压力较大，难以与男性平等竞争。第三期中国妇女社会地位调查宁夏数据报告显示，女性每天用于家务劳动的时间远远超过男性，而用于有收入的劳动时间及休闲时间和学习时间比男性少。95%的女性花一定时间干家务，男性只有65.7%，比女性少29.3个百分点。女性从事家务劳动的人数和时间都多于男性，在工作单位的培训、使用、提拔等活动中也会受到漠视和排挤。四是社会中人们对有追求、事业心强的女性人才往往有更多负面的评价和误解，这给女性人才的成长和作用发挥带来许多烦恼和压力。

4. 以往多年实行的女性提前5年退休制度造成女性人才资源浪费的情况较突出。从女性科技人才的成长规律看，女性更能出成就的工作时间是在结婚完成生育以后。而按过去退休政策女专家55岁退休，有效工作时间大约是22年。而男性受结婚生育过程的影响相对较少，加之可至60岁退休，工作有效时间可长达35年。这种退休政策实际上硬性地缩短了女性科技人才为社会直接作贡献的时间。许多女性人才过了50岁，就得不到单位的学习、培训等机会，这必然制约优秀女性人才的选拔和竞争力的提高，造成女性人才资源的大量浪费。这是造成宁夏女性人才，特别是高层次核心人才中女性缺乏的主要原因。

四、进一步加强宁夏女性人才开发的对策建议

（一）增强人才开发工作的性别意识，充分认识开发女性人才资源的重要意义

各级党政部门要坚持马克思主义妇女观和男女平等基本国策，创造条件，激励女性人力资源加快发展，使更多女性人才脱颖而出。为此，首先，要培养和提高广大领导干部的性别理念和意识，增强他们决策的性别敏感度和对性别平等状况的关注度。其次，建立性别平等评估审查机制，加强党政部门对立法和公共政策制定中性别平等方面的审视，以保证在立法决策中充分体现性别平等意识。第三，将性别平等纳入人才开发工作主流，

将女性人才队伍建设纳入自治区中长期人才发展规划之中，建立完善促进女性人才开发的制度体制和工作机制，努力营造男女平等、公平竞争的人才使用环境。第四，加强对各类人才分性别的统计监测，确定各地区、各行业、各时期的女性发展监测评估指标体系，并将其纳入政府部门的常规统计中，以为党政部门的人才开发与管理提供准确的数据信息。

（二）注重研究把握女性人才的特点和成长规律，增强女性人才开发工作的科学性和针对性

女性由于自然生理原因，在社会生活中担任的角色和功能与男性不同，从而形成了与男性不同的成才过程和规律。一是注重把握女性人才成长的特点和规律。首先，女性人才资源的时效性更为突出。由于女性承担着生育这一人类再生产的重任，女性人才资源的形成、开发、使用等受时间、机遇等限制程度较大，因此，开发女性人才必须抓住女性成才的高峰期。第二，女性由于所担负的生育养育功能，其成才的过程表现出阶段性和滞后性。因此，对女性人才资源的开发亦需适应这样的特点，在女性职业发展规律分阶段采取不同措施促进女性人才发展。二是注重发挥女性人才的优势，促使她们充分实现自我价值。相对男性而言，女性在语言能力、观察能力、记忆能力、形象思维能力、自觉推断能力等方面有比较优势，又因其天生的细腻、亲和力、责任心、吃苦耐劳、含蓄、韧性等性格特点，更容易在瞬息万变的外部环境中把握机遇。因此，应充分发挥女性人才的性别优势，为她们的职业成长提供更广阔的空间。

（三）优化女性人才发展的社会环境，激励女性大胆成才

首先，党政部门要为女性人才成长提供良好的政策环境，进一步完善女干部的培养、选拔及任用机制，提高妇女参与决策和管理的比例，鼓励女性高层次人才的参政议政，增加决策层中女性领导干部的比例，增加女性人才在决策中的话语权。其次，大力发展社会服务业，解决女性高层次人才的后顾之忧，尽可能帮助女性工作人员减轻家务负担，帮助她们平衡事业与家庭的矛盾。再次，大众传媒要增强社会性别意识，努力营造有利于女性高层次人才成长的社会文化环境；大力宣传科学妇女观，自觉抵制和消除落后和腐朽的性别文化影响，在全社会倡导形成尊重女性、支持女

229

性成才的良好舆论环境。第四，为女性高层次人才的发展提供公平竞争的环境。要重视女性高层次人才的培养和使用，创造机会为她们提供具有针对性的教育与培训机会，通过建立公平合理的人才评价、绩效考评和晋升选拔体系，对女性人才能力做出客观公正的评价，确保女性人才不因年龄的增长而失去应得的职业发展机会；同时，积极肯定女性高层次人才的贡献，培养她们的领导力，注重她们心理资本和社会资本的积累，在同等条件下，破除男性优先的晋升规则，给女性高层次人才同样的任职机会。

（四）调整和优化女性人才资源结构

首先，根据女性高层次人才行业结构不均衡的问题，在加强女性高层次人才队伍的建设的过程中，特别要重视女性高级党政人才、高级经营管理人才和高科技人才的培养和使用；以高层次的女性人才队伍建设为龙头，带动整个女性人才队伍的发展壮大。其次，要挖掘与培养一批有潜质和才能的青年女性高层次人才，加快开发培养青年女性人才队伍，形成女性人才发展梯队。宁夏女性人才队伍中青年人才比例较低是一个突出问题，这势必影响到宁夏女性人才队伍的可持续发展，甚至导致女性人才队伍的断代或青黄不接。

（五）建立实施女性人才资源开发投入的制度机制

一是政府部门可设立"女性科技人才创业基金"，用以资助女性人才研发和实施那些有创意和发展潜力、科技含量较高、市场空间较大的产品和应用技术，鼓励女性科技人才走出纯学术性的研究，投身经济主战场，不断提高科技成果的转化率。女性科技人才有好的项目（产品、技术），经申请、评估后可使用该创业基金，以为本区和愿意到本区工作的女性科技人才创业提供一定的资金支持，保证其科研成果的有效转化。二是由自治区妇联设立"优秀女性科技人才奖"或"塞上巾帼英才奖"等，对有重要贡献的女性科技人才等予以重奖，以激励广大女性敢于成才，勇于创新，甘于奉献，为民族地区全面建成小康社会贡献才智和力量。

（六）大力实施女性人才培训工程

一是通过建立和完善女性人才教育培训机制，如，女性奖学金、女性科研基金等专项计划，用于女性人才资源开发，为女性人才开发搭建平台。

二是加强对中青年女性人才的开发和使用，注重提高她们的学历层次、专业研究能力和开拓创新能力，增强她们的职业自信和参与公平竞争的实力。三是提升女性人才自我价值的认同感和自我开发的强烈动力。现实困难和社会压力常常使女性的职业期待和成就抱负低于男性，容易有满足和依赖感，甚至有的女性存在一定程度的成功恐惧。因此要重视女性人才的身心健康教育，促进女性人才的学习、沟通和交流。四是加强对女性人才的教育培训。有计划地组织女性人才参加各种主题班及专题培训班，同时注重利用国内国际各种教育培训资源，加强对女性高层次人才的继续教育，提高高层女性人才的综合素质和创新能力。

参考文献：

[1] 宋秀岩. 高举旗帜 凝心聚力 团结动员各族各界妇女为实现中国梦而奋斗——在中国妇女第十一次全国代表大会上的报告[R/OL].http://news.xinhuanet.com/politics/2013-11/01/c_117956310.htm.

[2] 蒋苿.女性领导力研究综述[J].中华女子学院学报,2011(2).

[3] 王建宇.女性科技人才成长的社会性别因素分析[J].山西高等学校社会科学学报,2011(8).

[4] 李燕萍,郭玮.我国女性高层次人才内涵、类型及其成长的影响:基于文献研究[J].荆楚理工学院学报,2010(12).

[5] 李祖超,尹伶俐,马丹.我国女性科技人才成长的问题分析与应对策略[J].科协论坛,2010（11）.

[6] 高莹.21世纪中国女性党政领导人才开发研究[D].中央党校,2011.

[7] 辇雪泥. 我国妇女参政中"权力尖端缺损"现象的成因及对策研究[D].吉林大学,2009.

[8] 李清源.和谐青海建设中的女性人才开发问题[J].青海师范大学学报:哲学社会科学版,2007(6).

关于综合治理银川市交通拥堵的调研报告

民盟宁夏区委会

近年来，随着银川城市化进程加快，城市人口集聚、私家车增多，城市交通需求激增，行路难、行车难比较突出，对城市交通带来巨大压力，城市交通拥堵越来越成为群众反映的热点问题。为有效解决银川市日益严峻的交通拥堵，民盟宁夏区委会开展了银川市交通拥堵专题调研。

一、银川市治理交通拥堵的情况和主要做法

银川市总面积 9491 平方公里，总人口 203 万，市区人口 136 万，道路 474 公里，机动车保有量 51 万辆，驾驶人 41 万人。区划内有 109、110、307、211 等 4 条国道和京藏、福银、青银高速通过，绕城高速路全长 59.8 公里。公交线路 85 条，规划设计 BRT 四条，1 号线已建成投入运行。

近年来，银川市交通拥堵不断蔓延，从区域范围看，由主要交通节点向路段、路网蔓延。从空间分布看，由中心城区、老城区向周边地区蔓延。从时间分布看，由上下班高峰时段向平峰时段延伸，学生上、放学时间点，公交车拥挤，拥堵尤其严重。针对交通拥堵银川市在市区全面推行交通道路"网格化"管理，及时发现交通拥堵，采取道路交通秩序管理、设施建设、安全宣传、公交优先、事故预防、交通科技、排堵保畅、勤务保障等有效措施，取得明显成效。

（一）运用多种手段，加强城市交通需求管理

为缓减城市交通压力，加快一些断头路、新建小区和主干道联络线道路的建设，加快城市内部路网连通的后续建设，并对各类车辆进行科学合理分流。弥补一线警力，将58周岁以下交通民警安排到市区主要路口，参加交通高峰期执勤疏导工作。加强道路施工路段的科学管理，最大限度减少施工影响，确保道路通畅。加大投入规划新建道路和停车场。规范停车管理，规划建设停车泊位，消除乱停乱放问题。采取如车辆限行、车辆购置管理、拥堵收费、鼓励高承载率车辆优先通行等手段，缓解高峰时段、重点拥堵区域的交通压力。

（二）优先发展城市公共交通，解决市民出行

2014年，自治区政府发布《关于城市优先发展城市公共交通的实施意见》，明确到2020年，建成符合全区实际，科学高效的现代公共交通服务体系，来满足公众的出行需求，首府银川将公交发展纳入政府公共财政体系，采取加大财政投入购置公交车辆，建立大型停车场及港湾式公交站点。自治区实行财政补贴政策，油价补贴、免征城市公交企业的车船税、免征城镇土地使用税和房产税等措施，银川市公共交通网络已初具规模。

（三）不断加大科技投入，提高智能化管理水平

不断加大科技投入，实施了公交IC卡乘车系统，加快推进公交智能化建设，完成银川GPS智能调度系统试运营工作。合理调整信号灯配，对信号灯进行全面调整。采用视频、摄录设备采集证据，使路口交通守法率大幅度提高。补充增设闯红灯电子警察，强制管理。对经常拥堵路口进行标线渠化，增加车道或左转弯待转区。

（四）加强城市交通文化建设

大力加强公共绿色交通理念的宣传力度，通过采用墙报、标语、横幅、客运站多媒体等载体广泛开展宣传活动，树立"能走不骑，能骑不坐，能坐不开"等低碳环保绿色出行理念，鼓励市民选择公共交通、步行、自行车等绿色方式出行，提高交通资源利用率，缓解交通拥堵。通过驻交警指挥中心交通音乐广播实施向公众播报路况信息，为群众提供出行指南。对施工路段通过手机短信、微博发布路况信息，引导驾驶人提前选择畅通的道路。

二、存在的问题和主要原因

银川采取了多种措施，投入了很大的管理成本，但随着机动车保有量的大幅增长，交通拥堵问题仍然严重。具体表现在：

（一）城市规划滞后，道路资源有限

银川城市已进入汽车时代，但道路建设比较滞后，道路微循环系统严重不畅。近年来，银川市虽然加大了城市道路建设的步伐，一定程度上缓解了交通压力，但部分道路改造不彻底，道路配套设施设计重视不够，畅通干道少、路网密度低、基础设施不足，有限的道路资源不能满足日益增长的交通需求，资源投放过度集中，与之相匹配的基础交通设施却并没有得到完善，交通安全设施不配套。城市道路建设、规划、管理的一体化水平不高。如新华街商业圈交通拥堵尤为明显，其原因就是早期规划街道较为狭窄，停车场较少；另外，区内"瓶颈路""断头路"较多，不规则路口也占相当比例，整体路况差。由于历史原因，"断头路"多（如新华西街、文化西街、湖滨西街等）、无法进行道路拓宽改造（如新华街、富宁街、进宁街、玉皇阁街等）、路口过多（兴庆区灯控路口 98 处，几乎占到市区灯控路口总数的 33%,信号灯过多也是一种交通阻碍）、公交港湾式停靠站严重缺乏，公交停车形成道路"瓶颈"，拥堵区域和道路主要集中在东到清和街、西至正源街、南至宝湖路、北至上海路以内道路。造成机动车通行速度低，部分路口、路段形成"肠梗阻"。

（二）汽车总量难控，停车场建设不足

银川市私家车每天入户量都在 200~300 辆之间，事实上形成市区马路变停车场的现象，严重影响道路通行。目前，全市机动车保有量已愈 51 万辆，而停车泊位仅为 4.7 万个，"僧多粥少"的矛盾极为突出，新建大型建筑、商场、公共娱乐场所停车泊位数量配套比例不足，从而导致停车规划建设标准远远无法适应停车发展需求。车辆停放占用人行道、非机动车道，致使行人、非机动车进入机动车道，造成交通无序，形成恶性循环。一些公交车将道路作为终点站（如新华东街丽水家园路段）。尤其在兴庆区范围，导致大量机动车因无停车泊位而随意停放，影响了正常交通秩序，加剧了道路

拥堵。51 万辆机动车中，有摩托车 10 万辆左右，没有注册登记的也有 10 万辆左右。摩托车、电动车、自行车与汽车混行、抢行，加之机动车数量大、路面占用率高，路口、路段通行效率降低，导致了交通拥堵。

（三）道路通行干扰多，路权分配不合理

城市交通是否顺畅，不取决于主干道有多宽，主要看道路交叉口的通畅度以及整个路网的匹配度和次干道和支路的通行能力。市区有些主干道过长，并缺乏必要的分支路，无法疏散车流；市中心道路仍以双向道为主，路况过于复杂；红绿灯设置时间不合理，在高峰时间缺乏灵活应变等。由于历史遗留问题、土地资源紧张、拆迁困难等原因，导致银川兴庆区道路功能与周边建筑功能未形成系统性连接，甚至彼此冲突，相互影响。如银川兴庆区城市快速路与主干道周边建筑物出入口距离太近，开口较多，缺乏缓冲和渐变路段，车辆出入时对主路流量和流速造成影响并存在事故隐患。同时，由于机动车增速过快，大量占用道路资源，对此又不得在道路设计和交通组织中，消弱非机动车和行人通行路权，而这又导致非机动车、行人通行条件差，反过来挤占机动车路权，通行秩序混乱且事故易发。

（四）公共交通分担率较低

由于银川市公共交通体系组成较为单一，交通设施不完备，主要以地面行驶的公共汽车为主，无轻轨、地铁等高效便捷的大容量公共交通工具，尚未形成方便、快捷、安全、舒适的立体公共交通网络。居民不愿意乘坐公交最根本原因是无法准点到达，单日运行时间短。另外，公交企业投资主体单一，筹资渠道不宽，公交基础设施建设相对滞后。一些财政扶持、补贴和补偿等公交政策得不到有效落实。"打车难"问题也日渐突出，从而进一步强化市民购车、用车的心理。

（五）道路交通安全基础设施有待进一步完善

当前，城市内行人乱穿、机动车乱停等交通违法行为较为普遍，严重影响道路通行效率和安全。而造成这一现象的主因，除了广大市民的文明交通意识与城市管理的要求存在较大差距外，道路交通安全基础设施不完善也是其中重要原因之一。另外，行人、非机动车过街设施缺乏，平面交通对机动车的快速通行产生较大影响（如 BRT 一号线最初设计方案有 6 处

过街天桥最终都没有建设），平面过街设施只能治标不能治本。机动车与非机动车混合行驶降低了通行效率。虽然银川市大部分街路实现了机动车与非机动车的分离，但部分街路非机动车道被公交线路所占据（如中山街）或公交车港湾设置在非机动车道上，使得道路安全状况明显下降，部分路段机动车与非机动车的混合行驶，降低了道路的通行效率。

（六）交通参与者意识淡薄、文明交通有待进一步提高

市民文明交通素质和意识与城市交通管理的要求差距仍然较大，主要表现在：部分市民不能很好地遵守交通规则，各类交通违法行为屡禁不止，交通陋习较为普遍；部分驾驶员随意变道、骑线驾驶、随意停车形成拥堵源；遇交通事故一味地与肇事者纠缠，造成更大范围交通拥堵。据有关部门统计，交通参与者的违法行为可造成城市交通能力下降30%。

（七）交通管理水平和力量需进一步加强

由于资金投入不足，交通管理设施只能维护和保重点。一是交通信号控制周期的设置不科学，路网规划不合理，经常相邻信号灯的间距非常小，车辆行驶速度始终维持在较低水平，导致经常出现许多路口单条道路交通拥堵现象严重。二是不能充分发挥街巷分流功能，在街巷两侧多违停车辆，影响了街巷的分流功能。三是一些道路交通标线磨损严重未能及时补划，需要增设信号灯的地方推迟设置，在一些灯控路口由于没有配套电子警察，闯红灯交通违法较多。同时，现有警力与承担任务量不匹配，也成为阻碍银川交通管理又好又快发展的原因之一。

三、治理交通堵塞的政策建议

为能切实有效地缓解城市交通拥堵现状，多管齐下地综合治理是当务之急。为此，提出以下建议：

（一）完善城市规划，合理分布区域功能

科学的城市规划能有效降低人们的交通需求。城市规划部门应审慎定位城市发展方向，合理规划各区域发展重点，避免资源过度集中，打破"一个中心，多条环线"的陈旧城市规划理念，通过新的规划使得城市向着"多中心"的方向发展。银川城市都应由多个中心城落组成。这些中心既是

居住中心，也是生活、娱乐、工作中心。这样既可以最大程度避免过多车流向市中心集聚，还能缩短居民出行距离与时间，降低机动车使用率，节能减排，以缓解城市拥堵。强化规划引领，促进城市交通与城市发展相协调。积极推进以公共交通为导向的城市发展模式，在公交交通设施周边建立办公、商业、文化、教育、居住的多功能经济圈，减少市民的出行成本；规划区域、道路工程等建设都要事先开展交通影响评价。交管部门不仅要提高专业化管理水平，而且要积极参与道路规划、建设等环节，将交通管理需求贯穿于规划和建设各个环节中。

(二) 加强各类停车场、库位管理力度

停车场太少已经成为城市发展瓶颈，停车占用道路、人行道、自行车道已成为普遍问题，也是交通拥堵的重要原因。建议管理要从源头抓起，新建小区、大型建筑等新规划设施应当足额配建停车泊位，配额不足的，应当按不足的泊位数量折合泊位建设费，交由政府选择有条件的地方进行配建。从以往情况来看，银川市各类商、住宅停车库、位私挪他用较为严重，如东方红商场、温州商城的地下停车场改为了地下超市和水产品市场。因此，相关部门应具备前瞻性眼光，严把源头关，坚决落实好商、住宅停车场配备工作，并针对部分开发商、经销商私自将停车场、位挪作他用，政府相关部门应建立事后监管制度，对违规者予以重罚。同时，对全市现有停车场分布情况要按照市场繁荣程度进行划分，利用经济杠杆作用对不同区域停车收费实行价格差的方式，调节城市中心"停车难"问题。在市区土地资源极其稀缺的条件下，可设想牺牲部分绿化带和广场绿地，用于建设停车场或立体停车场，以解决交通拥堵问题。有的地方可由种草改为种树，树下用于停车，或者建设空中花园绿地，地面用于建设停车场。

(三) 灵活设置交通要素，挖掘道路潜能

就目前城市道路而言，有很大潜力可以挖掘。建议交通管理部门对城市主干道两侧应多增加一些单向进出道的支路、或平行的次干道，使车流疏散、道路通畅；在城市中心区域取消部分双向车道，合理设置一些单行道路，大幅提高车速；路面交通划线有虚线、实线、虚实线，指示车辆能否并线，从何方向并线，将不同目的地车辆分开，减少随意并线，提高车

速；对每个路口在高峰期通行的车辆数，以及每个灯放行的车辆数进行观测与统计，以此作为设置红绿灯时长的依据，并在高峰时就车流量灵活进行信号调整，尽可能地减少拥堵点；不仅红绿灯，交通画线、标识、行车方向等交通管理要素也应"按需调节"，并由交警配合疏导；交通标识必须醒目清晰，避免司机走弯路；十字路口设为黄色网格禁区，车辆不能停留，即使绿灯状态也要在确保穿过网格区才能通行，消除十字路口车辆互不相让的现象；设计大量"空中行人系统"，减少路面人流；隧道、桥梁等交通"瓶颈"处应安装交通管制及监察系统，使安全性和容车量得到提升；主干道交通状况信息，应及时通过网络、电视、广播、微信推送等方式实时告知出行者，使其根据道路状况早做安排。主干道拥堵的原因是平交十字路口太多，使占主干道行驶汽车70%的直行汽车平均行车速度很难达到35千米以上，基本处于交通拥堵状态。因此，可设想在十字路口的主干道上建设一条双向双车道直通桥，优先保证直行汽车实现全线绿灯，高速行驶。在直通桥下，继续实行信号灯管理。例如，在经十路选择一个交通拥堵的十字路口作为建设直通桥试点，取得经验后，全线推广。也可采用计算机交通模拟系统进行测试，取得模拟效果，再做推广。同时要加强市区交通工具的各专项规划和配合，促进不同交通方式的协调发展，提高城市道路使用效率。

(四) 大力发展公共交通，方便居民出行

改变市民的出行习惯已成为治理交通堵塞的重中之重。发展公共交通是目前公认的缓解城市交通拥堵最切实有效的手段。首先，应加快建设城市轨道交通网络，积极建设轻轨、地铁等大容量公共交通工具，提升公共交通的吸引力和竞争力。目前各大城市都在如火如荼地建设轨道交通，银川轨道交通的建设必须与整个城市的规划建设合拍，对线路走向、车箱容量、最后一公里的对接都要经过充分调查研究后再投入建设。其次，应尽快升级公交车辆系统。建议增加公交车专用道，并升级车辆的软硬件设备，对城市的公交车网络实行智能化管理，全力提高公交车准点率，并将车辆位置、到站时间等信息实时显示在公交车站上，增添乘客的乘车信心。加快公共交通站场、枢纽等基础设施建设，实行路权和信号优先等策略，让

更多人享受到高品质、人性化的公交服务。对不符合港湾式停靠站应根据道路条件进行改造；建设快速公交示范线，以增强公共交通的吸引力，提高公交分担率，从而有效缓解道路交通拥挤现状。同时，政府和相关职能部门要加强宣传和舆论引导，建立健全城市公共交通法规体系，积极倡导绿色、公平、便捷、安全的低碳出行方式，使慢行交通观念深入人心，从而减少汽车使用率，减少停车需求，缓解交通压力。可在适合的城市逐步推行公共租车业务，让居民能享受到方便租车的便捷。将公共交通发展资金纳入城市公共财政体系，重点加大大容量公共交通、综合交通枢纽、站场建设以及车辆设备购置和更新的投入。免征公共交通车辆的车船使用税、车辆购置税以及公共交通站场的城镇土地使用税，对执行政府指令的低票价、承担老年人优惠乘车等形成的政策性亏损，给予足额补偿。

（五）合理利用单向交通组织，有效解决局部拥堵问题

单向交通组织被认为是现阶段解决交通拥堵问题的重要举措之一。该交通组织方式实施后虽然存在绕行距离增加，末端交通压力增大等不利状况，但却可以从根本上减少交叉口冲突点，提升道路通行效率。因此应在现有基础上，根据道路交通现状，因地制宜、科学合理逐步扩大单向交通的实施。由于单设右行车道制造大量变道驾驶，因此可将右行车道与直行车道合并，既可直行也可右转，不会造成混乱。为了在临近十字路口时减少变换车道、减少交通事故和减少左转行车时间，在可能条件下，可将左转车道增加到两条，以利于提高十字路口通行效率。

（六）大力推进交通信息化建设，提高交通管理科学水平

信息化建设已成为实现交通管理现代化的重要手段和途径。积极引进先进的交通管理科技手段，解决执勤执法、重点线路、拥堵路段、重点车辆的交通技术管理问题，实现城市主干道路无缝隙监控。一方面，逐步建成集高新技术应用为一体的适合银川市道路特点，具有高效快捷交通数据采集处理、决策和组织协调指挥能力的智能交通管理系统，如十字路口的两条道路的车流是不均匀分布的，而信号灯的时间设定是均匀的。有时南北方向没有车流，信号灯也是绿灯，而此时东西方向车流拥堵也只能等待。建议应用物联网技术的智慧化信号灯即可进行智慧型优化决策，如绿波技

术、热感应技术等对交通信号灯实行有效控制。这是提高城市道路通行能力的最经济最有效的高科技手段。另一方面，要进一步强化交管信息情报分析研判工作，加强对交通警情、交通事故等数据的分析研究。进一步完善以交通指挥中心为主的交通信息实时发布平台，行车交通广播、电视、网络和电子诱导屏多位一体的信息发布系统，为交通参与者提供及时准确的交通信息服务。据研究，30%的交通拥堵是由于汽车在行驶中频繁变换车道、突然刹车降速造成的。对这种制造拥堵的驾驶行为现有交通管理难以实现，必须进行动态交通管理创新——空中视频拍照监控与粘贴车顶牌照，实行违章驾驶取证和处罚。

（七）提升驾驶员和市民交通素质，提高通行效率

提高驾驶员的技术素养和驾驶员减少违规占道、超车等，可以提高10%~20%的通行效率。驾驶员素质普遍不高是导致拥堵现象的另一重要因素。违反交通规则随意变道、抢道、掉头的车辆屡见不鲜，由此引发交通事故，导致道路堵塞；随意路边停靠、上下客，占据整条车道，浪费道路资源；在无交警或摄像头的执法难点区域随意违章，不顾自己与他人行车安全。此类问题，虽然可以通过罚款、扣分等手段进行惩治，但从效果上来看并不明显。要真正使驾驶员做到文明行驶，提升驾驶员素质才是治本之道。诚然，提升驾驶员素质不是一朝一夕的事，但努力必须要从现在开始。建议先从新司机入手，将良好驾驶习惯的培养加入驾校的课程内，并在驾校考试中增加如何应对堵车、并道等复杂路况的内容，将正确的驾驶习惯通过考试、宣传等手段逐步推广、深入人心。引导机动车驾驶员努力参与到创建礼让文明的交通环境中来，定期对机动车驾驶员进行交通知识培训，在道路中间设置部分摄像头，加大对车辆行驶的路中管理，减少随意换道、骑线驾驶、随意停车现象。通过交通知识讲座、宣传片等方式，让驾驶员接触更多的交通知识，减少交通陋习，避免对于正常交通的影响。不断加强宣传教育，提高人民群众的交通安全意识和守法意识。增加交通硬件设施。在交通拥堵区域建设高架路，用无障碍通行提高通行速度疏解交通拥堵，人性化建设过街设施。如建设扶梯式地下通道或人行过街天桥。增强交通意识，倡导礼让文明的交通环境。

（八）创新学校等重点路段交管模式和调整作息时间

进一步优化学校、幼儿园布局，解决容量过大的问题，从根本上解决校园门口的拥堵问题。由教育主管部门下发专门文件，要求学校错开各年级学生上、放学时间，分学段错开 10—15 分钟的时间，形成学生上、放学、家长接送的时间差，可有效缓解校园门口的拥堵问题。通过调研改造校园应多设置 2—3 个出入口，使学生上、放学分别选择离家近的出入口，达到分散人流的效果。教育部门要印发《校园交通守则》给广大学生家长，提醒家长不要将车辆随意停放在学校门口，尽量不要在学校门口的道路上违规掉头、逆行。交警部门是缓解校门口交通拥堵的关键力量，要切实抓好学校附近的交通整治工作，落实各项工作制度，促进学校周边交通秩序的好转。行政执法部门要在学校附近的路段进行不定期的巡查，依法整治学校门前的乱摆乱卖现象，维护良好的交通秩序。建议调整工作作息时间，将传统每日四次上下班，调整改革为朝九晚五等两次上下班，这样可以缓解交通拥堵的次数。

宁夏吸毒人员现状调查及对策研究

农工党宁夏区委会

2015 年 8 月农工党宁夏区委会联合自治区公安厅、司法厅，在全区范围内对银川、吴忠、石嘴山、中卫及固原五市的 3 个司法强制隔离戒毒所、6 个公安强制隔离戒毒所、56 家社区戒毒中心（工作站）采取整群抽样法进行实地调查。共发放调查问卷 3600 份，收回有效问卷 3331 份（问卷有效率为 92.5%），对制隔离戒毒所在押吸毒人员、社区戒毒人员、强制隔离戒毒所及社区戒毒管理问题进行调查，针对存在的困难和问题进行分析，提出意见和建议。

一、宁夏吸毒人员的现状及特点

自上世纪 80 年代以来，在国际毒品犯罪活动的渗透和诱惑下，国内毒品犯罪迅即沉渣泛起，不断呈上升趋势，毒品随之流入宁夏，近 5 年，宁夏吸食传统海洛因的人员年均增幅达 20%，吸食冰毒等合成毒品的人员年均增幅达 40%，全区已累计登记吸毒人员 2 万多名，占全区人口比超过全国平均水平。22 个县区全部涉毒，形势严峻。据测算，全区在册吸毒人员每年吸食毒品至少耗费 19.5 亿元。宁夏毒品 80% 从云南入境。吸毒人员在群体形态上呈现出基数大、增长快、低龄化、构成复杂、复吸率高、易诱发犯罪等特征。

（一）吸毒人员基数较大并呈继续增长态势

截至目前，宁夏登记吸毒人员 26640 名，其中银川市在册吸毒人员 7718 人，占全市人口数的 25‰；石嘴山在册吸毒人员 3762 人，占全市人口数的 49‰；吴忠市在册吸毒人员共 7704 人，占全市人口数的 53.6‰；固原市在册吸毒人员 3034 人，占全市人口数的 19.8‰；中卫市在册吸毒人员 4287 人，占全市人口数的 36‰。宁夏吸毒人员人数 36‰，比全国吸毒人数平均比例（16‰）高出 20 个百分点，平均每年以 20.2%的速度递增。

（二）吸毒人员的年龄趋向年轻化

青少年是新滋生吸毒人员的主体，调查显示，30 岁以下的青少年占新滋生吸毒人员总数 57.1%；抵御毒品的能力较低是导致新滋生吸毒青少年吸毒的主要原因；因为"自身原因吸毒"共有 2365 人，占 71.0%；因为"好奇""被他人引诱""精神空虚"吸毒分别占 56.6%、15.5%、14.3%；因"家庭与学校教育缺失""网络影响"引诱吸毒也占有一定比例。

（三）吸毒人员文化程度低、离婚率高、就业率低

调查显示，吸毒人员初中以下学历者 2742 人（占 83.9%）所占比例最大；已婚者 1381 人（占 42.9%），离异者 983 人（占 30.6%），未婚者 853 人（占 26.5%），无业者 2065 人（占 62.0%）。调查显示文化程度越低，吸毒人数越多，城市高于农村，吸毒人员多数处于无业状态。

（四）吸毒人员复吸率居高不下

调查显示，51.6%的戒毒出所人员在 1 个月内复吸，88.2%在 1 年内复吸。近半数的海洛因成瘾人员脱管失控，还有相当数量的隐性吸毒者尚未被发现。此次调研显示，强制戒毒人员认为吸毒不属于违法行为者占 70%，戒毒后是否会复吸回答者"会"的占 9.1%，回答"不确定"占 30.9%，情况不容乐观。

（五）吸毒人员强制戒毒期间的权利保护需引起重视

按照规定，在强制隔离戒毒期间戒毒人员应该享有维持其身体健康的饮食、医疗、住宿等各种权利。调查显示，强制隔离戒毒所吸毒人员在戒毒期间认为"权利受到保障"的占 56.7%，有近五成人员认为自己的权利没有受到保障。

（六）吸毒人员回归社会后续管理工作存在较多问题

一是社会对戒毒人员的不接收，权益无保障。有 95% 的吸毒人员认为难以被社会接纳，80% 的戒毒者找不到工作，97% 的吸毒前的在校生不能重返学校读书，78% 受到家庭冷落及左邻右舍歧视，60% 的吸毒人员未参加医疗保险，八成未享受政府提供的廉租房、最低生活保障、医疗救助、失业救济、子女学费减免、免费职业培训、创业税收减免等福利待遇。二是戒毒人员自身难以适应社会。吸毒人员接触毒品后，性格严重扭曲，68% 存在心理障碍，2/3 患有各种疾病，多数没有专业一技之长。

二、宁夏吸毒人员及机构管理存在的主要问题及分析

近年来，宁夏回族自治区党委、政府和禁毒委领导高度重视禁毒工作，先后出台一系列具体政策措施贯彻中央 6 号文件，如《自治区党委人民政府关于进一步加强禁毒工作的意见》《关于加强全区禁毒专项经费保障的通知》等。宁夏各级公安机关对吸毒人员最大限度"应收尽收"，宁夏吸毒人员的犯罪率明显降低，有些工作走在全国的前例。在总结戒毒成绩的同时，发现一些突出问题，亟待解决。

（一）强制隔离戒毒所硬件基础设施严重不足

据统计，宁夏登记在册的吸毒人数达到 2.5 万人，强制隔离戒毒近7000 人，两项数据远远高于全国平均水平。目前，宁夏五市公安机关共有5 个强制隔离戒毒所，已收治着 2000 余名吸毒人员。司法行政戒毒系统的3 个强制隔离戒毒所，原总设计收容规模为 2800 人，目前已超出总设计收治规模的 74.7%，即将突破 5000 人，还担负患严重传染性疾病的吸毒人员收治管理工作，现有场所规模和设施功能无法满足禁毒人民战争的深入推进和"大收戒"工作常态化的收治需求。

（二）警力严重不足，工作人员偏少，专业医生奇缺

根据规定，各级禁毒办专职人员按照与在册吸毒人员 200:1 的比例、禁毒民警按照在册吸毒人员 150:1 的比例配备，宁夏的实际情况与规定要求相去甚远，使打击毒品违法犯罪力量弱化与毒情严峻形势要求的矛盾日益突出。大部分乡镇、街道社区戒毒康复办公室有名无实。全区仅有吴忠

强制隔离戒毒所一家有医疗机构资质，其他无资质，无固定医生。

（三）现行的强制隔离戒毒管理体制机制不顺畅

《禁毒法》将"强制戒毒"和"劳教戒毒"统一整合为"强制隔离戒毒"，实践表明，这种二元管理体制导致公安机关和司法行政部门两家职能重叠，多头管理、多头审批、场所重复建设、衔接不畅、执法标准不统一等诸多问题，从而制约了强制隔离戒毒管理工作的有效开展。主要表现：一是公安机关权力过于集中。公安机关既是强制隔离戒毒的决定机关，又是其强制隔离戒毒场所的主管机关，还掌握了强制隔离戒毒减期、延期的审批权。二是分段收治落实难。《戒毒条例》明确规定强制隔离戒毒分段执行的管理体制，但是，公安机关普遍存在延迟送交、不予送交吸毒人员的问题，导致司法行政戒毒场所收治戒毒人员数量不足，戒毒场所闲置。三是收治标准不统一。公安机关和司法行政部门在执行中收治标准不统一，导致收治环节不顺畅，公安机关在分段执行的过程中，常常选择性地将老弱病残、吞食异物人员以及重病患者等类型的戒毒人员移交司法行政部门的戒毒场所。四是诊断评估审批工作不规范。司法强制隔离戒毒所的诊断评估需要向各级公安机关报请审批，执法成本高，工作繁琐。公安机关、司法行政戒毒场所审批标准不一，公安机关在执行过程中审批周期过长、效率低下，导致司法行政强制隔离戒毒场所提出的提前解除或延长强制隔离戒毒期限的意见无法得到及时批复。特别是需要变更为所外就医的戒毒人员多为危重病人，一旦贻误时机导致病情加重甚至所内死亡，引发纠纷，严重损坏戒毒执法机关的执法公信力。

（四）社区戒毒工作力量薄弱

《戒毒条例》明确规定戒毒人员回归社会后，戒毒康复任务由本人户籍所在地社区承担，社区戒毒工作小组具体实施。调查 56 个社区，存在以下问题：一是专职人员配备不到位。按照自治区文件要求，各乡镇街道应按当地吸毒人员 20:1 的比例配备从事社区戒毒康复的专职工作人员。但 2/3 地方都未达到要求。二是专职人员工作专业性普遍不强。大多数禁毒专干未接受过专门的工作培训，对禁毒政策法规和工作措施不熟悉，影响帮扶、帮教、管控工作的落实。三是社区戒毒康复人员管控脱失现象比较普遍。

近五成吸毒人员解除强制隔离戒毒后，不能按时到户籍所在地公安机关和社区报到，接受社区戒毒与康复。四是社区康复工作尚未全面展开，美沙酮维持治疗门诊数量较少，戒毒康复场所建设管理工作需要加快推进，戒毒出所人员就业安置等保障措施落实较难，脱管失控比例高达80%以上。

（五）戒毒企业管理体制亟待改革

宁夏强制隔离戒毒所所属企业，长期延续旧的所企合一的管理体制，造成执法主要职责弱化，权责关系不明确，财务管理不规范，主要生产经营项目逐年萎缩，被迫全部退出，仅靠引进来料加工项目为戒毒人员提供劳动习艺岗位。戒毒人员生产岗位不足，坐吃闲饭，给戒毒所安全造成较大的安全隐患。给戒毒人员创造劳动习艺岗位，让他们在所内戒治期间学习一技之长，回归社会后便于就业、自食其力，降低复吸率，维护社会治安意义重大。宁夏强制隔离所属企业管理体制远不适应现代市场经济发展。

（六）毒品宣传教育还不到位

禁毒工作是社会化的人民战争，需要形成全方位的社会共识，全区尚未形成禁毒人民战争的浓厚氛围。禁毒宣传教育工作的广度、深度、震撼力不足，宣传方式不够丰富、缺少有效载体、重点不突出，存在对涉毒问题严峻性、毒品危害性以及禁毒工作艰巨性认识严重不足的问题。尤其是对闲散青少年重点群体和吸食合成毒品人员缺乏科学有效的干预和惩教措施。

三、加强宁夏吸毒人员管理的对策建议

根据《中华人民共和国禁毒法》《戒毒条例》、中共中央国务院《关于加强禁毒工作意见》的有关规定，结合宁夏禁毒、戒毒工作实际，提出以下建议：

（一）强化组织领导，形成工作格局

禁毒工作是一项艰巨复杂的社会工程，需要齐抓共管，综合治理。建议：一是将禁毒工作作为社会治安综合治理考核的重要内容，并纳入各级禁毒委成员单位党政领导班子和领导干部效能目标考核内容，促进形成禁毒工作合力。二是加强各级禁毒委员会机构建设，配齐配强专职工作人员，确保工作有人抓、抓到位。三是注重培养禁毒社会工作组织，提升禁毒工

作专业化、社会化水平。

（二）加强顶层设计，理顺管理体制

一是努力实现强制隔离戒毒决定权与执行权的分离。公安机关集强制隔离戒毒的决定权与执行权于一身，不符合法律制度设计的基本规律。公安机关行使强制隔离戒毒的决定权，司法行政部门行使强制隔离戒毒的执行权。目前，重庆、云南、青海、山东、湖南和广东省的广州市已经将公安机关强制隔离戒毒的工作移交给司法行政部门执行，即公安机关做出强制隔离戒毒的决定之后，将戒毒人员直接送交司法行政部门的强制隔离戒毒所进行戒毒治疗。从实际运行情况来看，上述省份强制隔离戒毒工作进行得有序、平稳，戒毒工作的规范化、系统化、科学化水平得到明显提高。建议高层主管部门领导牵头组织调研，推进强制隔离戒毒二元管理体制改革。二是强制隔离戒毒执行工作全面移交司法行政部门。公安机关基层警力有限，维护社会安全任务非常繁重，主要职责是维护社会治安秩序、预防和打击违法犯罪活动。公安机关的戒毒工作机制尚不健全，戒毒专业化队伍的建设也不到位。将强制隔离戒毒的执行工作移交给司法行政部门，可以大大减轻公安机关的工作压力。由司法行政部门接管公安机关负责的戒毒执行工作，有利于整合戒毒资源，避免戒毒场所的重复建设，消解公安机关和司法行政部门在该项工作上的功能重叠，从根本上解决强制隔离戒毒二元管理体制所存在的诸多问题。

（三）推进机制创新，确保社区戒毒有效实施

社区戒毒康复工作需要进一步健全组织体系、工作流程和保障机制，加强对社区戒毒康复工作的检查和督导，有针对性地落实社区戒毒康复措施，使社区戒毒康复帮教工作能够真正得到落实。一是加强社区戒毒基层组织建设，大力组建由社区民警、禁毒专业工作者、戒毒康复人员监护人、社区医生等组成的戒毒帮教小组，形成规范、科学的帮教体系。二是加强社区戒毒康复专业队伍建设，将社区戒毒康复工作人员的培训纳入禁毒工作的重要内容，给予经费支持。三是加强社区戒毒人员后续管理，保障医疗、就业权利。四是加大自治区财政支持力度，向财力较为困难的县区倾斜，为社区戒毒康复的专职工作人员配备提供工资保障。五是积极引导企

事单位参与支持禁毒公益事业，逐步建立发展禁毒协会、禁毒志愿者、社区禁毒工作者等群众性禁毒自治组织，充分调动全社会参与禁毒工作的积极性。六是采取政府向民间社团购买专业化戒毒社工队伍和戒毒管理服务的方式，开展社区戒毒康复工作。

（四）消除社会歧视，维护戒毒人员的公民权利

《戒毒条例》第七条明确规定"戒毒人员在入学、就业、享受社会保障等方面不受歧视"。创新戒毒治理体系，需要减少歧视的制度保障，尊重并维护戒毒人员的公民权利。加强就业安置，保障戒毒人员基本生活需求。2015年8月国家人力资源社会保障部、国家禁毒办、公安部、民政部、司法部联合颁发《关于做好戒毒康复人员就业和社会保障工作的通知》，建议自治区人民政府结合宁夏实际，就加强对戒毒康复人员的就业服务和援助、着力提高戒毒康复人员就业能力、促进戒毒康复人员多渠道就业、切实落实社会保险政策、加强社会保险经办服务等方面，制定地方法规，力争使符合条件的戒毒康复人员都能充分享有社会保障基本权利。

（五）尽快成立宁夏戒毒企业集团公司

根据2007年国务院批转司法部《关于全面实行监狱体制改革指导意见的通知》精神，按照司法部、财政部关于"实行戒毒执法经费支出与戒毒生产习艺收入分开的运行机制"的要求。自治区政府尽快批准司法戒毒系统成立戒毒企业，成立宁夏戒毒企业集团公司，实现矫治教育、生产经营两套管理体系分开运行。从体制和机制上理顺戒毒企业运行模式，实现戒毒企业国有资产保值增值，达到"全额保障，所企分开，收支分开，规范运行"的总目标。目前，新疆、山西、江苏、重庆、海南、内蒙古等省（市、区）都组建了集团公司，运行良好。

宁夏生态移民新区社会治理创新调查研究

魏向前　张彩虹

一、宁夏生态移民新区社会治理的缘起与意蕴

（一）宁夏生态移民的历史沿革

移民是一个古老的话题。自从有人类社会以来，人们为了追求幸福的生活，就不停地从条件一般乃至艰苦的地区向条件优越的地区迁徙，古代游牧民族逐水草而居的情况其实就是生态移民的一种呈现，这种传统至今仍然继续沿袭着。因此，最初意义上的生态移民实际上自古有之，只不过当时人们对这种情况的认识远没有今天人们对生态移民意义有如此深刻的认识，其概念尚未出现，其理论体系也没有构建起来。随着世界人口的迅速增加，经济生产方式的转变以及社会转型进程的加快，生态环境遭到严重的破坏，在一些地区甚至到了无以复加的地步。这反过来对人类社会的可持续发展造成灾难性的影响。因此，以美国生物学家卡逊的《寂静的春天》为代表作，人类开始了对环境与经济的可持续发展的深刻反思：工业生产及人类对自然界的过分开发与索取固然使社会物质财富能得到极大的改善，但因此带来的环境污染和生态变迁也使世界及人类社会付出了诸如

作者简介　魏向前，中共宁夏区委党校公共管理教研部教授；张彩虹，中共宁夏区委党校党史党建教研部副教授。

失去碧空蓝天、青山绿水、花香鸟语，而各种由于人类活动所带来的洪涝灾害加剧，全球气候变暖，极端天气的频繁出现，沙漠化的扩大，沙尘暴的不断增多等沉重代价。日益严重的生存现实迫使人类在反思自己历史的同时，也在重新评估人类社会发展与生态环境之间的互动关系。生态环境的恶化无疑已经成为人类在当代实现可持续发展的重要制约因素，而通过生态移民则是很好解决这一问题的路径。

宁夏中南部地区，包括原州、西吉、隆德、泾源、彭阳、海原、同心、盐池、红寺堡等9个国家扶贫重点县（区），以及沙坡头区和中宁县的山区部分。国土面积4.3万平方公里，占全区的65%；人口256万人，占全区总人口的41%，其中回族人口133万，占全区回族人口的59%，是全国最大的回族聚居区。这一地区贫困程度极深，生存条件极差，发展难度极大，是全国18个集中连片特殊困难地区之一，素有"苦瘠甲天下"之说。

从上世纪80年代开始，在国家有关部委的大力支持下，宁夏先后组织实施了吊庄移民、扶贫扬黄灌溉工程移民、易地扶贫搬迁移民和中部干旱带县内生态移民，累计搬迁移民80多万人。特别是2008年以来，通过组织实施中部干旱带县内生态移民工程，极大改善了群众的生产生活条件，大幅拓宽了移民致富空间，有力促进了山川互济，充分提高了水资源利用率，有效遏制了生态环境恶化，切实增进了民族团结，社会效益、经济效益、生态效益十分显著。实践充分证明，生态移民是治穷之方、治本之策，也是最大的德政工程、民心工程，是一条以工促农、以城带乡、以川济山、山川共建，具有宁夏特色的扶贫开发成功之路。

宁夏回族自治区党委、政府站在新的历史起点上，决定对中南部地区7.88万户34.6万人实施生态移民。自治区党委的这一重大战略决策，既是对国家西部大开发总体目标的贯彻落实，也是对宁夏区情的深刻认识和清醒判断；既是对未来5年宁夏实现科学发展、跨越发展的关键抉择。2011年，全区生态移民工程第一批计划开工建设81个移民安置区，建设3.2万户14.2万人移民住房，同时建设与之配套的基础设施、社会事业、公共服务工程。2012年，全区共搬迁定居移民7万人，新开工建设9万人的移民住房及生产生活配套设施，开发和改造土地26万亩，发展特色种植

10.7万亩，建设种养设施1.9万亩（座），培训移民5.32万人，实现移民务工就业2.2万人，迁出区生态恢复62万亩。目前，各市县移民住房、农田开发、基础设施建设、产业开发相继开展，移民安置模式不断创新，政策保障体系不断完善，企业和社会各界的广泛参与，协调服务和监督管理力度持续加强，举全区之力推进生态移民的局面已经形成。

（二）宁夏生态移民进程中社会治理创新的战略意蕴

1. 有利于促进宁夏移民新区的公平正义。和全国其他地区一样，宁夏在全面建成小康社会的征程中虽然经济成就斐然，但受各种不同社会变量叠加影响，不健全的社会规则体系难以有效地整合形形色色的利益诉求所产生的能量，于是，社会风险因素无疑会迅速积累和扩张，社会从此将进入一个不稳定的高风险时期。与全国一样，宁夏的发展也呈现出如德国学者U·贝克所描述的"风险社会"的一些特征，有些潜在矛盾也在新阶段得到进一步放大和表面化。尤其是生态移民新区的社会治理创新问题应该备受关注。因为，宁夏在"十二五"时期生态移民总数达到35万之众，涉及面之宽、涉及人数之多、涉及问题之复杂都是史无前例的。甚至可以这样评价：生态移民事关全区全面建成小康社会的关键，事关社会稳定与民族团结的关键。因此，在下大力解决移民新区的民生问题，大力发展经济，实现逐步致富目标的同时，也要很好地协调经济发展与社会发展间的关系，特别是要创新社会治理，调节利益关系，解决利益冲突，维护社会、经济及政治领域中的公正。

2. 有利于加强党在民族地区的执政能力建设。改革开放30多来，与全国其他民族地区一样，宁夏经济社会事业也发生了翻天覆地的巨变，但在此过程中我们又积累了大量的社会矛盾和问题，沉淀性矛盾和新生性矛盾叠加在一起，极有可能发生事关民族团结与稳定的群体性事件。这些都会对我们党在民族地区的执政地位造成不利的影响，这就意味着当今中国共产党就更加要必须通过提高自己的执政能力，使自己在国家善治的过程当中有所作为，有为必有位，有为来自于执政能力，有位来自于包括西部民族地区人民对共产党执政的认同及支持。增强党的执政能力，提升民族地区的社会治理创新是一个关键因素。因此，创新生态移民新区治理显得尤为重要，也只有这样才能获得民族地区各族人民的支持与认同，党在民族地区的执政能力才能得到进一步的提升。

3. 有利于促进宁夏民族团结与进步。宁夏中南部地区是回族聚居区，通过实施生态移民工程，异地开发，使得少数民族结束了经济无保障的历史，信息畅通，经济信息及新观念广泛传播，从而促进经济的快速发展，早日实现脱贫致富的步伐。另外，通过在生态移民新区创新社会治理，使回汉搬迁群众在开始新的生活中不断交流融通、增进感情，促进了共同团结奋斗、共同繁荣发展，从而进一步增进回汉各民族之间的交流，对促进民族地区经济繁荣、民族团结，具有非常重要的作用。

4. 有利于促进宁夏全面建成小康社会目标的实现。当前及今后相当长的一段时间都是我国改革发展的重要战略机遇期，也是促进我国各民族共同繁荣进步的关键时期。因此，我们要紧紧抓住这个来之不易、并且大有作为的战略机遇期的重要发展阶段和关键阶段，全面建成小康社会这一宏大战略目标。在新的历史时期，要实现 2020 年之前全区全面建成小康社会的艰巨而光荣目标，推进宁夏经济建设，转变经济发展方式，改变经济增长质量就成为关键。通过加强移民新区的社会治理，实现社会稳定、促进社会公平、推进民族团结。

二、宁夏生态移民新区社会治理创新面临的问题

（一）社会治理创新理念不够

就宁夏生态移民新区而言，加强移民新区社会建设尤为迫切。加强当地社会建设有助于推动和谐社区及和谐民族关系的构建，唯此也才能推动当地扶贫工作及经济社会各项事业的发展。但是根据课题组的调研，当地有些地方政府仍然没有认识到社会治理之于经济社会发展的重要意义。重经济建设、轻社会治理的思想仍然十分突出。特别是一些领导干部仍然只是重视经济增长，以招商引资，追求 GDP 增长为主要工作目标，抓社会治理和公共服务力度不够，对社会建设投入不够，对社会建设研究不够，对于主动推动社会建设的力度不够。

（二）社会治理创新手段单一

社会治理工作是一项系统工作，需要包括政府、社会组织、市场乃至个人的共同参与，但目前社会治理的主体仍然是政府，但由于政府的能力及精力有限，政府不能也不可能做到所有社会事务的大包大揽，因此，社会治理手段的单一无疑会对社会治理创新工作带来诸多弊端，社会治理创新效果可想而知。根据课题组的调研，由于社会组织发育严重不良导致社会治理创新手段单一这种情况在移民新区更是显得尤为突出。

（三）社会治理创新投入不足

近年来，随着各级政府财力的不断增强以及对社会建设的日益重视，各级政府的职能正在由经济建设向社会治理与公共服务转变，因此，地方财政用于社会发展和社会事业比率不断增长，宁夏2012年用于民生与社会发展事业的经费投入比重就占到70%以上。尽管如此，一些地方政府重"经济建设"轻"社会治理"的理念和状态没有改变，地方政府仍然带有浓厚的经济建设型和生产投资型政府的特征，财政支出结构还带有明显的"吃饭财政""建设财政"的特点。这种情况在宁南地区几个贫困县非常明显。由于地方政府的主要精力与财力都投入到经济建设中去，这就导致政府社会治理职能薄弱，也造成政府提供基本公共服务严重不足，在城乡之间公共服务呈现严重不均衡状态。

（四）社会心理建设比较滞后

从社会治理创新的要求来看，移民新区社会心理建设还存在着诸多不适应：一是一些因社会心理问题引发的群体性事件往往容易与宗教、民族、甚至政治问题联系起来，使得在民族地区社会治理的形势较为敏感、复杂与棘手，从而使社会治理者左右为难、骑虎难下甚至束手无策。二是社会各界对农村及移民新区社会心理建设工作不够重视。特别是广大农村的矛盾调解、疏导及预防工作可谓一盘散沙，有的甚至无人问津。

（五）社区人才队伍建设滞后

从宁夏生态移民实际情况来看，生态移民大多采取集中搬迁，分散安置，也有一些属分散搬迁，集中安置，迁移都造成了其原有社区样式和社会生活内容的重大变化。一种情况是一些移民在原来集中居住的社区样式中长期形成的居住社区和相关设施被拆散，亲朋好友相互分离，社会关系网络被迫解体，一些当地的社会组织以及一些自发的服务团体也被拆散；而另一种情况是原来居住分散，无论是其行为规范还是生活方式更加个性化，但是，在进入新的社区后，增加了他们构建新的社会关系的不确定性，特别是由于行为习惯与新社区差距过大造成的压力，也可能影响移民的心理健康。因此，需要加强移民新区社区人才队伍建设。

三、宁夏生态移民新区社会治理创新的路径选择

（一）进一步转变观念，增强移民区社会治理创新的紧迫感和责任感

社会治理是一项系统性工程，其目的是通过利益的调整与分配来实现国家长治久安与民众的和谐幸福生活。社会治理除顶层制度设计以外，更主要的是基层社会治理的全方位创新与实践。而社会治理理念的更新则是先决条件。基层地方政府应始终以科学发展观为指导，把保障和改善民生作为基层社会治理创新的落脚点和出发点。从根本上实现由以 GDP 为中心向"一切为了提高人民幸福感"的理念转变；由"重经济建设、轻社会治理"向"经济、政治、文化、社会、生态文明建设'五位一体'的理念转变；由"严防严控，严打严惩"向"以人为本，服务为先"的理念转变；从"重政府作用，轻多方参与"向政府主导、社会协同、公众参与共同治理"的理念转变；由偏重"灭火"式事后处置的理念转变为关口前移、源头治理理念的转变；由重行政手段、轻法律道德等手段的理念向依法管理、综合施策理念的转变。只有真正实现观念上的转变，才能进一步推进基层政府在管理体制、管理内容、管理方式、管理环节、管理手段等方面的全方位创新。宁夏石嘴山、灵武等地的基层管理创新实践充分证明，进一步转变观念是有效创新基层社会治理体制的前提，是创造风清气正的发展环境、营造有序生活环境、打造稳定社会环境的首要环节。

（二）逐步推广网格化社会治理模式，形成城乡社会治理创新联动机制

随着社会转型速度的加快，宁夏生态移民新区各种社会治理问题日渐突出。常规的管理方法和手段已经不能适应生态移民新区社会治理创新的形势，这就需要进一步创新社会治理模式，结合各地实际情况，综合利用

计算机、互联网、地理信息系统和无线通讯等现代信息技术，实行网格化社会治理。不断拓展社会网格化管理的领域，充分发挥社会网格化管理的作用，进一步拓展社会网格化管理的内容，从街面走入社区内部，从区级合作配合到县乡的联合合作，不断将社会网格化管理的范围向纵深发展，通过政府、企业、公众及公共产品和公共设施之间的互动开展社会治理，初步形成政府监督协调、企业规范运作、市民广泛参与的城乡社会治理创新联动机制。不断增强社会治理的效益，丰富社会网格化管理的内涵。

（三）建设规范统一的社会治理信息系统，形成统一指挥协调的社会信息化管理格局

从课题组对宁夏移民新区信息化调研的情况来看，宁夏生态移民新区有一部分社区社会治理信息化程度较低，原因是硬件设备的缺失与相关技术人员的缺乏。因此，建议要加大相关设备的配备力度，引进相关技术人员，培训现有社区工作者，把信息化作为提高网格化管理服务水平的有效途径，充分利用网络技术和设备，推进网格化管理信息平台建设，以村（居）为单位建立网格电子档案，做到人进户、户进房、房进网格、网格进图，实行网格内全员、全地域、全事务管理。与此同时，我区应从加强与改进全区社会治理的全局出发，规划开发建设全区统一的社会治理软件系统，实现一盘棋、一体化的配置，构建自治区—市—县（区）—乡镇（街道）四级网络信息系统，避免各地重复建设，形成统一指挥协调的社会信息化管理格局。

（四）强化基层社会治理队伍管理，提升社区管理工作者的工资待遇

要建设一支思想政治过硬、道德品质优良、具有高度社会责任感及专业技能的专兼职相结合的社会治理人才队伍。同时，要按照科学化分工、专业化管理、职业化运作的社会治理模式，通过政府出资购买服务，建设一支与社会治理和服务相适应的专职调解、社工、保安、监控、巡防、心理矫治等各类专业队伍，建立健全行政力量与社会专业力量的相互衔接机制；加大对现有社会治理专业人员的职业培训力度，大力提升专业社会管理人员的思想政治素质、职业道德素质、专业技术素质；建立社会治理专业人员的录用、使用、评价、培训、考核、奖惩制度和专业资质认定制度，规范对专业社会治理人员的管理。

（五）以制度建设和道德建设为突破口，有效化解社区移民间的矛盾

一要注重制度建设的可持续。从社会建设长治久安的角度来看，排查社会矛盾，化解社会矛盾，关键在于实现制度建设的可持续性，给社会生活的长期相对稳定注入持续的动力。二要防微杜渐，从化解小矛盾入手。将社会小矛盾化解在萌芽及初始阶段是低成本社会治理的前提。构建社会矛盾化解机制，使小的社会矛盾和问题得到及时化解和向好的方面转化，尽最大可能做到不积累、不激化、不蔓延、不升级、不向坏的方面转化，使社会处于井然有序、健康运行的状态。三要弘扬中国传统优秀文化。要大力弘扬中华传统道德，坚持家庭为根、伦理为本，注重亲情纽带、差序格局，特别要重视道德教化，内化"仁义礼智信"等价值观念，以此引导人们行为方向、规范社会秩序。

（六）加大新移民社区整合的力度，增强移民新区社区认同感

一是生态移民社区组织整合。需要移民新区全体成员间共同应对与克服，从而构建一道避免社区冲突的"防火墙"。解决问题的途径除了要强化社区自治组织外，还要建立社区成员间在日常生产生活中的一种互助合作关系，这需要在生态移民新区建立新型互助合作关系，鼓励和倡导建立诸如团结互助小组、经济合作社、生产协作组织等。二是生态移民社区文化整合。要大力加强移民新区的社会文化建设，使之成为开放性、适应性和反思性的新型移民新区。促进不同群体成员的接触，促进相互之间的文化了解，将不同群体文化的合理因素结合到社区管理制度中去。

（七）强化社会心理疏导，优化移民新区个体心理素质

要在社会转型进程中实现社会稳定，必须加强社会心理建设，创新社会心理疏导机制，使社会成员对社会生活心理具有安适感。政府应该组织职能部门和社会团体、志愿者积极投身心理疏导工作机制建设。在农村和街道，必须有专人（村委负责人、老党员、老干部、老教师等有威信、有能力、有热忱的优秀村民）从事家庭、社会的矛盾纠纷排查、化解工作。公安、司法、民政、卫生等部门要全力配合"小巷总理"的工作，从法律政策上给他们提供支持。政府应建立一个专业的心理治疗师组织，及时向公众提供心理治疗和疏导。

宁夏青年创新创业创优调研报告

吴灵捷　俞学虹　郜　贤　张立飞　梁多勇

《中共中央关于加强和改进党的群团工作的意见》，从十一个方面对党的群团工作进行了全面部署，提出了发挥青年生力军和突击队作用，扎实开展创新创业创优。青年开展创新创业创优，中央有要求，国家有战略，社会有期待，青年有需求。大力促进创新创业创优，是推进"四个宁夏"建设和全面建成小康社会的必然选择。

一、我区青年创新创业创优工作的现状

截至目前，宁夏共有常住人口 662 万，其中，14 岁以下 116 万人，14—28 岁 148 万人，29—35 岁 175 万人，36—45 岁 95 万人。全区共有基层团组织 20326 个，其中，团委 881 个，团工委 188 个，团总支 398 个，团支部 18859 个。团干部 22207 人，其中，专职团干部 646 人，兼职团干部 21561 人。14 至 28 岁青年 147.6 万，其中团员 47.9 万，团青比为32.5%。青年社会组织 191 个，覆盖青年 4.7 万人。其中，青年创业组织 16

作者简介　吴灵捷，宁夏回族自治区党委政策研究室社会发展处处长；俞学虹，宁夏回族自治区党委政策研究室副主任；郜贤，宁夏回族自治区党委政策研究室社会发展处副处长；张立飞，宁夏回族自治区党委政策研究室社会发展处主任科员；梁多勇，宁夏回族自治区党委政策研究室社会发展处副主任科员。

个 （市级 5 个，县级 11 个），团组织联系管理的 11 个，覆盖创业青年 1.9 万人。全区共有青年创业园区、基地 15 个，其中，自治区级 1 个，市级 5 个，县级 9 个，团组织管理使用的 3 个，覆盖创业青年 1.2 万人。宁夏按照中央和自治区统一部署，积极推进青年"三创"工作，促进了全区经济社会健康快速发展。

（一）加强思想引导，大力培养青年"三创"意识

坚持把青年"三创"作为青年思想引导工作的重要内容，通过主题活动、典型引领、舆论宣传等方式，增强广大青年对"三创"的认识，努力把广大青年身上蕴藏的正能量和创造活力激发出来。一是广泛组织开展了"奋斗的青春最美丽"分享团走基层、"同心共筑中国梦·青春建功新宁夏""我的中国梦"主题团队日、青春宁夏大讲堂、"鲜花朵朵送雷锋"系列志愿服务等活动 5000 多场次，引导广大青少年立足岗位，建功立业。以"民族团结一家亲，青春和谐促发展"青少年民族团结教育活动为统揽，开展了寻找"最美民族团结使者"、民族团结知识竞赛、短信征集、红歌传唱、演讲比赛等活动，大力宣传党的民族宗教政策，引导各族青年牢固树立"三个离不开"思想。二是发挥榜样示范带动作用，注重从青少年日常工作和生活中挖掘可学、可信、可敬的典型，开展了青年五四奖章、最美青工、乡村好青年、优秀志愿者、"两红两优"等评选活动，选树典型 1800 多名。三是强化与媒体合作，开设专栏、专题论坛、人物专访、公益广告等，宣传青年创新创业创优的政策、项目、信息以及青年先进典型事迹等，提高社会知晓度，扩大社会影响力。注重运用新媒体做好青年创新创业创优工作，开展了"向上·向善"微电影大赛和"我和国旗合个影""我为核心价值观代言""加油小海霞"等微活动，有效传播了社会主流价值观，扩大了宣传覆盖面。

（二）把握时代特征，提高青年"三创"能力

适应不同青年群体在"三创"过程中的特点，突出针对性和有效性，通过形式多样的活动，锤炼青年"三创"本领。在农村，大力实施农村青年致富"领头雁"培养计划，鼓励带头人领办或创办农民合作社、家庭农场等新型农业经营主体，发展多种形式规模经营，示范带动更多农村青年在发展现代农业中创业致富。在企业，广泛开展青年技能大赛、青年创新创效、青年突击队、青年"五小"、导师带徒等活动，在技术、管理、营销、服务等领域创造了大量的创新成果，在企业生产经营、成本控制、安全生产等方面取得了显著的经济效益，助推了企业创新驱动发展。截至目前，全区共有 6 万人次青年参与了各级各类青年职业技能大赛。在机关事业单位，深入开展青年岗位能手评比、"我为改革献计策"、创先争优、标准化项目部、"三同"实践锻炼等活动，引导青年立足岗位学习新知识，掌握新本领，做出新贡献。不断创新工作方法，在团的领导机关开展了"学习点亮青春"学习型机关品牌创建活动，组织干部职工不拘形式、轮流登台，讲党课、谈工作、论思想，邀请专家学者围绕热点、焦点问题为机关干部做讲座，组织机关干部到经济建设主战场实地观摩、开阔眼界、增长见识，形成了爱学习、勤学习、真学习、比学习的良好氛围。在学校，持续开展"挑战杯"大学生课外学术科技作品竞赛、青少年科技创新大赛、青少年机器人竞赛、青少年航模竞赛、校园文化艺术节、"三走""身边的法治"全区青年移动互联网创意大赛等活动，激发青少年的创造活力和创新潜能。连续举办了八届"挑战杯"全区大学生课外学术科技作品竞赛活动、30 届宁夏青少年创新大赛、15 届中国青少年机器人（宁夏赛区）竞赛，先后承办了三届全国青少年航模竞赛和 2012 年全国青少年科技创新大赛。

（三）积极整合资源，努力搭建青年"三创"平台

紧盯青年"三创"实际需求，通过政策、资金、项目、人力资源等有形工作载体，为青年创新创业创造条件、搭建平台。一是搭建政策支持平台。自治区《关于大力推进全民创业的意见》明确提出推动大中专毕业生创业的优惠政策。之后，自治区又陆续出台了《关于加快科技创新的若干意见》《关于创新体制机制促进人才与经济社会协调发展的若干意见》《关于做好全区普通高等学校毕业就业创业工作的通知》《宁夏全民科学素质行动计划纲要实施方案（2011—2015 年)》《宁夏回族自治区全民创业培训指导意见》等近 20 件，初步形成了比较完备的青年"三创"政策促进体系；内容涉及工商登记、税收减免、基金设立、金融服务、财政贴息、技术支持、信息提供、专家服务等具体内容；具体项目设立了"三支一扶"、大学生西部计划、特岗教师等基层服务项目。二是搭建资金支持平台。筹资 419 万元设立宁夏青年创业就业基金，为青年创业就业提供贷款担保、技能培训等支持。自治区财政连续 12 年每年安排 100 万元专项资金，在基层乡镇（街道）建设青年中心，提高服务青年能力。大力实施大学生志愿服务西部计划，争取中央和区财政资金 4200 多万元，先后招募 2000 名大学生在基层一线从事志愿服务，引导大学生立足基层，施展才干，争先创优。三是搭建项目支持平台。依托宁夏青年创业就业基金，实施总额度为 1000 万元的"青年创业小额贷款"项目，累计发放资金 200 多万元，为青年创业解决资金难问题。实施农村青年致富带头人扶持项目，从创业资金扶持、创业创富大赛、创业典型选树、培育创新企业等方面加强顶层设计，服务农村青年创新创业创优。四是搭建人力资源支持平台。发起成立了宁夏青年创业导师服务团，招募 66 名创业导师，为创业青年提供个性化、针对性强的全程创业帮扶。银川市青年创业导师团发挥专业人才优势，对有创业意愿、创业能力、创业基础的大学生开展"一对一"帮扶活动，从项目实施、市场营销、创业融资等方面进行指导，帮助解决创业过程中遇到的困难。

三、存在的主要矛盾和问题

一是青年"三创"工作不平衡，未能建立起长效机制。对青年创优创新研究不够，工作载体设计、平台搭建、项目开发等还不多。基层团组织在开展工作过程中，对青年"三创"工作重要性认识不够，将更多的精力、资源、项目投入到了党政和社会关注度高的青年创业工作中，创业的项目、资金等载体较多，而创新、创优的抓手少。技能大赛、创业大赛等一些好的工作品牌打造上存在碎片化、短期化现象，工作主题、频道换得太快。一旦受到新的重点工作部署或功利化等因素影响，不能长期坚持下来。

二是创业资源的社会化程度不高。创业资源主要掌握在财政、科技、经信、人社、教育、农牧等相关职能部门，政策壁垒现象突出。社会资源受到青年财富积累、诚信记录、市场风险等因素影响，支持力度不足。

三是政策落实难以跨越"最后一公里"。青年创业急需扶持，但对接不上相关政策，无从下手；同时，各类创业扶持政策数量众多、归口复杂、条款繁冗，青年了解不多，理解不到位，大多无法享受到这些政策优惠。究其原因，一方面，团组织体系建设不完善，覆盖青年还不够，一些团组织活力不足，对青年需求了解不深入；团干部自身工作能力不强，主动到相关部门争取的主动性不够，协调力度不大。另一方面，职能部门对出台的新政策宣传落实不到位，缺乏有效的监督检查。

四是青年"三创"工作整体氛围不浓。工作推动缺乏顶层设计，尚未建立起相应的体制机制，导致基层工作难度较大。高校教育依然以学历教育为主，大部分高校没有大学生创业实践基地，创业教育仍处于初步阶段，对大学生创业创新培养力度不够，培养方向、模式和适应市场需求的专业调整等改革滞后；大学生"无资金、无固定资产、无信用"，导致他们融资困难，创业贷款审贷门槛较高、程序繁琐复杂，尤其是初创贷款，受户籍、资产等影响，且需要反担保；一些优惠政策享受的目标定位过高，程序过多且互为条件，"玻璃门""弹簧门"随处可见。

四、对策建议

贯彻落实国务院《关于大力推进大众创业万众创新若干政策措施的意见》（国发〔2015〕32 号）和《关于深化高等学校创新创业教育改革的实施意见》（国办发〔2015〕36 号）文件精神，加快落实创新人才培养机制，强化创新创业实践，促进大众创业、万众创新。

一是加强思想引导，坚定青年创新创业创优的信念。深入开展党的十八大和十八届三中、四中、五中全会和习近平总书记系列重要讲话精神宣讲活动，深入领会党的十八大以来中央一系列重大决策部署，深刻把握全面深化改革对青年创新创业创优带来的历史新机遇。把青年"三创"作为青年工作的重要内容，融入到团的各项重点工作中。通过主题活动、典型引领、舆论宣传等方式，培养青年"三创"意识，引导青年充分认识到在全面深化改革、扩大开放、产业转型升级、依法治国等重点工作中蕴含的创新创业创优的机遇和舞台，主动作为，建功立业。要不断深化青年典型引领，广泛开展面向各领域青年的"争做向上向善好青年""寻找乡村好青年""最美青工"等"最美"系列推选活动，讲述身边的故事，激励和带动青年身体力行核心价值观，在家长里短中传递正能量，在参与社会实践中培养创新创业创优精神。

二是把握时代特征，锤炼青年创新创业创优的本领。适应不同青年群体在创新创业创优过程中的需求和特点，突出针对性和有效性，因地制宜，综合施策。在农村，大力支持返乡务工青年、大学生村官自主创业，以培训农业实用技术为重点；在企业，广泛开展青年技能大赛、青年创新创效、助推企业创新驱动发展；在机关，深入开展青年岗位能手评比、创先争优等活动，引导青年立足岗位学习新知识，掌握新本领，做出新贡献。

三是创新体制机制，形成青年创新创业创优的合力。首先，要积极整合政府部门、金融机构、社会组织、龙头企业的政策、资金、信息和市场资源，形成共同关心支持青年创新创业的工作合力。其次，要建立完善以创业大赛为主的项目遴选机制，培育有发展潜力的创新创业项目。通过创业大赛、创业项目评审、创业沙龙、创业诊断等方式培育一批具有市场价值、发展潜力巨大、符合青年实际的创新创业项目，扶持城乡青年在技术创新、电子商务、文化创意、生态效益农业等领域创办小微企业。最后，要建立完善以资金支持和导师辅导为重点的创业帮扶方式，提升青年创新创业成功率。组建青年创业导师队伍，组织专家学者、青年企业家开展帮扶活动，帮助创业青年优化商业模式、对接各类创业资源，为创业青年提供项目开发、方案设计、风险评估、开业指导等智力支持和技术指导"一条龙"服务。拓宽筹资渠道，解决创业启动资金问题。设立"种子基金"和"创业基金"，通过专项资金帮助青年创业快速成长，并吸引社会风投基金融资；发挥好各级政府、高校设立的青年创业就业基金作用，深化与金融机构的合作，开发支持青年创业的专属金融产品，继续推进青年创业小额贷款；畅通青年创业自助交流学习渠道，鼓励青年互助成长、抱团发展。

四是发挥品牌优势，立足岗位创新创业创优。群团组织要紧紧结合自身实际，坚持长期化、系统化方针，持续打造群团品牌形象，深入开展群众性劳动竞赛、技能比武、科技创新、科学普及等活动，组织开展青年文明号、青年技能大赛、青年安全生产示范岗、"领头雁"培养计划、"五小"活动、"西部计划"、保护母亲河、"挑战杯"、博士服务团等活动，让更多青年立足岗位，比学赶超，激发创造潜能和创新活力，带动更多的青年创新创业创优。

五是运用多种手段，优化青年创新创业创优的环境。要坚持"眼睛向外"，更加注重运用市场化、社会化手段，为青年"三创"提供多层次的金融、技术、信息、专家支持。加大教育改革力度，转变教育模式，大力推行素质教育，实现由精英教育向大众教育的转变，由封闭教育向开放教育转变，由应试教育向素质教育转变。开展创业教育课程，建设专业化师资队伍，强化大学生创业教育体系建设。把互联网作为重要工作领域，将网络新媒体作为服务青年"三创"工作的重要空间和手段，坚持正面宣传引导，讲好中国故事，发出青年好声音；大力推进青年在线学习，宣传政府创业就业政策，提供创业就业信息、创业就业指导。创办青工业余技校，采取不定期、流动式等方式，深入进城务工青年群体相对集中的工地、聚居区，开展小型多样的技能讲座、信息发布、政策宣讲。组织编印青年就业创业政策解析读本，着力解决多数创业青年对于创业政策了解不多、难以读懂等困难，帮助创业青年知晓、理解并消化相关政策。采取短信、微信等方式，及时为青年提供创业意识教育、政策宣传和信息服务，重点向有创业意愿的大学生免费提供金融、投资、理财、营销、法务和心理咨询服务。

六是开展平台建设，强化青年创新创业创优的服务。加强基层服务型组织建设，进一步增强服务意识、强化服务功能、提高服务能力、完善服务保障。以"鼓励青年创新，扶持青年就业，创业带动就业"为主线，着力打造并完善"组织、政策、资金、培训、阵地、信息"等六大服务平台，为青年提供政策保障、融资服务、科技扶持、智力支撑等"一站式"创业就业服务，帮助青年参加见习、培训，获得创业贷款，为青年全面参与创新、成功创业、实现就业提供全方位引导和服务。建设青年创业园区，培养农村青年致富带头人，扶持城市青年开办中小企业创业。加强青年社会组织工作，推动其积极承接政府职能转移和参与政府购买服务工作。

七是加强舆论宣传，营造青年创新创业创优的氛围。充分利用报纸、

电视台、电台等新闻媒体，在青少年中广泛宣传青年创新创业创优典型。通过选树先进典型，激发青少年创新创业创优热情。大力开展青年职业技能大赛、青年创新创业竞赛等活动，分门别类发掘和选树一批先进个人、典型事迹，充分发挥榜样的示范引领作用，积极推动营造"鼓励创新，宽容失败"的浓厚社会氛围。

宁夏生态移民地区留守儿童
发展权利保障比较分析

孔炜莉

宁夏生态移民工程是以县内、县外安置相结合，以县外安置为主的移民工程。县外移民由中南部山区迁往川区，县内移民仍然居住在山区。根据安置方式及迁入地，笔者将县内安置的留守儿童称为山区留守儿童，县外安置的留守儿童称为川区留守儿童。本文对宁夏银川、石嘴山、吴忠、中卫、固原等五市生态移民新村的留守儿童进行问卷调查，就山、川区留守儿童的发展现状进行比较分析，并得出结论。

一、调查对象基本情况

（一）留守儿童的界定

由于宁夏地域小，加上生态移民地区务工人员多是回族，受生活习惯的局限，半数以上移民选择在区内打工，回家比较频繁。因此，笔者将外出打工父母双方或一方两周以上回家一次的儿童作为调查对象。本文所指的留守儿童是指居于农村户籍所在地，父母双方或一方因外出打工，在两周以上不能和父母双方共同生活在一起的 18 岁以下未成年人。

基金项目　本文是国家社会科学基金项目"生态移民地区留守儿童权利保障问题研究"（编号 12BSH081）阶段性成果。

作者简介　孔炜莉，宁夏社会科学院社会学法学研究所研究馆员。

（二）问卷基本情况

本文调查对象为生态移民地区 1—9 年级义务教育时期留守儿童。笔者共发放调查问卷 618 份，回收有效问卷 610 份。其中，508 份为留守儿童，即本文的调查对象；102 份为非留守儿童。调查对象中，男童占 46.5%，女童占 53.5%；汉族占 9.5%，回族占 90.5%；川区儿童占 64.8%，山区儿童占 25.6%，其他占 9.6%。

二、留守儿童发展状况

（一）在家庭的发展状况

1. 与父母的居住情况。据调查，留守儿童回答家庭户籍"迁过来"的占 70.7%，"没有"在占 9.2%，"不清楚"的占 20.1%。户籍未迁来的家庭中，从本县城（本乡镇）迁来的占 63.8%，来自宁夏其他县城的占 29.8%。说明县内移民由于迁移距离近，仍然居住本县（乡镇），户籍迁移未引起移民重视；而个别县外移民户籍未迁移有待进一步调查。父亲外出打工占 57.7%，母亲外出打工占 5.1%，父母均在外出打工的占 34.3%。可见，绝大多数父亲外出打工，担负着养家糊口的责任。近四成母亲打工，且多是和父亲共同外出。在劳务输出大省区，父母双双外出打工的居多。宁夏少数民族地区，多数母亲在家中留守，承担农业劳动、照顾老人及孩子。有个别留守儿童，因父母离异、丧偶，祖辈或同辈兄弟外出打工。

表 1　留守儿童与父母居住情况（%）

外出打工 ＼ 共同居住	父亲	母亲	(外)祖父母	兄弟姐妹	其他
父亲	0	78.3	13.2	5.8	2.7
母亲	25.9	0	40.7	29.6	3.7
父母	0	0	60.2	35.1	4.7
其他	6.7	13.3	60	13.3	6.7

总体上，留守儿童与母亲居住的占 46.2%，由母亲承担父母角色；与父亲居住的仅占 1.5%；与（外）祖父母居住的占 31.6%；与兄弟姐妹居住的占 17.3%；其他的占 3.4%。分父母打工居住情况看（见表 1），父亲一方打工，大多数留守儿童与母亲居住；母亲一方打工，留守儿童从高到低依

次与（外）祖父母、兄弟姐妹、父亲居住；父母双方打工，多数留守儿童与（外）祖父母居住。可以看出，留守儿童与母亲居住的最多，与（外）祖父母生活的次之，与父亲居住的最少。可见，在父母一方或双方外出打工情况下，留守儿童主要与直系亲属和兄弟姐妹共同生活。近八成留守儿童与母亲、祖辈居住，与父亲居住比例最低，"父亲缺位"现象严重。由于母亲承担繁重的家务劳动，（外）祖父母年迈体弱，他们只能照顾孩子的基本生活，无瑕顾及孩子的教育以及作业辅导。虽然如此，与大多数父母双方外出的劳务输出大省区相比，宁夏近半数留守儿童家庭具备基本家庭功能，他们能受到母亲的照顾。

2. 打工父母回家情况。父母在本县城（市区）打工的占 13.4%，在宁夏其他城市打工的占 38.6%，在宁夏以外城市打工的占 24.0%，回原来的家种地的占 6.3%，不清楚父母打工地方的占 17.7%。可以看出，父母在宁夏其他城市打工居多，半数以上父母在区内打工，不足 1/3 人员赴区外打工。需要说明的是，由于迁入区土地有限，个别移民返回原来居住地种庄稼，长期不能和家人团聚，致使子女留守在移民新区，笔者将这些移民作为外出打工人员范围。外出打工父母"两周"回来一次的占 7.3%，"一个月"回来一次的占 21.3%，"两个月"回来的占 25.4%，"半年"回来一次的占 23.8%，"一年"回来一次的占 15.8%。可以看出，半数以上留守儿童两个月内能与父母团聚一次，近四成留守儿童半年以上与父母团聚一次。

表2　父母打工地点和回家频次（%）

	两周	一个月	两个月	半年	一年	其他
本县城（市）	10.2	36.8	30.9	8.8	8.8	4.5
宁夏其他城市	7.1	22.5	29.6	28.1	9.2	3.5
宁夏以外城市	1.6	12.3	18.0	27.9	33.6	6.6
回原来的家种地	15.6	25.0	21.9	15.6	18.8	3.1
不清楚	9.9	17.8	23.3	23.3	10.0	15.7

从父母打工地点来看（见表2），打工地点距离家越近，父母短期（两个月）内回家频率越高，回家周期越短，父母回家频次从高到低依次为本县城（市）、回原来的家种地、宁夏其他城市、宁夏以外城市；相反，打工

地点越远，父母回家周期越长，长期（半年到一年）回家比例高，父母回家一次比例从高到低依次为宁夏以外城市、宁夏其他城市、回原来的家种地、本县城（市）。总体来看，父母打工距离家越近，回家周期越短，回家频次越高；打工距离家越远，回家周期越长，频次越低。可见，父母打工离家距离和回家频次呈正相关关系。值得关注的是，回原来的家种地的父母一年回来一次的比例高于在宁夏其他城市打工的父母。

3. 父母对留守儿童学习的重视程度。父母对留守儿童学习的重视程度对其学习有一定的影响，对儿童的成长起重要作用。据调查（见图1），九成左右父母"非常重视"和"比较重视"子女的学习，山区儿童（91.7%）高于川区2.6个百分点；父母态度"一般"的，山区低于川区4.2个百分点；仅有3%左右的父母"不太重视"和"很不重视"子女的学习。说明绝大多数留守儿童父母重视他们的学习，山区父母对子女的重视程度略高于川区。可见，随着社会变迁和时代发展，外出打工父母受城市生活的影响，日益认识到知识对个人发展的重要性。

从性别视角看，留守男、女童认为父母"非常重视"和"比较重视"学习的比例分别为90.7%和88.2%，男童比例高于女童2.5个百分点；认为"一般"的，二者比例相差不大；认为"不太重视"和"很不重视"的，留守男、女童分别为2.2%和3.7%，女童的比例高于男童1.5个百分点。可以看出，父母对留守男女童学习的重视程度略有差异，对男童的重视程度高于女童。

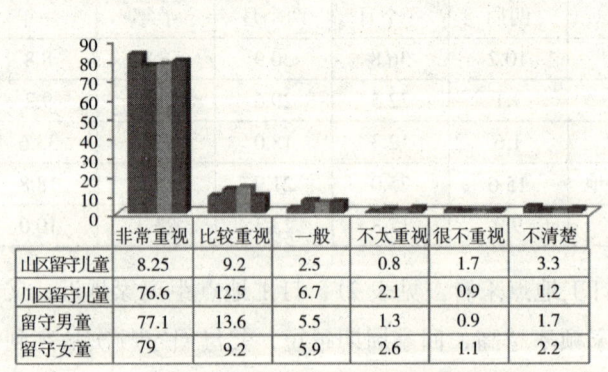

	非常重视	比较重视	一般	不太重视	很不重视	不清楚
山区留守儿童	8.25	9.2	2.5	0.8	1.7	3.3
川区留守儿童	76.6	12.5	6.7	2.1	0.9	1.2
留守男童	77.1	13.6	5.5	1.3	0.9	1.7
留守女童	79	9.2	5.9	2.6	1.1	2.2

图1　父母对留守儿童学习的重视程度（%）

（二）在学校的发展状况

1. 对搬迁后学校的评价。接受教育是儿童获得发展的重要途径。据调查，留守儿童中有 38.6% 的上过幼儿园，59.6% 的儿童没有上过幼儿园，1.7% 不清楚是否上过幼儿园，有近六成儿童没有接受过学前教育，有些儿童在搬迁前已上学，学前教育应在原居住地完成，说明农村学前教育资源不足，普及率偏低。搬迁后，生态移民的义务教育环境有了很大的改善，与搬迁以前相比（见图 2），山、川区留守儿童认为现在上学"非常方便"和"比较方便"的分别为 90% 和 87.8%，山区高于川区 2.2 个百分点；认为"没差别"的分别为 2.5% 和 4.6%，川区高于山区 2.1 个百分点；认为"不如以前"的分别为 5% 和 6.4%，山区低于川区 1.4 个百分点；"说不清楚"占 2.5% 和 1.2%，二者相差 1.3 个百分点。可以看出，山、川区留守儿童对搬迁后的上学环境评价相差不大，近九成留守儿童认为搬迁后上学方便了。搬迁前，由于移民居住偏僻且路途遥远，有的孩子无法上学，有的即使能上学，但学校设施简陋、破旧。如今，大部分学校设在移民新村里，从家走到学校仅需几分钟。而且，学校宽敞明亮，学校的图书室、微机室等教学设备齐全。琅琅的读书声给寂静的村庄增添了许多生机，孩子们的欢声笑语唤醒了沉睡的村庄，背着书包蹦蹦跳跳的小身影成为村中最亮丽的风景。目前移民们越来越重视子女的教育，搬迁后孩子的教育有保障，则消除移民的返迁意愿，保证移民能"稳得住"。

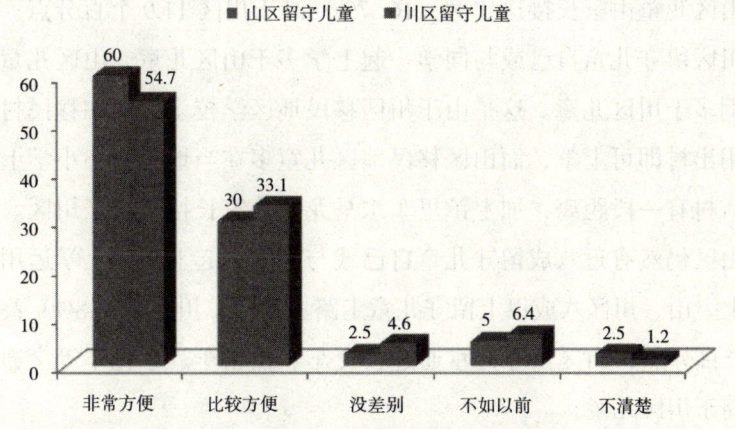

图 2　山、川区留守儿童对上学条件的评价（%）

据调查，93.1%的留守儿童喜欢上学，有2.8%的不喜欢上学，有4.1%不清楚是否喜欢上学。对于"与搬迁以前的学校相比，你更喜欢哪所学校"问题（见图3），七成以上留守儿童喜欢现在的学校，山区高于川区儿童6.1个百分点；不足两成儿童喜欢以前的学校，山区低于川区6.9个百分点。可以看出，大多数留守儿童喜欢现在的学校，山区留守儿童比川区更喜欢搬迁后的学校。值得一提的是，有个别儿童以前没上过学，搬迁后有学上了。

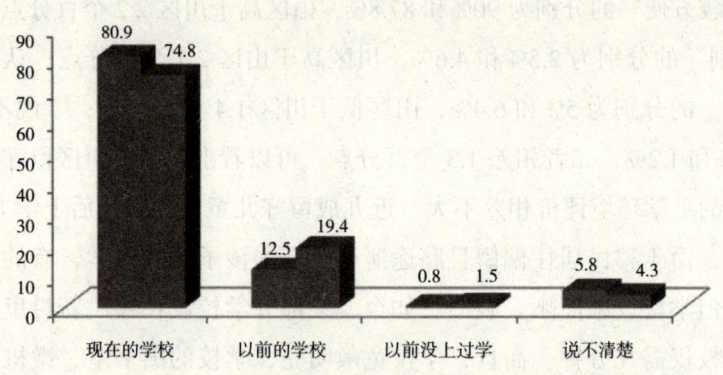

图3　山、川区留守儿童对学校的喜好程度（%）

2. 如何上学。留守儿童在新的环境里上学时，大多数儿童"自己"或者"与同学一起"上学（见图4），川区留守儿童比例（90.3%）高于山区10.3个百分点；少数儿童由"父亲""母亲"或"父母以外的监护人"接送，山区儿童由家长接送比例（16.7%）高于川区11.9个百分点。可以看出，川区留守儿童自己或与同学一起上学多于山区儿童，山区儿童家长接送比例多于川区儿童。这是由于川区移民地区学校多设置在移民村里，儿童不用出村即可上学，而山区移民地区儿童多在当地镇中心小学上学，离移民新村有一段距离，加上镇里车水马龙，故家长接送高于川区。即使如此，山区仍然有近八成留守儿童自己或与同学一起上学。上学运用的交通工具上，山、川区八成以上留守儿童走路去学校，川区（88.8%）高出山区4.6个百分点，山区留守儿童通过公交车、出租车、摩托车等交通工具的比例高于川区儿童。

总体来看，八成以上山、川区留守儿童自己或与同学一起走路上学，一成左右留守儿童则是由家长通过公交车、出租车、摩托车、自行车等交通工具上学。山、川区相比来讲，川区学校地理位置比山区距离留守儿童家更近，使儿童上学比较方便。

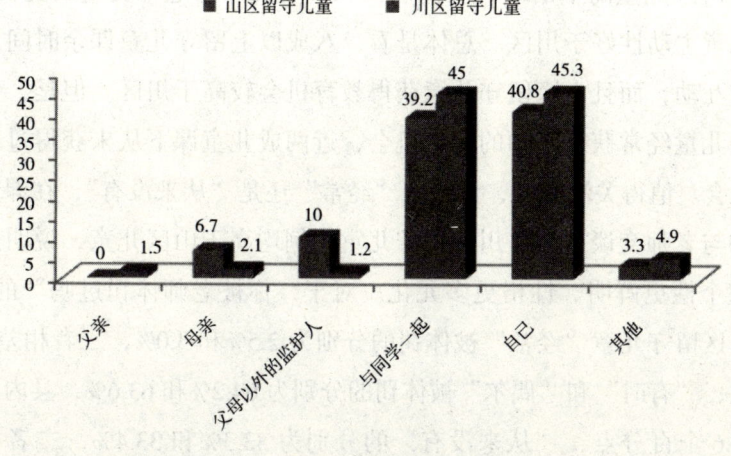

图4 山、川区留守儿童如何上学（%）

3. 与老师的关系。在学校老师的态度对儿童的发展起到重要作用，一方面反映了学生被老师的认可情况，另一方面也反映了学生获得发展机会程度。八成留守儿童认为老师能够平等对待每一位学生，对大部分学生的态度是一致的。据调查（见表4），对于"你在课堂上回答问题吗"，留守儿童"经常"回答问题的近四成，川区儿童多于山区3.9个百分点，山、川区儿童"有时"和"偶尔"回答问题的分别为65%和60.2%，山区高出川区4.8个百分点，川区有个别儿童"从来没有"回答问题。可以看出，少数留守儿童经常在课堂上回答问题，与老师互动机会较多，川区留守儿童在课堂上略活跃于山区儿童；六成左右留守儿童有时和偶尔被老师提问；另有个别川区留守儿童从未有回答问题机会。老师私下与学生交流对课堂上师生沟通起到补充、延展作用，课余时间的师生交流对儿童具有更高的教育意义，对儿童的情感获得、人格塑造、兴趣培养、价值观的建立都起到重要作用。通过调查（见表4），仅有10%左右的留守儿童经常课下与老师交流，川区留守儿童比例高于山区3.9个百分点；山、川区儿童"有时"和"偶尔"交流的分别为75.8%和69.3%，山区高出川区6.5个百分点；

山、川区"从来没有"和老师交流的分别为15.8%和18.5%，川区高出山区2.7个百分点。相比较看，课余时间留守儿童"经常"与老师交流的比例最少，川区儿童和老师经常交谈较好于山区；"从来没有"与老师交谈比例次之，川区儿童高于山区；"偶尔"和"有时"与老师交流的比例最高，山区儿童主动性好于川区。总体是看，八成以上留守儿童课余时间与老师产生过互动，而且山区留守儿童获得教育机会较高于川区。但是，仅有一成左右儿童经常获得老师的教育机会，近两成儿童课下从未获得过老师的教育机会。值得关注的是，无论是"经常"还是"从来没有"，在课堂回答问题和与老师交谈方面，川区留守儿童比例均高于山区儿童，说明川区留守儿童个性更鲜明、性格更多元化。对于"你被老师体罚过吗"的问题，山、川区留守儿童"经常"被体罚的分别为2.5%和3.0%，二者相差0.5个百分点；"有时"和"偶尔"被体罚的分别为64.2%和63.6%，县内略低于县外0.6个百分点，"从来没有"的分别为33.3%和33.4%，二者相差不大，可以看出，1/3的山、川区留守儿童从来没有被老师体罚过，六成多留守儿童不同程度的受过老师的体罚，其中个别儿童经常受到老师的体罚。在被老师体罚方面，山、川区留守儿童差异不大。

表3　留守儿童与老师的交流（%）

	经常		有时		偶尔		从来没有	
	山区	川区	山区	川区	山区	川区	山区	川区
你在课堂上回答问题吗	35.0	38.9	44.2	40.4	20.8	19.8	0	0.9
老师课下与你交谈吗	8.3	12.2	40.0	40.1	35.8	29.2	15.8	18.5
你被老师体罚过吗	2.5	3.0	29.2	32.5	35.0	31.1	33.3	33.4

4. 自我学业评价。总体上看（见图5），近半数留守儿童认为自己的学习成绩"中等"，七成多儿童认为学习成绩在"中等"以上水平，山、川区留守儿童自我学业的评价相差不大，川区略微高于山区。一些研究表明，学校中女生的学习成绩普遍高于男生，女生的学习比男生更优秀。据调查，留守女童认为学习成绩在"中等"以上水平的比例（76.4%）高出男童2.7个百分点，说明留守女童的学习成绩略高于男童。

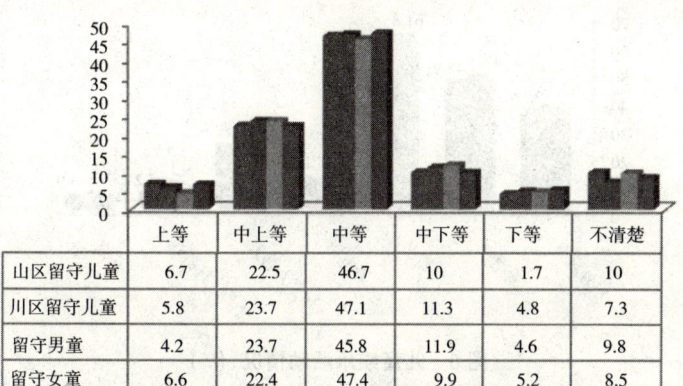

	上等	中上等	中等	中下等	下等	不清楚
山区留守儿童	6.7	22.5	46.7	10	1.7	10
川区留守儿童	5.8	23.7	47.1	11.3	4.8	7.3
留守男童	4.2	23.7	45.8	11.9	4.6	9.8
留守女童	6.6	22.4	47.4	9.9	5.2	8.5

图 5　留守儿童对学习成绩的评价（%）

（三）在社区的发展状况

1. 娱乐活动的安排。参与娱乐活动能使儿童获得大自然和社会知识，使儿童心情愉悦、开阔眼界、强身健体。据调查，山、川区留守儿童认为村里"有"娱乐活动场所的分别为9.1%和51.1%，相差42个百分点；山、川区认为"没有"娱乐场所的分别为79.1%和32.8%，相差46.3个百分点，二者悬殊较大，川区移民安置点有娱乐活动场所比例远远高于山区，可见山、川区留守儿童享用村里公共文化资源有显著差异；山、川区"不清楚"的分别为11.8%和16.1%，二者相差4.3个百分点。可以看出，山、川区移民安置点公共文化资源配置不均衡，移民安置点文化资源设施比较匮乏，致使少数留守儿童无法享用公共娱乐资源。

留守儿童参与各类娱乐活动中（见图6），按比例从高到低依次为看书、看电视、户外玩耍、和家人聊天、看电影、上网/打游戏，山、川区留守儿童除了"看书"超过半数外，其他活动均不足半数，可见儿童参与各项娱乐活动的比例并不高。山区留守儿童除了"看电影"略低于川区外，其余活动参与比例均高于川区留守儿童。值得一提的是，虽然山区生态移民地区公共文化娱乐资源不及川区，但山区留守儿童参与娱乐活动比例却高于川区。这是由于仅有三成留守儿童参与户外玩耍，其他娱乐活动主要在室内进行，村级公共娱乐场所利用率不高的缘故。

273

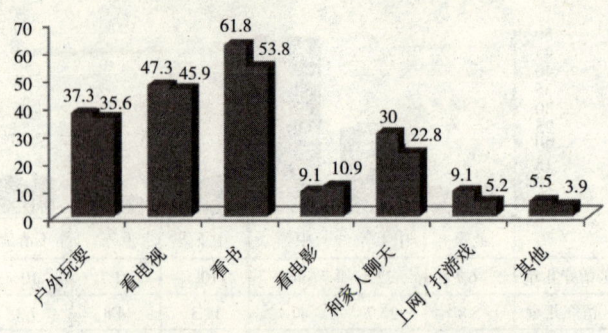

■ 山区留守儿童　　■ 川区留守儿童

图6　儿童娱乐活动情况（%）

2. 对图书室的了解情况。据调查（见图7），关于有无图书室，留守儿童对学校和社区的了解程度有强烈反差。九成以上留守儿童认为学校有图书室，川区略高于山区 3.8 个百分点；相反，只有一成的留守儿童认为村里有图书室，山、川区相差不大。目前，农家书屋覆盖全区行政村，由于村里缺乏图书管理人员，村图书室基本闲置，导致大多数儿童对村图书室一无所知。调查显示，78.4%的山区留守儿童平时能看到喜欢的图书，高于川区 6.3 个百分点；18.3%的山区儿童不能看到喜欢的图书，低于川区 7.5 个百分点。值班得关注的是，川区留守儿童对图书资源的认识程度略高于山区，但是利用图书资源的比例却低于山区。笔者认为，一方面或许山区图书资源比川区丰富，另一方面山区留守儿童对阅读的兴趣爱好大于川区。

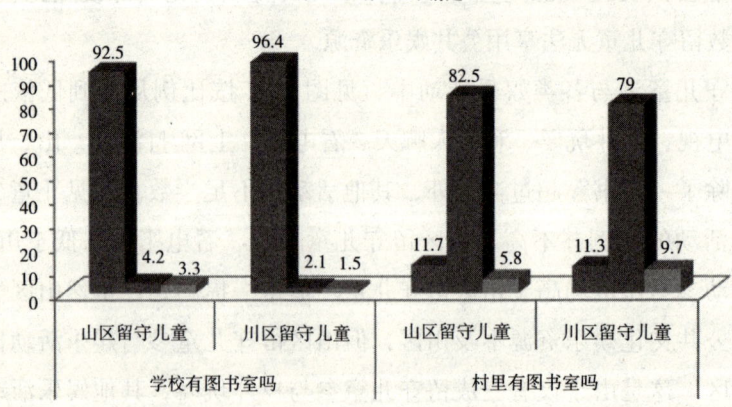

■ 有　　■ 没有　　■ 不清楚

图7　对图书室的了解情况（%）

三、结论

通过上述分析，本文结论如下：

（1）在父母一方或双方外出打工情况下，留守儿童主要与直系亲属和兄弟姐妹共同生活。近八成留守儿童与母亲、祖辈居住，"父亲缺位"现象严重。父母打工距离家越近，回家周期越短，回家频次越高；打工距离家越远，回家周期越长，频次越低。半数以上留守儿童两个月内能与父母团聚一次，近四成留守儿童半年以上与父母团聚一次。绝大多数父母重视留守儿童的学习，山区父母对子女的重视程度略高于川区，对男童的重视程度高于女童。

（2）大多数留守儿童喜欢现在的学校，九成左右留守儿童认为搬迁后上学方便了，川区学校多是设在移民新村里，儿童不出村即可上学。有个别儿童以前没上过学，搬迁后有学上了。搬迁后留守儿童受教育权利有了保障，有利于儿童发展，消除了移民的返迁意愿，保证移民能"稳得住"。

（3）少数留守儿童课堂上经常与老师互动，川区留守儿童在课堂上略活跃于山区，六成左右留守儿童有时和偶尔与老师有交流机会。在课余时间，八成以上留守儿童与老师交流，而且山区留守儿童交流机会较高于川区，川区留守儿童个性更鲜明、性格更多元化。近半数留守儿童认为自己的学习成绩"中等"，七成多儿童认为学习成绩在"中等"以上水平，留守女童的学习成绩略高于男童。

（4）山、川区移民安置点公共文化资源配置不均衡，留守儿童享用公共文化资源有显著差异，川区移民安置点有娱乐活动场所比例远远高于山区。留守儿童参与各项娱乐活动的积极性不高，参与娱乐活动的权利被剥夺，有少数留守儿童从未在村里享用文化娱乐资源，大多数儿童更未享受过村图书室资源，农家书屋的利用程度与留守儿童的阅读需求不相适应。但是仍有近八成留守儿童能看到喜欢的图书。

宁夏生态移民社会保障调研报告

柳成荫　陈丽宇

　　做好生态移民社会保障工作是我国扶贫开发和生态建设的首要任务，是认真贯彻落实十八届五中全会精神，全面贯彻落实中央扶贫开发工作会议精神，坚持精准扶贫、精准脱贫，从根本上解决贫困地区脱贫致富，确保到 2020 年所有贫困地区和贫困人口一道迈入全面小康社会的重大战略举措。实现生态移民社会保障政策全覆盖能转移可持续，充分发挥社会保障兜底功能，是牢固树立和践行创新、协调、绿色、开放、共享发展理念的重大举措。

一、宁夏生态移民全面实现社保全覆盖可转移

　　宁夏生态移民社会保障覆盖和社保关系转移接续工作任务艰巨。宁夏是以回族为主的少数民族经济欠发达省份，宁夏中南部是典型的"老、少、穷"地区，是全国 18 个集中连片特殊困难地区之一，是宁夏建成小康社会的重点和难点地区。宁夏生态移民工程涉及固原市原州区、西吉、隆德、泾源、彭阳、海原、同心、盐池，中卫市沙坡头区、中宁县山区。国土面积 4.3 万平方公里，占宁夏总面积的 65%。人口 256.3 万人，占宁夏总人

　　作者简介　柳成荫,银川市社保局副局长,高级经济师;陈丽宇,宁夏大学数学与计算机学院教授。

口的 41%，其中回族人口 133 万人，占宁夏回族人口的 59.1%。是全国最大的回族聚居区。宁夏南部西海固地区因自然条件恶劣、生态环境恶化、群众生活疾苦在历史上素有"苦瘠甲天下"的称谓。该地区有贫困人口 150 万人。20 世纪 80 年代以来，国家在宁夏实施吊庄移民、扶贫扬黄灌溉工程移民、异地搬迁移民累计 50 万人。生态移民工程既是解决贫困人口温饱问题，又是恢复和保护生态环境最便捷的道路，对促进宁夏社会经济全面发展有着十分重要的意义。"十二五"期间，宁夏实施中南部生态移民工程，涉及中南部 10 个县区、91 个乡镇、684 个行政村 35 万移民。宁夏将全力实施生态移民攻坚工程作为减少贫困人口、保障和改善民生、统筹山川发展的重要抓手，利用 5 年时间将不适宜人类生存地区的 35 万最困难群众，安置整村搬迁以拔穷根，确保生态移民"搬得出，稳得住，能致富"。截止到 2015 年 11 月底，宁夏生态移民异地搬迁安置已经全面完成目标任务，生态移民城乡居民社会养老保险参保率达到 100%，60 岁以上的农村居民都能领取城乡居民养老金，生态移民医疗保险参保率达到 100%，生态移民社会保障实现全覆盖能转移可持续的目标。

二、宁夏生态移民享受了社保政策改革发展的红利

宁夏生态移民在坚持国家社保政策总体框架基础上，结合少数民族地区特点，在制度上进行创新和发展，在政策走向上体现了让利于民和成果共享。

（一）适当调整生态移民养老保险转移政策

宁夏生态移民跨越了 60 岁以上领取养老金人员养老保险关系转移年龄限制，使迁出地生态移民享受迁入地养老金待遇水平，如固原市六县（区）生态移民迁入银川市后享受银川市城乡居民养老金水平待遇，养老金由固原市每人每月 115 元提高到银川市每人每月 190 元，人均每人每月增加 75 元，60 岁以上的农村居民年增加收入近千元。

（二）增加生态移民中特殊人群缴费补贴

对重度残疾、低保家庭、村干部、乡村医生等特殊群体缴费的政府补贴逐年增加，使生态移民参保享受补贴人数和资金逐年增加，特别是生态

移民中回民群体得到了实惠。以银川市生态移民较为集中的月牙湖乡、良田镇、兴泾镇为例，见表1。

表1　银川市三区回民乡镇 2011—2015 年特殊人群
参加城乡居民养老保险人数统计表

单位：人

乡镇 年限	月牙湖乡					良田镇					兴泾镇				
	合计	残疾	低保	计生	村干部	合计	残疾	低保	计生	村干部	合计	残疾	低保	计生	村干部
2011 年	1106	117	365	619	5	441	51	289	76	25	322	28	270	10	14
2012 年	1235	180	403	644	8	533	61	371	76	25	370	34	311	11	14
2013 年	1384	206	206	651	15	805	71	594	112	28	657	46	582	14	15
2014 年	1690	217	217	683	39	847	85	621	112	29	686	50	601	14	21
2015 年	1721	217	217	683	39	876	89	643	113	31	727	50	642	14	21

银川市对符合城乡居民养老保险参保条件的生态移民被评为全国、自治区、银川市劳动模范的，由银川市本级财政每人每年分别补助 960 元、720 元、480 元。

（三）宁夏建立了生态移民社保关系转移接续制度

在社保关系转移办理工作中采取公安、社保、移民等部门联动、社保对社保批量转移、无缝衔接等措施，提高工作效率。宁夏还制定了城乡居民社会养老保险与城乡居民低保、农村五保供养制度的衔接办法。宁夏在生态移民社保政策覆盖转移方面，通过提前时间计划、增加补贴人群、增加补贴标准、提高基础养老金标准等措施使更多人受益。

三、生态移民社保关系转移后存在的问题

（一）参保积极性下降

生态移民从山大沟深、交通落后、信息闭塞、生产生活环境恶劣的山区搬迁到川区后，生产生活环境得到了很大改善，实现水、电、路、邮政、通讯、电视畅通。上学、求职、就医、购物、娱乐等设施完备。但生活成本也随之提高，生存压力加大。生态移民面对新环境，生存成为第一选择，而对养老、医疗保险为主的社保政策选择并不紧迫。以生态移民参加养老保险为例，生态移民中更倾向于选择较低的缴费档次、较短的投保年限。45 岁以上的参保者较多，中青年的参保意愿不足，中断缴费人数增多，在

生态移民中的回民群体90%以上人群选择最低缴费档次100元。以银川市生态移民较为集中的月牙湖乡、良田镇、兴泾镇居民参加城乡居民养老保险选择缴费档次为例，见表2。

表2　银川市三区回民乡镇2010—2014年缴费人数和档次统计表

单位：元，人

档次	月牙湖乡			良田镇			兴泾镇		
	2012	2013	2014	2012	2013	2014	2012	2013	2014
100	1317	3843	5583	1820	5240	5867	772	1430	1477
200	53	118	130	249	425	468	46	97	110
300	28	36	34	97	106	123	9	27	21
400	4	8	3	18	35	27	5	3	6
500	96	146	185	124	171	191	41	105	99
600	0	0	1	0	4	4	0	0	1
700	0	0	0	0	0	0	0	0	0
800	0	0	0	0	1	2	1	1	2
900	0	0	0	0	0	0	0	0	0
1000	11	19	24	20	35	54	8	22	27
1500	1	0	1	3	4	5	0	2	2
2000	11	20	30	17	31	47	15	30	38
合计	1530	4237	6025	2424	6119	6817	908	1725	1796

（二）社保缴费率低

城乡居民养老、医疗保险费用由社保部门征收，由于村居、乡镇经办力量薄弱，无专职经办人员，保险费用征缴难度较大。特别是养老保险费征收难度较大，16—40岁的移民缴费不积极，认为缴费周期长，待遇低而中断缴费。以银川市生态移民较为集中的月牙湖乡、良田镇、兴泾镇居民参加城乡居民养老保险缴费率为例：兴庆区月牙湖乡、金凤区良田镇、西夏区兴泾镇2014年缴费率分别为83%、93%、83%，三个生态移民较为集中的乡镇缴费率低于银川市平均缴费率95%。

生态移民中青年群体中断缴费人员增多，对社保政策产生不利影响：一是不缴费人员既享受不到国家补贴优惠政策，也降低了本人养老金待遇。二是随着中国步入老龄化社会，符合领取养老金条件的人数将会剧增，养老金的长期支付面临巨大的财政压力，使城乡居民养老保险发展不可持续。

三是不利于打破"养儿防老"传统养老模式，无助于群众树立社会保障养老的观念。

(三) 参保管理难度增加

生态移民搬迁到新的安置点后，打乱了原有的村、组建制，村干部通过组织程序重新配置，加之人员流动性较大，社会保障的宣传、组织、培训等难度加大。移民村在领取养老金资格认证、组织缴费、参保信息采集、社保知识宣传培训等方面工作明显落后于非移民村。村干部对社保工作积极性也不高，工作中要报酬、讲条件、发生推诿扯皮的现象。基层管理平台脆弱，管理人员严重不足，难以支撑繁重的管理任务。

四、加强生态移民社会保障可持续的对策

(一) 创新社会保障管理方式

生态移民搬迁安置和社会保障覆盖转移涉及多个部门，人社、公安、农牧、移民、统计、社保经办等。各部门工作侧重点不同，需建立移民信息资源共享，搬迁安置、户籍转移等工作环节相互协作联动，形成合力推动。迁出地、迁入地社保、医保经办机构要加强工作配合，针对移民参保人员信息变动、人户分离、外出务工等养老保险关系转移过程中的一些情况，建立定期沟通协商机制，对发现的问题及时研究解决。

(二) 简化社保转移程序

目前生态移民养老、医疗保险关系转移程序为：转出地移民、社保、公安三部门核实移民转出户籍信息后，转出地社保经办机构向转入地社保经办机构出具转出花名册、转出函等手续，转入地社保经办机构核对后，出具转入接收函。转出地社保经办机构接到转入接收函后，对转移人员信息进一步核实，出具关系转移情况表并办理转移手续，同时将转移人员个人账户资金储存额一次性划拨至转入地社保经办机构指定银行账户。转入地社保经办机构收到转移情况表并确认转入人员的个人账户资金足额到账后为转入人员接续社保关系，同时确认信息系统转移手续。已享受养老待遇人员按转入地待遇标准发放养老金。目前生态移民转入新参保地后，参保登记、保险关系转移等手续办理是以户籍关系转移为条件，但人户分离

人数较多，流动性较大，为社保经办增加困难，应以社会保障卡为信息载体，实现社保卡缴费和发放养老金，尽快实现社会保障互联网新模式。

（三）加强村级经办能力建设

生态移民村级社保经办能力薄弱。村干部将主要精力放在就业培训、生产生活安排等方面，对社保政策宣传、组织动员参保等工作热情不高投入不够。要加强村级经办人员的培训。将参保率、费用征缴率、养老金资格认证率等工作列入目标考核。

（四）加强宣传提高生态移民参保意识

坚持鼓励参保和构建和谐社会目标相一致，使生态移民适应生产和生活方式的巨大变化,提高他们的科学文化水平，职业技能，参保意识。随着居住条件和收入的改善，生态移民人口素质不断提高，生产方式、生活方式和思想观念都发生了重大的改变，正在走上以市场经济为导向、以良性生态循环为基础的现代化农业发展道路。通过各种方式宣传社保政策。在宣传工作中要结合移民特点，采取送政策下乡入户，社保政策赶大集，参保缴费先进和后进结对子，社保工作人员和移民"面对面"进行宣传交流，引导移民积极参保，主动缴纳养老保险费，切实提高生态移民参保缴费意识，确保生态移民社会保障制度全覆盖。